中国国家博物馆
NATIONAL MUSEUM OF CHINA

文物里的英雄故事

Heroic Stories in Relics

中国国家博物馆◎编著

上册

新华出版社

图书在版编目（CIP）数据

文物里的英雄故事 / 中国国家博物馆编著 .
-- 北京：新华出版社，2024.1
ISBN 978-7-5166-7284-6

Ⅰ . ①文… Ⅱ . ①国… Ⅲ . ①革命烈士—生平事迹—中国
Ⅳ . ① K820.6

中国国家版本馆 CIP 数据核字（2024）第 031279 号

文物里的英雄故事

编著：中国国家博物馆
出版发行：新华出版社有限责任公司
　　　　　（北京市石景山区京原路 8 号　邮编：100040）
印刷：河北鑫兆源印刷有限公司

成品尺寸：160mm×230mm　1/16　　　　印张：27.75　字数：330 千字
版次：2024 年 7 月第 1 版　　　　　　印次：2024 年 7 月第 1 次印刷
书号：ISBN 978-7-5166-7284-6　　　　定价：98.00 元（上下册）

微店

视频号小店

抖店

京东旗舰店

请加我的企业微信

微信公众号

喜马拉雅

小红书

淘宝旗舰店

扫码添加专属客服

《文物里的英雄故事》
编委会

前　言

　　"天地英雄气，千秋尚凛然。"英雄是民族最闪亮的坐标，5000年的中华文明史，群星璀璨、英雄辈出，他们的事迹和精神是激励我们前行的强大力量。

　　中国共产党自成立之日起就始终是时代先锋、民族脊梁，始终把为中国人民谋幸福、为中华民族谋复兴作为自己的初心和使命。回望中国共产党的百年奋斗征程，涌现出一批又一批的英雄模范，无论是战争年代里毁家纾难、为国捐躯的仁人志士，还是和平年代里为社会主义建设事业攻坚克难、无私奉献的时代楷模，他们忠于党、忠于人民、热爱祖国、爱岗敬业、不怕牺牲，为民族独立和人民解放、国家富强和人民幸福进行了艰苦卓绝的斗争，在中华民族伟大复兴的进程中留下了不可磨灭的功绩。历史川流不息，精神代代相传，习近平总书记多次就引导学生学习英雄、铭记英雄作出重要部署，高度重视对英雄模范人物品格和精神的弘扬。立足新时代，面对新征程，把英雄模范精神传承下去，对推动中华民族伟大复兴、开拓中国特色社会主义新局面具有重要意义和深远价值。

　　文物是历史的记忆。革命文物承载党和人民英勇奋斗的光荣历史，记载中国革命的伟大历程和感人事迹，是党和国家的宝贵财富，同时也是抓好青少年学习教育的生动教材。中国国家博物馆是代表国家收藏、研究、展示、阐释中华文化代表性物证的最高历史文化艺术殿堂，在弘扬革命文化、传承红色基因方面承担着重要责任。同时作为全国爱国主义教育示范基地、全国中小学生研学实践教育基地，中国国家博物馆更应充分利用馆藏资源，发挥以史育人、以文化人的独特优势，肩负起向社会公众，特别是广大青少年群体讲好党的故事、革命的故事、英雄的故事，引导青少年群体涵养家国情怀、筑牢价值基石的特殊使命。

《文物里的英雄故事》一书，以中国国家博物馆丰富的馆藏文物为载体，遴选新民主主义革命时期、社会主义革命和建设时期、改革开放和社会主义现代化建设时期，以及中国特色社会主义新时代中具有丰富故事情节的文物近百件（组），其中既有革命者的书籍手稿，也有抗日英烈的家书信件，既有"两弹一星"功勋的科研物证，也有改革先锋的工作用具，既有新中国建设者的邮票胸章，也有新时代奋斗者的工作手册。这些泛黄暗淡的书稿，锈迹斑驳的工具，无疑都是一段段难忘历史的见证，背后有着鲜活的故事、真挚的情感、无私的精神和坚定的信仰，追忆着山河岁月的烽火，激荡着改革开放的春潮。丛书按历史时期分为"信仰的力量（新中国成立前）""初心的方向（新中国成立后）"2册，以"文物＋故事"的形式开展叙事，通过一件件生动感人的事迹，勾勒出瞿秋白、王进喜、袁隆平等中国共产党各个历史时期的71位英雄图谱，让我们可以触摸历史的温度、感悟信仰的力量，传承以伟大建党精神为源头的中国共产党人精神谱系。

习近平总书记指出："中华民族是英雄辈出的民族，新时代是成就英雄的时代。全党全社会要崇尚英雄、学习英雄、关爱英雄，大力弘扬英雄精神，汇聚实现中华民族伟大复兴的磅礴力量。"中国这片土地上，从来不缺少英雄，他们怀着相同的赤诚接续奋斗，他们的故事也许只浓缩于千百字中，但这背后承载的历史却饱满而厚重。我们衷心地希望广大青少年朋友走进中国国家博物馆，来感知英雄的故事，传承英雄的精神，像英雄模范那样坚守、像英雄模范那样奋斗，让这片不曾干涸的英雄土壤上的红色种子继续发芽、成长。

目录

CONTENTS

信仰的力量

（新中国成立前）

★ 张太雷去苏联学习前给妻子陆静华的亲笔信

质地：纸质

时间：1921年

尺寸：28.5厘米×124厘米

暗含革命追求的红色家书

——张太雷

张太雷（1898—1927），原名曾让，字泰来，后改名太雷，江苏武进人，杰出的无产阶级革命家，中国共产党早期的重要领导人之一和中国共产主义青年团的创始人之一，著名的政治活动家、宣传家。1921年春，被中国共产党派驻莫斯科任共产国际远东书记处中国科书记。1922年，在广州主持召开了中国社会主义青年团第一次代表大会。1925年，当选为中国共产主义青年团中央总书记。八七会议后，被党派往广东工作，任广东省委书记等职。1927年12月领导发动了广州起义，12月12日，在前线指挥作战中壮烈牺牲，年仅29岁。2009年，张太雷被评为"100位为新中国成立作出突出贡献的英雄模范人物"。

国家兴亡，匹夫有责，只有走十月革命的道路，才能救中国。

——张太雷

这是优秀共产党员张太雷保留下来的唯一一封家书，是他于1921年初，赴苏俄上任途经哈尔滨时写给在武进家乡的妻子陆静华的。这封家书是张太雷的二女儿张西蕾在1938年赴上海寻找党组织时从家中带出来的，为了安全，她剪掉了家书的抬头和落款，因此保存下来的家书没有收件人，也没有写信人和日期。

这封家书虽然首尾残缺、涂改较多、外表破旧、皱褶较重，却是一件重要的红色文物。家书的语言淳朴真情，含义丰富深刻，饱含着张太雷作为一位共产党人对"高深学问"的追求，对妻子乃至中国女性的期冀，更隐秘表达了此次出国的目的，即投身革命的初心和使命——"谋将来永远幸福"。

张太雷出生于江苏武进的一个贫寒之家，1915年考入北京大学，后转入北洋大学（现天津大学）攻读法科。入学之初，他的人生规划也和众多读书人一样，想走"学而优则仕"的道路，想去"考高等文官考试"，这样在毕业后可以谋个好差事，将来还能"做官发财"。随着十月革命的爆发，张太雷接触了大量介绍马克思列宁主义的书，投身五四运动，加入李大钊主持成立的北京大学马克思学说研究会。他对求学初衷也有了新的认识，意识到不能再走"做官发财"的老路。他在家书中向妻子解释了原因：富贵是一种害人的东西，人若只追求"做官发财"，势必要常常在官场中与一些道德品行不高的人混在一起。时间一长，不仅自身品德会受到干扰，还会不可避免做出嫖赌娶妾的事情，家人也会因此感到非常痛苦，将处于今天不知明天、心境不安的痛苦状态。所以，他立志要到外国去求"高深学问"，认为只有求得真正的学问，自己才能独立生活，将来才能"享真正的幸福"。

张太雷所说的"高深学问"究竟是什么样的学问呢？其实是指去

苏俄学习马克思列宁主义，吸取十月革命成功经验，学习指导中国革命开辟新道路的学问。但在白色恐怖年代，张太雷无法在家书中直接告诉家人，而只能隐晦表达。为表明自己为马克思主义奋斗终生的决心与志向，他还将原名"曾让"改为"太雷"，寓意"愿化作震碎旧世界惊雷"，震醒世人、改天换地。

张太雷不仅希望自己求得"高深学问"可"享真正的幸福"，也希望妻子陆静华在两人分离的日子中"用一点功"，"一定要进学堂"，求得学问"享真正的幸福"。在家书中，他建议妻子可以先选择自己擅长且喜欢的功课——刺绣与图画这两门来学。刺绣要学新式的刺绣，因为与图画有相通之处，两者学起来可以相互促进。他认为，学好这两门功课对妻子的成长很有帮助，能促使她成为一位独立自主的女子，而独立自主的女子要比依附男子生活的女子光荣很多、幸福很多。他还希望妻子要"学一点普通常识"，懂一点历史地理知识，要通过多读《水浒传》《西游记》《红楼梦》等新的白话文小说来提高国文水平，还要多看妇女杂志、小说月报等新式杂志与报纸，并且嘱咐尤其要研究如何教育子女的学问。妻子谨记丈夫的劝导，自立自强。在她的培养与教导下，女儿张西蕾、儿子张一阳也都走上了革命道路。

张太雷在家书中对妻子提出的"求学问"的要求，既是他对妻子的鼓励与期望，更是向中国亿万妇女发出的号召。他号召广大妇女不是"只做男子的附属品"，而要成为真正的独立女性，追求"真正的幸福"。针对中国女性独立问题，张太雷极为重视且有着深入研究，认识到妇女解放是中国无产阶级事业的重要组成部分。在莫斯科工作期间，张太雷在向共产国际第三次代表大会提交的《致共产国际第三次代表大会的书面报告》中就专门论述了中国"妇女运动"问题。他写道，近代中国妇女是"世界上最悲惨的人"，她们"终生劳动，没有任何报酬"，没有受教育的权利，也没有任何政治权利，是"不折不扣的家庭奴隶"。同时也在报告中指出了中国女性的力量，认为参加五四运动的爱国女学生"所起的作用不亚于男同学"，她们参加斗争的目的是"获得彻底解放和完全独立于男人"。因此，他在报告中强调，"党当然不能忘记中国妇女毫不妥协的革命精神，而要给自己提出这样的任务，将她们的一定阶层放到无产阶级斗争熔炉中重新加以锻炼，使之成为统一的革命机器的有用螺丝钉。"他关于"妇女运动"的正确主张为中国共产党的发展壮大注入了强大动力。

不仅希望自己、妻子和全体女性能"享真正的幸福"，张太雷更希望的是全体中国人民都能永远幸福，这是他在家书中表达的对"高深学问"更高层次的追求。他写道："我们现在离开是暂时的，是要想谋将来永远幸福……寻我们将来永远的幸福，这是一件何等快乐的事呵。"他还在家书中描绘了学成归国后的图景：以自己为代表的中国共产党人已经掌握了马克思列宁主义的革命道路，以妻子为代表的中国妇女也已经获得了自立解放。他坚信这时的中国社会必将焕然一新，人民幸福、民族独立，到时全体人民就可以共同庆祝了。

为了这"将来永远的幸福"，张太雷在共产主义道路上奋斗了一生。

1920 年，张太雷加入了北京共产主义小组，标志着他正式走上了"谋将来永远幸福"的道路。1921 年春，他奉共产主义小组委派赴俄国伊尔库茨克，就任共产国际远东书记处中国科书记。在俄期间，他出席共产国际第三次代表大会，成功地向国际社会介绍了中国革命情况。同年 8 月，回国后的张太雷继续投入革命解放事业，担任更多重要领导职务。1927 年冬，张太雷赴广州领导武装起义，12 月 12 日，在指挥战斗时遭敌人伏击，身中三枪，永远倒在了"谋将来永远幸福"的革命征途上。

张太雷用自己的热血和青春践行了"愿化作震碎旧世界惊雷"的铮铮誓言。他虽然倒下了，但中国共产党人对"永远幸福"的谋求却并没有终止。在一代又一代中国共产党人的接续奋斗下，中国人民的"永远幸福"正在由理想变成现实。

（郭丽芬）

★ 江西省兴国县高兴区苏维埃政府设置的控告箱

质地：木质

尺寸：16厘米×18厘米×18.5厘米

震慑贪官污吏的"控告箱"
——何叔衡

何叔衡（1876—1935），字玉衡，号琥璜，湖南宁乡人，中国共产党的创始人之一。1918年参加毛泽东、蔡和森发起的"新民学会"，后与毛泽东共同发起成立湖南共产党早期组织，在湖南广泛开展革命活动。1921年7月，参加中国共产党第一次代表大会。1928年，被派往莫斯科中山大学，学习马列主义理论。1931年11月，来到中央革命根据地，当选为中华苏维埃共和国执行委员会委员，任临时中央政府工农检察人民委员、工农检察部部长、内务人民委员会代部长、中央政府临时法庭主席等职。1935年2月，从江西转移福建途中，在长汀突围战斗时壮烈牺牲。2009年，被评为"100位为新中国成立作出突出贡献的英雄模范人物"。

> 幸福绝不是天地鬼神赐给的，病痛绝不是时运限定的，都是人自己造成的。
>
> ——何叔衡 1929 年 8 月 3 日写给养子新九的信

　　这只看上去很像投票箱的小箱子，有一个很凛肃的名字，叫作"控告箱"。1931 至 1934 年，它在江西省兴国县高兴区苏维埃政府挂了 3 年多，至今已有近百年的历史，是中国共产党历史上的第一个反腐控告箱。箱子写满了密密麻麻的说明，正面用毛笔工整地写着"控告箱" 3 个大字，下面是落款"高兴区苏维埃政府工农检察部控告局"。右面列举了可以控告的现象："苏维埃政府机关和经济机关有违反苏维埃政纲政策及目前任务、离开工农利益、发生贪污浪费、官僚腐化或消极怠工的现象，苏维埃的公民无论何人都有权向控告局控告。"左面则注明控告的原则："控告人向控告局投递的控告书，必须署本人的真姓名，而且要写明控告人住址，同时要将被告人的事实叙述清楚，无名的控告书一概不处理。倘发现挟嫌造谣控告事，一经查出，即递交法庭受苏维埃法律的严厉制裁。"上面则是举报的办法："各位工农群众，一切事情都可来这里控告，所写的控告意见书必须盖好私章才能作效力，没有盖章的概作废纸，而且还要用信套密封好，并且要注明送某机关，工农检察部控告局局长接收。"控告箱上的说明文字通俗易懂，举报方法简单明了，方便老百姓搜集证据、反映问题，监督身边的领导干部。

　　1931 年 11 月 7 日，中华苏维埃共和国临时中央政府在江西瑞金成立。人民委员会作为政府的行政机关，下设"九部一局"，其中就有作为国家最高检察机关的工农检察部，首任部长便是享有"何青天"美誉的何叔衡。

　　1931 年 11 月，何叔衡来到中央革命根据地，当选为中华苏维埃共和国执行委员会委员，任临时中央政府工农检察人民委员、工农检察部部长、内务人民委员会代部长、中央政府临时法庭主席等职。虽然身兼数职，任务繁重，但他不辞劳苦，直接领导了苏区的反腐肃贪斗争。

当时的苏区情况比较复杂，红色政权刚刚建立不久，内有混进革命队伍的投机分子，外有国民党反动派的武装"围剿"，如何在生活条件艰苦、法规制度尚不健全的情况下，杜绝已经出现的官僚主义与享乐之风十分重要。何叔衡对此有着极为清醒的认识，认为"反腐败关系到党和苏维埃政权的生死存亡，关系到根据地建设的兴衰成败"，而且"贪污浪费是针对人民的，不消除贪污浪费，人民就要反对你。"

何叔衡上任不久就在检察部下设突击队，要求干部们走向田间地头，切实搞好调查研究，他自己也经常带着三件宝（布袋子、记事簿和手电筒）深入基层，白天找群众交心，晚上召集干部座谈，很快就发现在一些区县存在着领导干部贪污公款、多吃多占、生活腐化的现象。检察部还设有检举委员会和控告局，负责检举政府机关中的腐化分子以及接受苏维埃公民对当局的控告。

根据何叔衡的建议，控告局在一些主要机关单位和街道路口都设置了控告箱，调查员则每天到各个控告箱去收取控告信，然后再根据群众反映的情况，赴各地明察暗访，调查核实。通过广泛动员老百姓，何叔衡掌握了很多可靠的情报，将那些阳奉阴违，当面一套、背后一套的"两面人"撤职查办，对贪污腐化严重、骑在人民头上作威作福的干部坚决严惩。而且，何叔衡还把其中的一些典型案例编写成文，刊登在临时中央政府机关报《红色中华》上予以曝光，对混进革命队伍里的投机分子起到了很好的震慑作用。

控告箱上的说明文字有一条十分重要，就是实名举报，这样一来可以避免因举报信过多产生人手不足而疲于应付的情况，二来可以减少诬告、不实之告的现象出现。何叔衡作为苏区反腐肃贪的最高统帅，自然也应该严格执行这项规定，不过他也有"违规"的时候。1933年夏季的一天，检察部收到一封匿名举报信，控告瑞金县苏维埃政府财政部"用公家灯油到饭馆炒菜吃，有的还用油换酒喝。"但由于没有署名，工作人员便当作废纸扔掉了。何叔衡知道后，立即要求工作人员把那封信找回来，并根据信里提供的线索成立调查组进行核查。谁知对方十分狡猾，他们把普遍存在的贪腐行为刻意引向一个煤油灯灯油超支的小问题，并且认为这些都是出于各种需要，超支在所难免。就在办案遇阻、调查组无功而返的时候，何叔衡又抽调几名精干的年轻小伙子组成"轻骑队"，悄悄住进苏维埃政府附近的老百姓家中，暗中调查取证。经过一段时间的查访，何叔衡发现，瑞金县苏维埃政府财政部存在的问题远不止公款吃喝这么简单，"10至11月两个月，多报灯油400多斤；9至11月，共假造购纸收据441元；10月，谎报房子搬迁伙食费1000多餐；同期，干部开具假药单报账500余元；同期，干部集体侵吞群众退还谷票及公债款2830元。"这个数字在当时已不容小觑了，时任中华苏维埃共和国临时中央政府主席的毛泽东在了解情况后，也深感事态严重，专门主持召开临时中央政府人民委员会会议，决定将贪污数额巨大的瑞金县苏维埃政府会计科科长唐达仁移交法庭判处死刑，对瑞金县苏维埃政府财政部部长蓝文勋等人分别进行不同程度的纪律处分和司法处分。

在主管检察、司法工作的近两年时间里，何叔衡查处了一系列大案要案，一大批腐败分子得到严惩。虽已年过半百，但他依然像"老黄牛"一样埋头苦干，不顾顽固分子的恐吓威胁，抵制"左"倾路线执行者的错误批判，告诉工农检察部全体工作人员"人民赋予我们这个权力，我们就要对人民负责。至于我个人，不要说是撤了我的职，就是搭上这条命也在所不惜。"

（周靖程）

★ 《中国劳动组合书记部总部邓中夏等请愿书》

质地：纸质
时间：1922 年
尺寸：26 厘米 ×20 厘米

保护劳工的请愿书

——邓中夏

邓中夏在苏联留学时与妻儿合影

邓中夏（1894—1933），字仲澥，湖南宜章人，中国工人运动领袖。1920年发起组织了北京的共产党早期组织。1922年任中国劳动组合书记部总部主任。1925年任中华全国总工会秘书长兼宣传部部长，参与组织领导省港大罢工。1930年任湘鄂西特委书记、红二军团政委等职。1932年任全国赤色互济会总会主任兼党团书记。1933年5月在上海被捕，9月在南京雨花台英勇就义，时年39岁。2009年被评为"100位为新中国成立作出突出贡献的英雄模范人物"。

只给无所畏惧的男人。

——邓中夏妻子李慧馨在上图合影背面用俄文写下的一行文字

这是中国劳动组合书记部总部邓中夏等人于 1922 年 7 月向国会众议院递交的《请愿书》，要求将劳动法条文写入宪法。署名人除了中国劳动组合书记部总部主任邓中夏外，还有武汉分部主任林育南、上海分部主任袁大时、湖南分部主任毛泽东、广东分部主任谭平山、山东分部主任王尽美等。这份《请愿书》揭开了 1922 年邓中夏领导的全国劳动立法运动的神秘面纱。

1921 年 8 月，中国劳动组合书记部在上海成立，成为中共领导工人运动的总机关。随后，又在北京、长沙、武汉、济南、广州等地设立分部。在中国共产党的领导和推动下，各地工人运动迅速开展起来。

为了统一全国工人运动，1922 年 5 月 1 日，中国劳动组合书记部在广州召开全国第一次劳动大会。邓中夏作为京汉铁路长辛店工人俱乐部代表出席了劳动大会，他提出的《工会组织原则案》被列为大会讨论的中心议题之一。大会决定在中华全国总工会成立前，中国劳动组合书记部作为全国通讯总机关，有指挥全国工人运动的权力。

大会闭幕后，中国劳动组合书记部和其机关刊物《劳动周刊》在上海被巡捕房查封，总部干事李启汉被捕入狱。为了适应全国工人运动发展的需要，中共中央决定将中国劳动组合书记部总部迁往北京，邓中夏任中国劳动组合书记部总部主任，《工人周刊》为机关刊物。

第一次全国劳动大会加强了中国共产党对全国工人运动的领导，但这次全国劳动大会也有一个遗憾，那就是没有为当时的工人运动制定一个斗争纲领。邓中夏担任中国劳动组合书记部总部主任后，决定在全国开展劳动立法运动，制定一个指导工人运动的斗争纲领。

这时，全国政治形势也发生了变化，为邓中夏开展劳动立法运动提供了一个契机。1922 年夏，北方发生直奉战争，奉系失败，直系获胜，控制了北京政府。直系军阀吴佩孚为了笼络人心，高呼保护劳工、重开国会、制定宪法。邓中夏决定抓住这个机会，在全国发起劳动立法运动。

中国劳动组合书记部为劳动立法提出了四条原则：保障政治自由、改良经济生活、参加劳动管理、劳动补习教育。邓中夏根据这四条原则主持拟定了《劳动法案大纲》，要求承认工人有集会、结社、罢工、缔结等自由权利，并合理规定工时、工资、假日、教育等。这个法案代表了中国无产阶级的利益，反映了他们想要改变现状的强烈愿望。

1922 年 7 月，邓中夏等向国会众议院提交了将《劳动法案大纲》纳入宪法的《请愿书》。8 月 16 日，在邓中夏的领导下，中国劳动组合书记部向全国工会发出《关于开展劳动立法运动的通告》，号召各地工会行动起来，开展劳动立法运动。8 月 17 日，北京《晨报》发表了《中国劳动组合书记部总部邓中夏等请愿书》，引起全国关注。

劳动立法运动得到全国各地工会的热烈响应。京汉铁路长辛店工人俱乐部根据工人意愿向京汉路局局长赵继贤递交呈文，提出承认俱乐部参与管理、增加工资和改善生活待遇等八条要求，赵继贤对此不予理睬。8 月 20 日，俱乐部发出通告，限路局三日内答复，否则举行罢工。8 月 23 日，邓中夏从北京赶到长辛店，领导这次罢工。8 月 24 日正式罢工，罢工持续两天。赵继贤怕罢工风潮扩大到全铁路，损失更大，于 8 月 26 日上午与工人代表谈判，被迫做出让步，答应了除工人参与铁路局人事权以外的全部条件，罢工取得胜利。

唐山铁路、煤矿、纱厂、洋灰厂等工会也积极响应劳动立法运动。8 月下旬，邓中夏在领导长辛店工人罢工取得胜利后赶到唐山，会同中共唐山地委书记邓培，进行宣传发动工作。邓中夏深入矿井、工棚，和工人们促膝谈心，广泛了解工人的生活和斗争情况。他会见工人代表，进行宣传报告，向大家通报各地工人运动发展情况，号召唐山广大工人团结起来，为争取自己利益而斗争。9月3日，在邓中夏的领导下，唐山劳动立法大同盟成立。随后，举行大规模的游行示威，通电国会，要求国会通过《劳动法案大纲》。

郑州、武汉、长沙、上海、广州、天津等地工会也纷纷组织劳动立法运动大同盟，要求国会将《劳动法案大纲》列入宪法。

8月31日，为了扩大宣传，中国劳动组合书记部在北京大学举行新闻记者招待会，出席会议的有各地报刊记者和各地铁路工人代表。招待会的会场座椅摆成了"工"字形，表示"工人和工会"之意。邓中夏主持招待会，他向大家介绍了劳动立法的意义，希望记者积极宣传劳动立法。到会记者同情工人的困苦处境，都支持工人的正当要求。会上，邓中夏还宣布了中国劳动组合书记部关于开展劳动立法运动的下一步计划。

为了争取议员对劳动立法运动的支持，9月3日，中国劳动组合书记部在北京大学举行国会议员招待会。邓中夏在会上介绍了劳动立法的必要性和《劳动法案大纲》的内容。他请求议员们支持劳动立法运动，但他也承认，由于军阀和帝国主义的阻碍，劳动立法实难实行。因此，只有打倒军阀和帝国主义，才能真正实现劳动立法。最后，邓中夏请全场起立，高呼打倒军阀、打倒帝国主义口号，然后宣布散会。

劳动立法运动引起社会各界的关注，他们与工人运动相呼应，纷纷呼吁北京政府制定保护劳工的法律条文，对劳动立法运动给予有力支持。

然而，吴佩孚提出的重开国会、制定宪法，本来就是骗人的把戏，大多数议员也都是军阀卵翼下的投机政客，根本不可能接受《劳动法案大纲》。

　　《劳动法案大纲》虽然无果而终，但邓中夏领导的劳动立法运动却有着相当的积极作用。它是在北洋军阀统治下，中国共产党领导的一次合法斗争的尝试。正是由于劳动立法运动的开展，《劳动法案大纲》才能深入工人群众心中，并实际上成为当时工人罢工斗争的纲领。

（尹静）

★ 向警予 1919 年写给父、母亲的家信

质地：纸质

尺寸：28.4 厘米 ×23.7 厘米

家书中红色基因的传承

——向警予

向警予（1895—1928），原名向俊贤，土家族，湖南溆浦人，中国共产党创建时期的重要领导人之一，中国妇女运动的先驱和领袖。1918年参加毛泽东蔡和森组织的新民学会，1919年赴法勤工俭学，1922年回国加入中国共产党，曾出席中共二大、三大、四大、五大，是中国共产党历史上第一位女性中央委员，中央局委员。她积极投身妇女运动，在中国妇女运动的理论和实践方面作出了卓越贡献。因叛徒出卖，向警予于1928年3月20日被捕，5月1日英勇就义，时年33岁。毛泽东称赞她是"模范妇女领袖"。2009年，向警予被评为"100位为新中国成立作出突出贡献的英雄模范人物"。

她为妇女解放、为劳动大众解放、为共产主义事业奋斗了一生。

——毛泽东在延安举行的"三八妇女节"纪念大会上对向警予的高度评价（1939年3月8日）

这是向警予1919年在北京写给父母的家书。笔墨简明、言语恳切、情感真挚，字里行间的儿女家常充满乡音亲情，饱含对于事业的追求和对于信仰的传承，没有丝毫矫饰。

向警予毕业于周南女校，毕业后以"教育救国"为志向回到家乡溆浦县，开办女校。开学典礼上她努力宣传："（我们要）为读书而读书，为嫁一个如意丈夫而读书，不是我们读书的目的，我们读书是要做个新国民！"1919年参加毛泽东、蔡和森共同举办的"新民学会"，同年秋只身进京，准备赴法勤工俭学。1919年旧历除夕，写下这封家书。

信中对父母流露"佳节思亲，曷胜怅惘"的思念，自古文人墨客都有此感悟诉诸笔端，此时此刻，向警予脑海里闪现的是儿时撒娇在父亲怀中，托腮听父亲娓娓道来的木兰代父从军的故事，记挂着的是父母的健康，超越思念之上的也有"儿之计划刻尚未定，然大致不出半工半读之范围，每日阅读法文，亦复陶然有乐"，对未来革命求学之路的向往与憧憬。值得补充的是，此次在京向警予常与蔡和森会面，共事的默契与友谊的加深，令她脸庞上洋溢着青春的光彩，畅谈即将赴法之事，共谋两个人的未来，这虽不好意思在信中透露，但得知"七哥以家瑛及林议长之助可能有谋一相当位置"，喜悦之情溢于言表。

1919年圣诞节，向警予与蔡和森、蔡畅等三十余人登上法国邮船"央脱来蓬"号，开启了法国勤工俭学之路。向警予到法国之后，学习刻苦，以惊人毅力在几月内初步掌握了法文，从而迅速读完法文版《家庭、私有制和国家的起源》《共产党宣言》等书，同时也不忘启迪晚辈，殷切鼓励侄女传承自己的革命信念与理想。1921年4月29日，她给时在长沙省立女师就读的侄女向功治（大哥向仙钺之女）写信："你不愿做管理家业的政治家，愿发奋作一改造社会之人，有思想、有识力，真是我的侄侄！"信中聊及国内外形势并继续鼓励她说：

"现在正是掀天揭地社会大革命的时代，正需要一般有志青年实际从事。世界潮流社会问题都可于报章杂志中求之，有志做改造社会的人不可不注意浏览。"想到侄女虽小，自己着笔便言语平实恳切，既肯定信念，又提供学习方法，绝不端长辈架子。"毛泽东、陶毅这一流先生们，是我的同志，是改造社会的健将，我望你常在他们跟前请教。环境于人的影响极大，亲师取友，问道求学是创造环境改进自己的最好方法，你们于潜心独研外更要注意这一点，万不要一事不管，一毫不动，专门只关门读死书。"与给父母的信一样，给侄女信中也没有刻意矫饰，没有虚情假意，就像平常长辈唠嗑絮话家常，自然流露出的畅所欲言，字字落到实处。1922年向警予回湖南省亲时，特意带侄女向功治拜见了毛泽东。

1923年5月28日，向警予在广州筹备和出席中共三大的过程中，虽曾家境优渥但也着实体味了一把经济拮据、果腹困难、囊中羞涩的辛酸，但对革命事业的憧憬和对未来充满胜利的信心却映照在心间。她在给七哥七嫂的信中写道："此间偏近热带……妹之热衣裤，已有者均不知丢往何方……殊觉难堪耳。"一个家境殷实的大小姐，为投身于自己热衷的革命事业，经济困难到夏天被迫穿春装"难堪"日子里，即使"日来小病，精神殊倦"也没有消极低沉，依然坦然面对。她坚定地在信中对七哥表示："对事业一层不必太求急进，平常人所视荣辱得失，自吾辈视之真不值一笑！吾辈当求真心得，做真事业，尤其要树好身体基础……"字字句句彰显诚恳关切，拳拳之心，她对家人牵挂之深，理性通透之余片片柔情令人不免动情，关切之余"求真心得，做真事业"的决心可见一斑。

在对于中共早期活动不能公开的年代，此次广州之行，向警予曾对父母亲人含蓄称为"此次远行"不为其他是为"造真学问，储真能力"，引申为"是对国家、对双亲、对兄弟、对自身的唯一光明与希望"。向警予旷达之胸襟、阔达之格局，渗透出一股对党、对人民、对国家、对革命事业的坚贞不二与赤胆忠心。行前全家围坐在火炕边，互诉衷肠，而写信的此刻想到父亲年迈之身和二哥的重病不起，向警予心里百味杂陈，不是滋味。想到此情此景她热泪盈眶，对着父亲劝慰："务必珍重身体，待看儿的成绩。"向父更是用颤抖的双臂紧紧扶住女儿的肩头，重重点头。

"儿的成绩"不仅仅是向警予的成绩，也是国家革命事业的成绩，作为中共早期创始人之一，向警予早已将自己与家国命运紧紧绑在一起，誓死不渝。1928年3月20日由于叛徒宋若林的出卖，向警予不幸被捕。在庭审中，向警予用中文和法语质问法租界当局，法国领事陆公德敬佩她无畏无私的献身精神，以"保护侨民"为借口不愿移交给国民党政府。然而法当局与国民党政府串通一气，向警予最终还是移交到国民党政府并在牢狱中受尽毒打。她视党的秘密比自己生命更宝贵。她鼓励牢中难友不忘斗争："人都应该珍惜自己的生命，然而到了不能够珍惜的时候，只有勇敢牺牲。人总是要死的，死也要死得明明白白，慷慷慨慨！"向警予的正义与无私让看守们肃然起敬，武汉工人因同她关系密切，多次谋划劫狱都没能成功。1928年5月1日，反动军警把她押赴刑场。向警予牺牲的噩耗传来，蔡和森动情写下悼念文章《我的妻》："伟大的警予，英勇的警予，你没有死，你永远没有死！""你不是蔡和森个人的爱人，你是中国无产阶级永远的爱人！"诗人柳亚子怀着沉痛心情写下："雄词慷慨湘江向，情话缠绵浙水杨。长痛汉皋埋碧血，难从海国问红妆。"1939年在延安举行的纪念"三八妇女节"大会上，毛泽东高度评价向警予的一生："她为妇女解放、为劳动大众解放、为共产主义事业奋斗了一生。"

斯人已逝，然留下的此信笺历经岁月风雨的淘洗却从不褪色，愈发彰显出向警予内在的思想光辉。她褪去身上光环，那面庞沉静、姿态高贵的湘西女子，优雅生动地通过家书浮现在我们面前，展示着她的小爱与大爱，朴素而纯粹，执着和坚强。

（傅琳）

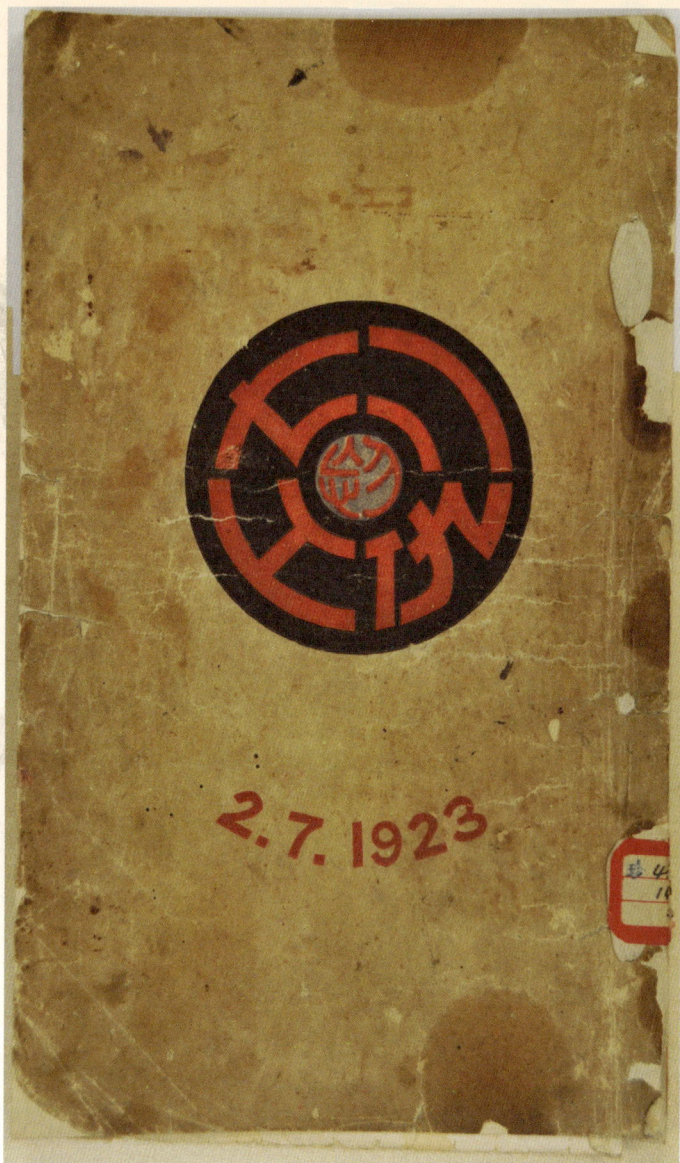

★ 《二七工仇》

质地：纸质

尺寸：21.5 厘米 ×15 厘米

"二七" 大罢工的历史见证册
——林祥谦

林祥谦（1892—1923），福建闽侯人，中国工人阶级的杰出代表和中国工人运动的先驱者，"二七"大罢工领导人之一。1912年到京汉铁路江岸机车车辆厂当钳工。林祥谦在党的领导下积极从事工人运动，1921年12月参加中国劳动组合书记部武汉分部会议，参与筹备组织京汉铁路江岸工人俱乐部。1922年夏加入中国共产党，不久当选为江岸京汉铁路工会委员长。为抗议军阀的暴行，京汉铁路总工会决定于1923年2月4日举行全路总同盟罢工。作为江岸地区罢工的总负责人，2月7日，林祥谦带领工人同前来镇压的反动军队进行了英勇搏斗，与十几名工会领导人和工人代表被捕。反动军阀让林祥谦下令复工，林祥谦断然拒绝，英勇就义，年仅31岁。2009年被评为"100位为新中国成立作出突出贡献的英雄模范人物"。

头可断，血可流，工不可复！

——林祥谦

这份《二七工仇》小册子，详细记录了 1923 年 2 月 7 日京汉铁路工人罢工运动中，30 多名铁路工人牺牲，林祥谦与工友不幸被捕的真实历史。

京汉铁路是连接华北与华中的经济交通命脉，其运营收入也成为军阀吴佩孚军饷主要来源之一。两万多工人在"成年累月做马牛，吃喝如猪穿如柳"的苦难生活中煎熬。1912 年，20 岁的林祥谦成为京汉铁路江岸机车车辆厂的钳工。富有反抗精神的林祥谦在工人中有很高威望，1922 年加入中国共产党后，林祥谦多次带领工友为改善劳动条件而斗争。

1923 年 2 月 1 日，京汉铁路总工会筹委会在郑州举行成立大会，中共中央及党的有关组织对此十分重视，派出张国焘、陈潭秋、罗章龙、包惠僧、林育南等人出席，林祥谦作为江岸分工会委员长参加了会议。郑州警察局奉军阀吴佩孚"军事区域，岂能开会"之命，全市戒严。但是代表和来宾们毫不畏惧，在林祥谦等人的带领下，勇于突破敌人防线进入会场——普乐园戏院，京汉铁路总工会在群众欢呼雀跃声中宣告成立。敌人没有就此罢休，紧接着砸坏了各方赠给大会的匾额和礼品。随即派出反动军警驱逐工作人员，查抄文件材料，用一切手段进行包围和监视。京汉铁路总工会积极应对，当晚便秘密召集各分会向反动当局提出要求、谈条件，还决定将京汉铁路总工会迁到江岸，并组织了总罢工委员会。江岸地区负责人林祥谦连夜赶往江岸。

在随后的江岸分工会大会上，林祥谦怒斥军阀破坏总工会、残害代表的行径，呼吁全路总同盟罢工的决定，号召工人勇于参与，全场群情激愤，工友决心"为自由作战、为人权作战，只有前进，绝无后退"。林祥谦带领工人们一方面建立自己的宣传队伍，通过贴标语、发传单扩大宣传，另一方面成立调查队来密切监视敌人动态。与此同时赶制木棒、铁棍等工具，积极为罢工斗争做准备。2月4日上午，林祥谦接到通知9时下达罢工令。工人黄正兴接到命令后拉响江岸机厂锅炉房里的汽笛，紧接着众多汽笛也相继呼应，响彻武汉三镇。世世代代当牛做马的江岸铁路工人在林祥谦的指挥下，两万多铁路工人全部罢工，京汉铁路全线军车、客车、货车全部停驶，工厂、道棚、桥梁、车站全部停工，京汉铁路全线瘫痪。在中国共产党领导下，这场工人阶级的政治大罢工，以江岸为开端，沿京汉铁路一路向北蔓延，势不可挡，在区区三小时之内，奇迹般实现胜利。

2月5日，根据吴佩孚的命令，湖北督军萧耀南指派参谋长张厚生带着军警借谈判之机妄图诱捕林祥谦。林祥谦先后派出二千多名工人和纠察团营救难友。罢工斗争没有作罢继续进行，工人及各界团体积极声援，慰问会、游行示威此起彼伏，现场声势浩大，沿途万千群众自主加入游行。尤其在经过帝国主义租界时，群众情绪极为高昂，不断高呼"争自由、争人权""打倒帝国主义""打倒军阀"等口号。2月7日，罢工进入生死搏斗的关头。下午，张厚生派警官到江岸分工会，约工会代表于下午五点半在工会会所等候谈判。反动军警出动两个营全副武装的军队，包围了整个江岸并进行疯狂射杀。江岸三十多名工人牺牲，二百多人受伤，酿成了震惊中外的"二七惨案"，也是工人们心中难以抹去的"二七工仇"，林祥谦同工会领导人、工友等五十二人被敌人逮捕。

在这之前，危急情况已经显露，林祥谦中午便把工会图章藏在家中炭火盆里，请总工会的负责人暂时避开一下，由他和纠察团副团长曾玉良出面对付敌人，并令纠察团做好一切战斗准备。但终因寡不敌众，损失巨大。

是夜，呼啸的北风与纷飞的雪花令江岸蒙上一层白色肃杀的烟雾。

林祥谦被敌人捆绑在站台的电线杆上。张厚生提灯走向林祥谦，皮笑肉不笑地嘲讽道："林会长，您现在唯一出路是下令工人赶紧上工，要不然，性命难保。"林祥谦横眉冷对。于是刽子手先在林祥谦左肩生砍一刀，张厚生再问："上不上工？"林祥谦大义凛然说："上工要总工会下命令，我头可断，血可流，工不可复！"气急败坏的张厚生责令刽子手猛砍，刀刀直逼性命。血流如注的林祥谦痛晕过去。当他再次苏醒过来，骄横的敌人巧言令色道："还嘴硬，现在上不上工？"虚弱的林祥谦拼尽最后一口气道："现在还有什么可说，可怜一个好好的中国，就断送在你们手里！"

在"二七"大罢工中，以林祥谦为代表的五十二位革命英烈留下的威武不屈和浩然正气鼓舞了几代人。"二七"革命斗争，充分表现了中国工人阶级反帝反封建的革命精神，显示了无产阶级大公无私的高贵品质和英勇无畏的革命气概，证明了工人阶级是新的生产力的代表者，提高了中国共产党的政治地位和威信。

京汉铁路工人大罢工虽然以失败告终，但是以林祥谦为代表的中国工人阶级高度自觉的组织纪律性，以及他们不畏强暴、敢于斗争、善于斗争、不怕牺牲的大无畏精神，全心全意为贫苦百姓求解放的崇高品格，为中国人民乃至全人类树立了光辉的榜样。

（傅琳）

★ 萧楚女在病中回答学员疑问的笔记

质地：纸质

时间：1926 年

尺寸：25 厘米 ×15.1 厘米

用红烛精神书写的答疑笔记
——萧楚女

人物链接

萧楚女（1893—1927），湖北汉阳人，原名树烈，学名楚汝，笔名楚女，中国共产党早期青年运动领袖之一。1911年武昌起义时，萧楚女投军参加了阳夏保卫战。1919年参加五四运动，1920年参加恽代英等组织的"利群社""共存社"，开始接受马克思主义。1922年加入中国共产党，同年秋被派往四川从事青年运动工作。1924年到上海在团中央工作，参加主编《中国青年》，曾与戴季陶主义和国家主义派做坚决斗争。1927年到广州协助毛泽东编《政治周报》，任第六届广州农民运动讲习所专职教员，黄埔军校政治教官、政治顾问。1927年4月，萧楚女在广州反革命大屠杀中被逮捕，4月22日被杀害于狱中，年仅34岁。2009年，被评为"100位为新中国成立作出突出贡献的英雄模范人物"。

做人也要像蜡烛一样，在有限的一生中有一分热发一分光，给人以光明，给人以温暖。

——萧楚女

这是广州农民运动讲习所（第六所）的专职教员萧楚女的答疑笔记，30 岁的他在讲"帝国主义"课时由于心情激愤，肺病发作，突然吐血。入院后仍心系学生，想到讲台下求知的眼神，"不能因自己耽误课程"，病床上的他请学员代笔，为学生答疑解惑，笔记上"（1）德谟克拉西是怎样的组织；（2）党（中共）在国民党是组织，他的主义是什么；（3）中国国民革命何以是世界之一部分；（4）唯物论与唯物史观如何区别……"字字切切，一问一答，详尽而周到。

1926 年 2 月 5 日，国民党农民部设立农民运动委员会，公布组织大纲并由毛泽东、萧楚女、林祖涵、阮啸仙、谭植棠、林伯渠等 9 人担任委员会委员。3 月，农民运动委员会举行第一次会议，决议请毛泽东担任第六期农讲所所长，聘请萧楚女、邓中夏、张太雷等担任教员。第六期农讲所克服了经济困难，于 1926 年 5 月 3 日正式开学，学生来自全国 20 个省区，共计 327 人（毕业时学生为 318 人）。农讲所聘请萧楚女等为专职教员，负责基础理论教学工作。由于课程没有现成的讲义，萧楚女编写了教材《社会主义概要讲义大纲》《帝国主义讲授大纲》《中国民族革命运动史讲授大纲》，配合课程供学生使用。讲义内容以马克思列宁主义为根本指导，在研究世界经济政治状况的基础上，分析中国革命历史和现状。讲台上的萧楚女用通俗易懂的语言讲授帝国主义的特征、形成、发展和灭亡的前途，并介绍各国反帝运动。学员搬来椅子请他坐下，劝他休息，但他坚持讲下去，不肯回去。他对学生们说："你们劝我休息，谢谢同学们的关怀，可是我不能休息，不上一小时课，就要浪费你们许多时间啊！"

实际上，学识渊博、深受广大青年喜爱的萧教员并非科班出身。他生于湖北汉阳一木材商人家庭，幼时家中生意破产，家道从此中落，过着颠沛流离、极端困苦的生活，做过茶馆跑堂、报童、长江客轮的杂役，在四处做工中他毅力惊人，不仅将中学所有教科书自学完成，还学会了写文章。毛泽东1964年曾回忆评价萧楚女："（他）没有上过学校……我是很喜欢他的。农民运动讲习所教书主要靠他……能写很漂亮的文章。"在担任农民运动讲习所的专职教员之外，萧楚女还经常到广东大学、黄埔军校讲课，并利用晚上时间到干部训练班、政治讲习班、青年训练班等授课，繁重紧张的工作使他日益消瘦。

萧楚女以教育青年学生为己任，在讲台上播下革命的火种。他在1920年和1924年两次到襄阳，在省立第二师范学校任教，向学生们宣讲革命理想，讲述马克思主义的贡献，作为马列主义传播者宣传俄国十月革命和世界革命形势。他独特的魅力像磁石一样吸引着青年学子，他们中的一大批日后成为了中国革命的骨干中坚。1922至1925年，萧楚女两次入川，奔走于巴山蜀水之间，尤其在万县省立第四师范学校与省立第二女子师范学校，他对封建专制进行猛烈的抨击，揭露帝国主义侵略中国的罪行，并帮助学生正确认识封建军阀统治之下国家蒙辱蒙难的严峻现实，对引导青年树立振兴中华的宏大志向、为挽救国家危亡而走上革命道路起到了一定的作用，激发了学生的爱国情愫。

萧楚女先后在鄂、皖、川、沪、粤等地从事革命工作。1920年他参加恽代英创办的"利群书社"，逐步走上有组织带领的斗争道路。他以手中的笔为武器，纵横驰骋在舆论阵地上。1923年6月他在重庆任《新蜀报》主笔，写了一系列政论和社论。同时，他经常给《中国青年》《向导》撰稿，向广大青年系统讲述反帝反封建的思想，并宣传科学的马克思主义，同时解答青年所关心的多种社会问题，深得拥护。他无情抨击时弊，他的笔风尖锐泼辣、富含寓意，是当时沉闷舆论界的一股清流。1924年初，国共两党合作，建立了革命统一战线，同年 5 月，萧楚女赴沪协助恽代英共同编辑《中国青年》，并积极为《新建设》《向导》《教育与人生周刊》《学生杂志》《上海民国日报》等报刊撰稿。5 个月时间里，他发表了 50 多篇极富战斗性的文章。他的文章笔锋老辣、犀利锋锐，矛头所向不是"指责土酋军"，就是"痛骂贪官污吏"，他在文章中迎头痛击"戴季陶主义"和"国家主义"，旗帜鲜明地指出解决中国社会的根本问题必须要用革命的方法，连反动派报刊也不得不感慨萧楚女的文章是"字夹风雷，声成金石"，他以笔为枪，为群众指明斗争方向，反对分裂，坚持统一战线，表现了共产党人坚持真理、坚守信念、敢于斗争的高贵品格。

一路走来，自学成才的萧楚女以志同道合者为师为友，以社会为课堂，逐步成长为一个成熟的革命家、坚定的马克思主义者。1924 年，他曾谈起"人（生）的意义之表现，究竟要怎么样呢？这，就莫过于诸葛亮所说的：'鞠躬尽瘁，死而后已'两句话恰恰当了。古今中外的伟人、英雄、贤者，哪一个不是把自身做成一支蜡烛，点起'为他'的爱之火，鞠躬尽瘁，死而后已地让他蜡尽成灰完事？"

1927 年 4 月 15 日，国民党新右派在上海闸北等地区发动反对共产党和国民党左派的武装政变，同时宣布上海总工会等机构无效，没收一切武器以及所有资料，大肆枪杀中共及各界爱国主义人士。当他们杀气腾腾地冲进广州东山医院病房时，萧楚女笑了，缓缓讲道："我是个病得要死的人了，难为你们赠送一顶烈士的桂冠，不胜荣幸之至！"7 日后，反动派将关押在广州的萧楚女等一批共产党人和关在南关戏院的革命志士押解到天字码头，进行秘密处决。萧楚女同其他 40 多名革命同志被押往刑场，负责行刑的国民党营长对他说："萧教官，你这根蜡烛熄灭之前，你愿意悔改吗？"萧楚女以锋利的目光盯住行刑者，说："真正的共产党人是不怕死的，共产主义运动是镇压不了的。总有一天，人民会审判你们！"萧楚女等40多名共产党员、革命者为了无产阶级的革命事业血洒珠江，献出了宝贵的生命。

萧楚女用一生诠释了自己的"红烛精神"，并用他的思想照耀着后人。在短短的34年里，他做了很多轰轰烈烈的事，也留下了很多遗憾。"红烛"的一生，正是千千万万共产党人最平凡也最不凡的注解。

（傅琳）

★ 中共永定第三区委员会印发的《纪念苏兆征同志的口号》传单

质地：纸质
时间：1929 年 2 月 26 日
尺寸：23 厘米 ×17 厘米

局势再艰难也要宣传纪念的一份传单
——苏兆征

人物链接

苏兆征（1885—1929），广东香山人，中国工人运动的先驱和杰出领袖，中国共产党早期的重要领导人之一。1908年加入中国同盟会。1921年3月，苏兆征和林伟民等人倡导在香港成立中华海员工业联合总会。在香港海员举行的大罢工中，苏兆征接任代理海员工会会长。1925年春加入中国共产党，先后任中华全国总工会执行委员、全国海员总工会执行委员会委员长、中华全国总工会委员长。在中共五大上，当选为中央委员、政治局候补委员。在党的六大上，继续当选中央政治局委员、常委。严酷的斗争环境、长期的忘我工作，致使苏兆征积劳成疾，于1929年2月25日病逝。2009年，苏兆征被评为"100位为新中国成立作出突出贡献的英雄模范人物"。

苏兆征同志在工作中，充分表现了无产阶级的艰苦卓绝精神和坚决的政治意识，他的革命精神，是全党的模范。

——中共中央政治局第三十二号通告（1929年2月26日）

这件文物是 1929 年中共永定第三区委员会印发的《纪念苏兆征同志的口号》传单。当时白色恐怖笼罩全国，客观上很难公开举行大规模的纪念活动。但是各地党团和革命工会组织，仍然设法通过各种方式举行悼念活动，以纪念苏兆征这位杰出的党的工运领导人。

此件传单列十四条：

1. 继承伟大的革命领袖苏兆征同志遗志。

2. 完成中国苏维埃的革命。

3. 完成世界无产阶级革命。

4. 要纪念兆征同志就要团结发展苏维埃。

5. 纪念兆征同志加强群众组织和斗争。

6. 兆征同志是我们的旗帜。

7. 反对一切共产党的叛徒。

8. 学习兆征同志的精神，反对社会民主党。

9. 实行兆征同志反谭平山的精神，反对谭平山第三党。

10. 反对一切政治派别就是实际纪念兆征同志。

11. 推选和扩大红军十二军就是纪念兆征同志的实际工作。

12. 兆征同志精神不死。

13. 兆征同志的遗志——苏维埃的新中国万岁。

14. 兆征同志的遗志——世界革命万岁。

中共江苏省委召开省委扩大会议时，首先为苏兆征同志的逝世默念致哀，省委领导人在会上报告了苏兆征为党的事业英勇奋斗的事迹。由于苏兆征生前一心一意干革命，不谋私利，家境贫困，身后萧条，不少工会组织和工人群众自动开展了为苏兆征家属募捐的活动。

二十世纪初，中国的海员长年遭受帝国主义的蹂躏压榨，受尽屈辱，即使从事相同工作，其工资待遇却不及白人的五分之一。1903 年，刚成年的苏兆征经介绍来到香港的外国轮船上打杂，开启十几年海员生涯。苏兆征随船到过很多港口，并在符拉迪沃斯托克等地接触到有关俄国十月革命的报刊书籍，聪敏好学的他通过马克思主义革命理论，逐渐认识到革命的真正含义——"只有社会主义的革命，才能完成人类的彻底解放"。

1921 年 3 月，由于苏兆征等人的积极倡导，中华海员工业联合总会在香港成立——中国海员第一个真正意义上的工会组织由此诞生。翌年，在苏兆征等人的带领下，罢工浪潮席卷整个香港。随后被推举为谈判代表的苏兆征，与港英政商进行了面对面的谈判。谈判中，面对当局高压政策，始终坚持原则的苏兆征毫无畏惧，时时处处维护中国海员的根本利益。面对当局工会改名、会址搬迁、招牌没收的刁难，苏兆征义正词严："我们代表几万工友来香港谈判，海员工会名称一字不加一字不减。如果香港当局不接受我们恢复工会首要问题，其他问题无从谈起。"面对当局资本家"先行复工，条件后议"的圈套，苏兆征沉着冷静、见招拆招，应付裕如。罢工期间，粤军军阀陈炯明企图借经济援助香港海员罢工为名，从中捞取政治资本，调高身价，借助海员力量排斥打压孙中山。苏兆征表现出高超的斗争艺术，既充分利用陈炯明经济援助坚持罢工斗争，又始终不让罢工被利用。由于罢工条件艰苦，开支很大，经费有限，苏兆征深知责任重大，他亲自掌管财务，经常为筹措罢工经费往来奔走，他对每一笔开支都精打细算，账目一清二楚。他本人生活十分简朴，处处吃苦在前、克己奉公……经此种种历练，苏兆征在广大海员中越发具有威信。

中共对香港海员罢工斗争很是重视，在广泛发动全国各地工人不断声援之时，还专派时任中国劳动组合书记部负责人的李启汉赴港慰问。实践出真知，苏兆征真切感受到中国共产党是为工人阶级谋利益、有广泛民众基础的党，开始对党产生敬仰之情。他勇于投身革命实践，在实践中学习马克思主义、理想上投身共产主义，在解决实际问题的过程中增长才干，汲取智慧与能力。

1925 年春，在李大钊等人帮助下，苏兆征加入中国共产党。次年 5 月的第三次全国劳动大会上，苏兆征被选举为全国总工会执行委员会委员长。在中共五大上，他当选为中央委员、政治局候补委员。八七会议上，被选举为中央临时政治局常委。

由于艰苦复杂的恶劣斗争环境以及长期繁重细碎的革命工作，苏兆征身心交瘁、积劳成疾。1929 年他从苏联带病回到上海，顾不了虚弱疲惫的身体，立马组织召开了中华全国总工会第二次扩大会议。会议结束不久，苏兆征又一次过度劳累，旧疾发作后日趋严重，但他以革命大局为重，仍不愿透露病情给身边同志，免增党的负担，也不肯将党组织任何秘密告诉家人，以免给党组织带来危险。直到他的病情进一步恶化，他的爱人才费尽周折将他送进一家私人医院抢救，但他已生命垂危了。2 月 25 日在党中央机关工作的龚饮冰去探望时，苏兆征用微弱的声音挣扎说："不要紧，希望快点好，早日出院，我还有许多工作要做。" 龚饮冰恳求医生尽力抢救，多打强心针，以挽救苏兆征生命，紧接着回去向党中央汇报情况。当日下午，周恩来、邓小平、李立三、邓颖超等闻讯后立即来到医院。虚弱的苏兆征在弥留之际尽力张口却只能时断时续地说："希望大家共同努力奋斗……同心合力起来，一致合作达到我们最后成功……"站在旁边的邓颖超，从怀中拿出一支笔，迅速找到一张纸片把苏兆征遗言一一记录了下来。

苏兆征生命的最后一息，是对党的事业的念念不忘，是对组织群众进行斗争的不放心，是对党的团结，对祖国民族解放事业的牵挂，这种崇高革命品质令人感怀。

　　在苏兆征逝世第二天，中共中央政治局向全党发出悼念通告（第三十二号），指出："兆征同志在这几年的工作过程中，充分表现了无产阶级的艰苦卓绝精神和坚决的政治意识，的确是党的最好指导者。"

　　邓中夏在其所著的《苏兆征同志传》中写道："他是中国共产党的最好领袖之一，他是赤色职工国际和共产国际的领袖之一。"

（傅琳）

★ 恽代英为《和含学会会刊》创刊所作序言

质地：纸质

时间：1920 年

尺寸：16 厘米 ×27.7 厘米

号召中国乡土运动团结起来的序言
——恽代英

人物链接

恽代英（1895—1931），字子毅，江苏常州人，中国无产阶级革命家，中国共产党早期青年运动领导人之一。1921年加入中国共产党，随后创办和主编《中国青年》，培养和影响了整整一代青年。1925年参与领导上海五卅运动。1926年5月被党派到黄埔军校任政治主任、教官。1927年7月，恽代英奉中央之命赴九江参与组织和发动南昌起义，12月参与领导广州起义。1928年，恽代英到上海主编中央机关刊物《红旗》。1929年6月，他在中共六届二中全会上被补选为中央委员。1930年，恽代英在上海被国民党当局逮捕。在狱中，恽代英面对敌人的威逼利诱坚贞不屈。1931年4月29日，他被杀害于南京，年仅36岁。2009年，恽代英被评为"100位为新中国成立作出突出贡献的英雄模范人物"。

他的无产阶级意识、工作热情、坚强意志、朴素作风、牺牲精神、群众化的品质、感人的说服力，应永远成为中国革命青年的楷模。

——周恩来为恽代英殉难19周年题词（1950年）

　　"少做场面上的事，多做骨子里的事。少做扎空架子的事，多做切实的事。少做与人捣蛋的事，多做改进自己、改进团体的事。这样和含学会，可成为中国乡土运动一个模范团体。"这是恽代英1921年在给《和含学会会刊》创刊所作序中的一句话，也印证着他作为一个务实的共产主义者所践行的诺言。

　　1921年一放寒假，恽代英就"身背小包，脚穿草鞋"，应芜湖学联邀请，在第五中学给青年们作"到民间去，到社会去"的演讲。当他走下讲台，来自江北和县和含山县的学生迎了上去对恽代英说："两县旅外学生建立了联合团体——和含学会，目的是回家乡搞乡土运动，并办了会刊马上出版，请您给刊物做个序言。"恽代英听完后高兴地说："你们不贪恋四大米市之一的好地方，要回淮南建设乡土，我们是同志。我完全支持你们的理想，我相信你们。"

　　和含学会是"为乡土运动而团结起来的"，它不同于其他同乡会因"私心感情"而结合，它之所以结合，"全是由于为讲学做事"。所以这样联络同乡，"只是为他们讲学做事的一种切实便利的方法。所以和含学会是有希望的，是为社会正当的结合。在结合之后，是可保证他不至流为普通同乡会、同学会的丑态的。"恽代英进一步鼓励和含学会，"少做场面上的事，多做骨子里的事。少做扎空架子的事，多做切实的事。少做与人捣蛋的事，多做改进自己、改进团体的事。这样和含学会，可成为中国乡土运动一个模范团体。"

　　恽代英从这个学会看到了希望，"学会的个人修养圆满了，团体实力充实了，三五年后，自然可以改造乡土。人只怕不好，好人只怕团结不起来，团结起来只怕中途变坏了；不然我们年纪一天天长大，学问一天天进步，声望地位一天天继长增高，为什么愁不能改造乡土？乃至改造中国呢？"

　　早在1920年10月，恽代英在《互助》第一期发表一篇名为《未来之梦》的文章，表达了恽代英和利群书社一批年轻人的共同理想。恽代英提出，"在乡村中，借教育运动得一个站脚的地方，渐次再图实业的运动，"继而通过实业反哺教育，教育出的人才投身实业，形成互助的闭环，最终实现"共产自助的共同生活"。那年5月，恽代英等5人在北京郊区的坟场里谈过"梦"。那年6月，利群书社同仁在武昌谈过"梦"。那年10月，他们又通宵畅谈未来的理想和计划……恽代英相信他们只要真诚勇敢地干下去，他们设想的"不见得都是空话"，他执着地想，就算是个梦吧，要是在中国这块苦难的国土上，让人们连改变现实的美好憧憬也不许有，那岂不是太枯寂了吗？

于是，以恽代英为代表的一批年轻人，按他们所理解的共产主义进行了一次微型实践。他们到农村去、到民间去的想法越发强烈，除了恢复黄冈浚新小学，加强黄陂余家湾小学，可供选择的还有南下（去廖焕星的家乡衡阳）、北上（去雷纪堂的家乡河南信阳柳林）、东进（去安徽宣城）、西去（去王尚德所在的陕西渭南赤水）。1920年深秋，恽代英带上李求实、吴华梓、刘茂祥，一行四人给安徽第四师范校长章伯钧发了电报，告知行期后，冒雨直奔宣城。第二天上午宣城师范学校贴出通告：本日下午，少年中国学会会员、本校教务主任恽代英先生在理化教室做讲演。第四师范立刻轰动了，从这天起，校园里、校门口、广场上凡是有学生活动的地方，都常常看到恽代英的身影，他所到之处都被孜孜求学问道的学生们围绕着。恽代英思想活跃、知识渊博、语言生动、条理分明，能把深奥问题说得通俗易懂，让听的人心服口服。

恽代英用互助社的成功经验，鼓励学生建立各种社团，由吴华梓、李求实、刘茂祥到各班推动，加上宣师积极分子李延瑞、梅大栋、郑求坚、王子堂等带头响应，没过多久，跨班级"求我社""互助社""觉社""爱智社""新群社"等社团雨后春笋般在全校涌现。社员们订阅进步报刊，交流学习心得，出板报，记日记，开日会、讨论会、辩论会，互助互动。

教学相长，和含学会青年们鼓励了恽代英，他离开芜湖后，又继续四方奔走，去追求他们的"未来之梦"。此刻他正写信回应友人杨仁静，表明他的一番苦心：他要朋友们下乡"办企业""办穷小学"，是担心朋友思想上"歆慕城市"，是为了"以互助训练劳动阶级"，"以实力征服资本阶级"。他知道，今天我们谈论办工厂，"未免令人听了好笑"，不过事在人为，"若我们有机会这样试验"，长驱直入"打破资本阶级"，"亦未必妄想"。他反对"革命空谈家"，反对"名士生活的志士"，主张"教育家必须同时是社会改造家"。

在此后十年的革命生涯中，恽代英始终坚持用马克思主义指导革命实践，在人生的各个高光时刻，吸引了众多青年投身革命事业。1923年担任中国社会主义青年团中央委员兼宣传部部长，1925年领导上海五卅运动，大革命时期参加国民党第二次全国代表大会当选为中央执行委员，兼任黄埔军校政治主任教官及军校中共党团领导成员，先后参与南昌起义和广州起义，中共六大后担任中共中央组织部秘书长、宣传部秘书长，中共中央候补委员。他始终坚信共产主义、坚持改造中国，并与各种思想流派展开激烈的斗争，教育并引导青年树立了坚定的革命信仰。

大革命时期，恽代英作为黄埔军校的理论家，与国民党右派展开激烈斗争。1927年"四一二"反革命政变后，他反应迅速，在武汉主持30余万人参加的讨蒋大会。此后，恽代英被下令全国通缉，他的革命活动也被迫转移到地下。其间，他曾感慨"中国革命的联合战线破裂了，只要我们意志坚定，主张明确，真正能团结群众，新的联合战线不久会重建起来……这是'历史先生'对我们的党，对每个革命战士进行无情而最严格考验的时候。"

1930 年 5 月 6 日，恽代英在前往工厂了解情况的途中被英国巡捕逮捕，后被引渡到上海市公安局。面对严刑拷打，他始终咬紧牙关，不暴露身份，坚称自己只是一名失业工人，并积极自救。由于没有找到关键证据，恽代英被以"普通工人擅自开会也有罪"的理由判处 5 年徒刑。但他长期从事党的宣传工作，经常在大庭广众下演讲，长期监禁难免有暴露的风险，党组织决定不惜一切代价营救他。但是由于负责营救工作的同志中有人叛变，恽代英真实姓名不幸暴露了。根据与恽代英同在狱中的同志叙述，1931 年 4 月 29 日上午 12 时，恽代英面不改色，视死如归，顺着监狱狭窄昏暗的通道缓步前行，庄严地唱着《国际歌》走出牢门。在刑场上，他激情演讲"蒋介石走袁世凯的老路，屠杀爱国青年，献媚于帝国主义，较袁世凯有过之而无不及，必将自食其果！"随着一声枪响，恽代英倒在了血泊之中，牺牲时年仅 36 岁。在狱中，他曾写下一首《狱中诗》："浪迹江湖忆旧游，故人生死各千秋。已摈忧患寻常事，留得豪情作楚囚。"回顾为革命事业奋斗的一生，祭奠一起战斗过的同志，抒发将生死置之度外，以铮铮铁骨把敌人的牢底坐穿的豪情。1936 年，毛泽东在接受采访时说："恽代英是一个受人敬重的人，他是全国革命青年的领袖，具有很强的理论水平，是一个非常出色的宣传鼓动家。他目光远大，政治立场坚定，与我也有着十分深厚的友谊。"周恩来曾为恽代英题词："中国青年热爱的领袖——恽代英同志牺牲已经 19 年了，他的无产阶级意识、工作热情、坚强意志、朴素作风、牺牲精神、群众化的品质、感人的说服力，应永远成为中国青年的楷模。"

恽代英用一生的革命行动践行了对革命事业的勇于担当、对党对人民的无限忠诚，他的这篇序言承载着他"改造中国、改造乡土"的坚定信念，也为年轻一代留下了宝贵精神财富。

（傅琳）

★ 赵世炎给周太玄的亲笔信

质地：纸质

时间：1921 年

尺寸：21 厘米 × 26.9 厘米

为海外华工奔走呼号的求助信
——赵世炎

赵世炎（1901—1927），字琴生，号国富，笔名施英，四川酉阳（今重庆市）人，无产阶级革命家，马克思主义理论传播者，著名的工人运动领袖，中国共产党创始人之一。1919年经李大钊介绍加入中国少年学会，积极参加五四爱国运动。1920年赴法勤工俭学。1921年参与发起成立旅法中国共产党早期组织。1922年6月，与周恩来等人创建旅欧中国少年共产党，任中央执委会书记；同年秋任中共旅欧总支部委员和中共法国组书记。1923年赴莫斯科东方劳动者共产主义大学学习，任旅莫支部委员。1924年回国，任中共中央北方局成员、中共北方区执委会宣传部部长等职，参与领导了上海工人三次武装起义。"四一二"反革命政变后，赵世炎领导广大上海工人群众继续坚持斗争。1927年7月，因叛徒出卖，英勇就义，年仅26岁。2009年，赵世炎被评为"100位为新中国成立作出突出贡献的英雄模范人物"。

龙华授首见丹心，浩气如虹烁古今。千树桃花凝赤血，工人万代仰施英。

——吴玉章作《忆赵世炎烈士》

这是赵世炎在留法勤工俭学时期积极投身华工服务工作，为反映华工问题、动员和鼓励华工团结起来反对掠夺而战，而写给好友周太玄的信，信中展现了对于华工遭遇的感同身受及对民族危亡的切实关怀。在国家危难、民族危亡时刻，赵世炎把国家前途与个人理想凝结在一起，为寻求强国富民的真理之路，披荆斩棘、筚路蓝缕。

1921 年 4 月，勤工俭学的赵世炎来到法国克鲁梭施耐德铁厂做工，与当地华工建立了深厚的感情。当时在法华工约 20 万人，他们绝大多数人都是被北洋军阀政府卖给了法国陆军部，根据合同规定"华工终身不得自由，如要恢复自由，必须每人给陆军部缴纳 600 法郎，同时还要五个保人"，这对受尽苦难和剥削的华工来说是不可能完成的事情。此蛮横条件和肆意掠夺的情形令赵世炎极为愤慨，他在接触工人的同时，积极研究工人运动和各种社会主义思潮，在 5 月给朋友周太玄写下了这封信。

在信中，他表达了对在法华工的深切同情，他写道："此地工界朋友对我们感情太好，然而他们不自由的身体实在令人痛心，我们为想建筑一切事的根基，亦为想感情上建筑信用起见，打算使这里边几个——大约五六人——优秀分子脱离陆军部的合同使他们身体得自由。……这种事实在关系太大，能做比什么还有益。"最终，在他们的积极联络下，部分华工脱离了人身约束合同，重获自由。赵世炎在与工人群众一起劳动生活的过程中，对资本主义有了深刻的认识，他认为"资本主义发达的法国和封建落后的中国相比，表面上虽然千差万别，但在本质上都是黑暗腐败"。

此外，他还在信中谈到了工会改组、勤工俭学会入会、《华工旬刊》编辑、批判无政府主义等问题，从中透露出他处理问题的缜密性和条理性，以及对冗繁且易遭人误解的当前工作的热情和毅力。信中说："我们现在成为众矢之的实在太苦，但只好仍努力。""勤会（留法勤工俭学会）入会的现象太好，来索志愿书者绝对是真诚的。我还发现有华工来入会……""周刊仍望竭力支持不变，态度非常要紧。"周太玄与赵世炎相识于 1917 年春夏之间，赵世炎"那种热情灵动之中表现一种又诚挚又英发的气概"令他印象深刻。1919 年 1 月，周太玄来到巴黎，创办"巴黎通讯社"和《旅欧周刊》，不少留学生在他所创办的刊物上投稿。1920 年 6 月，赵世炎从上海来到巴黎，开始勤工俭学的生活。两人重逢后，相见格外亲切，一起创办《华工旬刊》，反映华工问题，动员和鼓励华工团结起来，为反对掠夺而战，并积极从事华工服务工作。周太玄说道："赵世炎实在是一个在理智、感情、体力、毅力等方面，都样样兼备而且很平衡发展的人。而特别突出的是他的组织才能，这不但表现在对事务的处理方面，更重要的是在对人的关系上面。他那种一视同仁对人的诚恳和关切，是他几乎跟任何人都把关系搞得很好的主要因素。"

五四运动时期，大批中国青年接受了新思想的影响，为探索拯救民族危亡的真理，积极参加赴法勤工俭学运动，力求"输世界文明于国内"。1919 至 1920 年，先后共 20 批 1600 多人到法国求学，其中很多人就此走上革命道路，成为中国共产党优秀的领导人和无产阶级革命家，例如蔡和森、赵世炎、周恩来、邓小平、陈毅、聂荣臻……周太玄也是留法勤工俭学运动中的一员，同时他还是"少年中国学会"的发起人之一，这个学会的会员遍布世界各国，毛泽东、赵世炎、张闻天、邓中夏、恽代英等都是其中的积极分子。赵世炎在留法斗争中积累了丰富的实践经验，使他迅速成长为一名坚定的共产主义战士。1921 年，他先后领导了反对中法实业借款运动和占领里昂中法大学的斗争，表现出极强的组织能力和领导天赋。6 月，他主持由 600 多名华工和学生参加的拒款大会，反对中国政府以全国的印花税、滇渝铁路的建筑权、全国实业的购物材料权为交换条件向法国寻求贷款,并坚持斗争两个多月,最终取得胜利,但因此学生们也遭到了北洋军阀政府的仇视。8月,中法留法青年监护委员会宣布"用于救济陷入困境的留法勤工俭学学生的维持费发放至9月15日",而即将开学的里昂中法大学却又不接受勤工俭学的学生。为争取求学和生存的权利,在赵世炎等人的带领下,他们团结起来发动以"争回里大"为口号的联合大行动,揭露军阀政府压迫和剥削学生的行为。但运动遭到了残酷镇压,100多名留法学生被遣送回国,赵世炎则决定留在法国继续斗争。

法国北部地区,冰天雪地、环境极端恶劣,华工大多聚集在这里,赵世炎也就义不容辞留在了这里,与华工朋友一道吃黑面包,住破旧帐篷。条件艰苦倒在其次,主要是这里随时都有遇上残存地雷爆炸而葬身的危险。而赵世炎铁了心,不仅把自己的性命更是把自己的真心交给了华工朋友们。

赵世炎除了和华工一起同吃同住、辛苦劳作,同时也在华工中传播革命思想。休息时,赵世炎为不识字的工人朋友读报,绘声绘色地讲时事、明道理,工人朋友明白了"我们之所以流落海外,完全是因为反动政府出卖,而非天生命苦"。华工视赵世炎为知心人,赵世炎也深深为工人阶级质朴、崇高的品质所打动,他曾感慨过:"对工人,只要我们深入下去,和他们共同生活,帮他们做事,体贴他们,一旦他们相信了你,连心肝都可以挖给你。"他努力提高工友的思想觉悟,告诉他们要团结起来讨回人身权、自由权。就在此时,他开始思考成立一个以马克思主义为指导的政党,发动工人群众,走无产阶级革命的道路。

留法求学时与华工相处的经历,让赵世炎特别重视把马克思主义与工人运动相结合,积极在工人阶级中建立党的组织。1926年第三次全国劳动大会后,党中央任命赵世炎为中共江浙区委组织部部长兼上海总工会党团书记，领导和组织工人武装起义。在斗争中，他根据马克思主义关于暴力革命的学说指出"要革命没有武装是不行的"，"中国革命必须要组织群众，特别是工人。必须以革命武装推翻反革命武装力量，方能取得革命胜利，方能掌握政权"。1927年3月，在上海第三次武装起义的过程中，他充分发动群众，建立以工人阶级为中心的革命统一战线，沉重打击了北洋军阀部队，为北伐军在江浙战场取得胜利作出了重要贡献。但工人武装力量的强大引起了国民政府的不满和仇视，他们悍然发动了"四一二"反革命政变，大肆屠杀共产党员、国民党左派及革命群众，刚刚解放的上海瞬间陷入了白色恐怖之中。1927年5月，赵世炎在武汉举行的中国共产党第五次全国代表大会上当选中央委员，随即回到上海继续坚持斗争，他说"共产党就是战斗的党，没有战斗就没有了党，党存在一天就必须战斗一天，不愿意参加斗争，还算什么共产党员！"然而不幸的事情发生了，7月2日，由于叛徒的出卖，赵世炎的住所被敌人包围，虽然他的妻子和家人非常机警，看到他出现在家附近时，将窗台上的花盆推到了马路上打碎做预警，但当天风雨太大，赵世炎并没有注意到任何异常，进家门后立即被捕。他在上海龙华监狱受尽酷刑，但仍坚贞不屈，他向敌人宣告"你们只能抓到我一个施英（赵世炎当时的化名），要想从我口里得到半点机密，那是枉费心机。"7月19日，赵世炎英勇就义于上海枫林桥畔，留下"志士不辞牺牲，革命种子已经布满大江南北，一定会茁壮成长起来，共产党最后必将取得胜利"的豪言壮语。赵世炎的这封为华工奔走呼号的求助信，反映的不仅仅是一个共产党人对于工人阶级的态度，而是千万共产党人作为工人阶级代表把中国人民的利益扛在肩上、放在心上、亲如一家的情谊。

（傅琳）

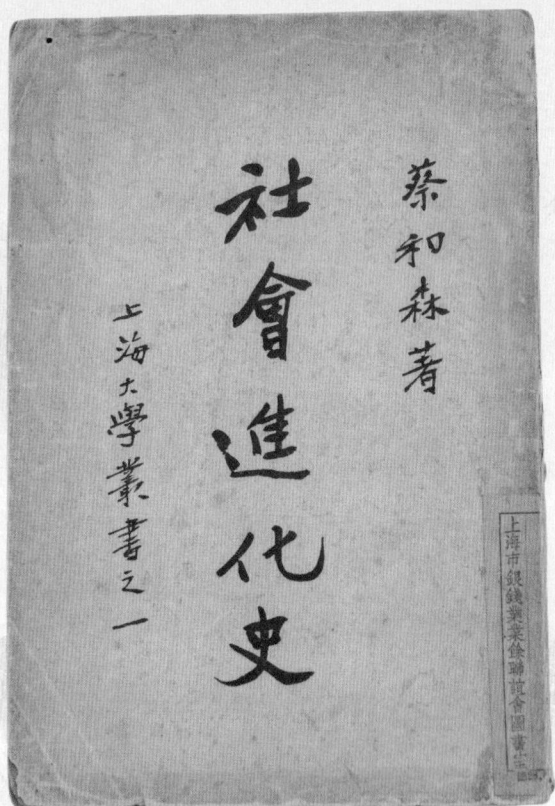

★ 上海民智书局出版的蔡和森著《社会进化史》（上海大学丛书之一）

质地：纸质

时间：1926 年 2 月

尺寸：21.8 厘米 ×15 厘米

照亮前进道路的真理著作

——蔡和森

蔡和森（1895—1931），湖南双峰人，中国共产党早期重要领导人，中国共产党第五、第六届中央政治局委员、常委，担任过中共中央秘书长、中共中央宣传部部长、两广省委书记等重要职务。1918年4月，蔡和森和毛泽东等同志组织新民学会，创办《湘江评论》。1919年赴法国勤工俭学，与陈独秀和毛泽东通信探讨建立共产党的问题，成为提出"中国共产党"名称的第一人。1931年，赴香港指导广东革命工作不幸被捕英勇就义，时年36岁。2009年，蔡和森被评为"100位为新中国成立作出突出贡献的英雄模范人物"。

蔡和森同志是我党早期的卓越领导人之一，他对中国革命作出了重大贡献，中国人民永远记着他。

——1979年邓小平为纪念蔡和森同志诞辰85周年的题词

这是 1924 年 8 月由上海民智书局出版的《社会进化史》，是中国人以马克思主义唯物史观写成的第一部社会发展史。书籍出版后，一时洛阳纸贵，影响巨大，到 1929 年该书共再版了 5 次，成为研究和宣传马克思主义唯物史观的重要著作。这本书的作者便是蔡和森，他是中国共产党早期的重要领导人，也是"中国共产党"名称提出的第一人。

1913 年蔡和森考入湖南省立第一师范学校学习，与毛泽东成为志同道合的好朋友。1918 年蔡和森与毛泽东等同志在长沙发起了新民学会，学会将马克思主义作为指导思想和行动指南，将"改造中国与世界"作为学会方向和目标，是最早的革命团体之一。这一时期，在俄国十月革命影响和五四运动的推动下，留法勤工俭学形成高潮，毛泽东提议由蔡和森去北京了解赴法勤工俭学的情况。1918 年 6 月蔡和森离开长沙前往北京，坐木船途经洞庭湖时，正逢风雨大作，有感而发写下了一首《少年行》，其中的诗句有："匡复有吾在，与人撑巨艰。忠诚印寸心，浩然充两间。"诗中表达了他决心担负复兴中华民族历史重任的赤胆忠心，是他舍生取义、不畏生死的革命人生的真实写照。

为了了解俄国和欧洲革命的真实情况，1919 年 12 月，蔡和森与母亲葛健豪、妹妹蔡畅及志同道合的伴侣向警予等 30 多人在上海杨树浦码头登上了去往法国的邮轮。毛泽东特意从长沙赶到上海，送别蔡和森等一行人。邮轮在汪洋的大海上漂泊了 35 天到达法国。留法期间，蔡和森全身心投入研究马克思主义著作的学习中，他翻译了《共产党宣言》《社会主义从空想到科学的发展》等著作的重要段落，他认为必须要建立一个革命政党，借鉴俄国十月革命的道路来实现救国救民。蔡和森给毛泽东的书信中明确写道："明目张胆正式成立一个中国共产党。"毛泽东对蔡和森的提议十分赞同,他给蔡和森的回信中说道:"你这一封信见地极当,我没有一个字不赞成。"

1921年12月,蔡和森回国后不久就加入了中国共产党。1922年10月,国共两党联合创办上海大学,蔡和森积极参与了上海大学的筹备工作。1923年6月,中共三大以后,蔡和森同陈独秀、毛泽东、谭平山、罗章龙5人组成中央局,蔡和森、毛泽东、罗章龙3人留在中央机关处理中央具体事务。当时,中共中央局所在地位于上海闸北香山路(今临山路)、公兴路口三曾里一幢普通的石库门内,这里既是中共中央局的机关办公地点,也是蔡和森、毛泽东、罗章龙的寓所,也就是这段时间,蔡和森应邀来到上海大学担任教授。

蔡和森在上海大学社会学系任教时,将马克思主义唯物史观融入"社会进化史"课程讲义中,将中国革命置于世界革命浪潮之下,结合中国革命的实际情况,讲述人类社会发展的规律,分析中国社会的前途与出路。这些课程的内容经整理成为《社会进化史》一书,蔡和森在写作《社会进化史》时,力求做到通俗易懂,使得没有历史和经济知识基础的普通群众也能更好地接受马克思主义。各地农民运动讲习所和共产党基层组织随即将其列为教材或学习材料。这部著作与李大钊的《史学要论》、瞿秋白的《社会科学概论》、李达的《现代社会学》并称为"马克思主义史学发展史上的重要理论著述"。有学者研究认为,蔡和森在转述革命性论点时,会巧妙地融汇马克思主义经典著作的核心内容,又刻意隐去出处,给国民党当局留下《社会进化史》是一部介绍西方资产阶级学术观点著作的印象。即使在1927年白色恐怖蔓延下的上海,《社会进化史》还可以公开出版,在对马克思主义学说进行中国化、通俗化、革命化转述方面作出了重要贡献。

1925 年，蔡和森参与并领导五卅运动，形成了全国规模的反帝爱国运动高潮。蔡和森以中国共产党的名义发表了《告全国民众书》，很快地就把这场斗争发展到了广州、香港等城市。同年 10 月，受中共中央委派，赴莫斯科参加共产国际第五届执行委员会第六次扩大会议，会后任中共驻共产国际代表。1927 年，蔡和森回国，赴天津参与组建和领导中共中央北方局的工作，并任北方局委员、宣传部部长。1928 年 6 月至 7 月当选为中央政治局委员、常委，兼任中央宣传部部长。1931 年 3 月，蔡和森被派往广东工作，担任中共两广省委书记。

由于叛徒出卖，1931 年 6 月 10 日，蔡和森在广州不幸被捕，后被港英当局引渡到广州。在广州的监狱里，国民党反动派百般摧残、折磨蔡和森，但他的革命意志却更加坚定，始终严守党的秘密，保护革命同志。牺牲前，蔡和森再次提笔写下《少年行》中的诗句作为他最后的绝笔，他用青年时的誓言勉励同志们继续斗争、增强信心。1931 年 8 月 4 日，蔡和森被敌人杀害，年仅 36 岁。毛泽东得知蔡和森牺牲的消息后，悲痛万分，他说："一个共产党员应该做的，和森同志都做到了。"蔡和森同志对人民、对党、对中国革命无限忠诚，他用生命践行了当年的铮铮誓言，并将自己坚持的革命真理，无限地传递给后人。

（刘钰婷）

人民斷自夢中囬革命呼聲驚似雷同

志如今潚記取自由要用血爭來

革命潚有犧牲然後有代價與道弟共勉之　十六年春侠父

★ 宣侠父给张之道的题诗

质地：纸质
时间：1927 年
尺寸：81.5 厘米 ×31.1 厘米

杰出统战工作者的手稿
——宣侠父

宣侠父（1899—1938），又名尧火，号剑魂，浙江诸暨人。中国共产党早期的优秀党员，党在白区的坚强战士和杰出的政治活动家。1925年赴张家口冯玉祥国民军中做部队文教工作。同年10月随国民革命军第二师西征兰州，并创建中共甘肃特别支部。1929年后，在国民党军队中从事兵运工作。1938年被国民党暗杀于西安，牺牲时年仅39岁。

宣侠父一家在西安合影

人民渐自梦中回，革命呼声惊似雷。同志如今须记取，自由要用血争来。

——宣侠父

这是宣侠父写给张之道的题诗。1927 年宣侠父在担任冯玉祥部政治处处长期间，到陕西华县咸林中学举办政治训练班，结识在此读书的张之道、高兰溪等人。1928 年，宣侠父应张之道的要求，为张之道写下一首题诗："人民渐自梦中回，革命呼声惊似雷。同志如今须记取，自由要用血争来。"这首诗阐述中国共产党依靠和发动工农群众，争取国民革命胜利的思想，字字刚劲、句句铿锵，饱含热血沸腾的爱国情怀，充满大气磅礴的革命精神。

宣侠父于 1899 年 12 月 5 日出生，少年时聪慧锐敏，1916 年考入浙江省立特种水产学院本科渔捞科学习。1920 年夏，以优异成绩考取官费留学日本资格，在北海道帝国大学水产专业攻读生物学。留学期间，宣侠父受到马克思主义熏陶，特别是十月革命的胜利，极大地鼓舞了他寻求救国救民道路的信心，也使他明确认识到只有走十月革命的道路才能救中国，从而抛弃实业救国思想，积极投身中国留日学生反帝、反封建的革命斗争。浙江省立特种水产学院因宣侠父在日本参加革命活动，停止了他官费留学的待遇。1922 年，他被迫离开日本回到杭州，于 1923 年加入共青团，任团杭州地委秘书，不久转为中国共产党党员。

1924 年 5 月，宣侠父受中共浙江省委委派，组织并带领十余人，经上海去广州投考黄埔军校，成为黄埔第一期第二大队学员。宣侠父在一期同学中年纪最大，文采好，颇孚众望。入校后，他因反对校长蒋介石独裁专断、破坏校党部的民主选举行为，且毫不妥协、坚决斗争，被恼羞成怒的蒋介石开除出黄埔军校。他坚持"个人前途事业事小，建立民主革命风气，防止独断专行的独裁作风事大"，认为"大璞未完终是玉，精钢宁折不为钩"。被开除后昂然走出黄埔军校大门，扬长而去。

1925 年，宣侠父受李大钊派遣，以国民党员的公开身份，带一批共产党员到西北军冯玉祥部当宣传员。他与冯玉祥及上层军官广泛接触，积极做团结争取工作。冯玉祥十分佩服宣侠父的口才，曾对部下说："宣侠父的口才能顶 200 门大炮！"同时，宣侠父专心学习苏联红军政治宣传工作的经验，开办图书室、俱乐部、训练班，对广大官兵进行启蒙教育，宣传新三民主义、马克思主义，从而开创了共产党在国民军联军中政治工作的新局面。10 月，他随国民革命军第二师西征甘肃省会兰州。同年冬，宣侠父参与创建了中共甘肃特别支部，积极发展党员，团结动员广大民众和国民党左派及上层进步人士，广泛开展革命宣传和反帝反封建斗争，开始了兰州地区及甘肃省在共产党的直接领导下有组织的革命活动。宣侠父在工作中积极宣传和认真执行党的民族政策，耐心听取藏区各界人士的意见和要求，鼓励藏族僧俗加强团结，支持甘南拉卜楞寺藏族群众反对反动军阀马麒的正义斗争，迫使马麒退出拉卜楞寺，结束了封建军阀对甘南藏区的剥削和压迫。1926 年 11 月，宣侠父任国民革命军联军第二师政治处处长，不久任国民革命军第三路军总政治处处长。在华县举办国民革命军联军政治工作训练班，为西北地区培养了一批革命干部。1927 年 5 月，宣侠父随冯玉祥出师潼关，任国民革命军第二集团军前敌总指挥部政治部主任，领中将衔，带领政治人员来到河南渑池县城处决了当地民愤极大的县兵差局长和大土豪王均，此举深得百姓拥护。宣侠父撰写的《国民军联军概论》一书，深刻分析了国民军联军胜利和失败的原因，全面总结了部队政治工作经验。面对北伐战争的发展形势，他豪情满怀，赋诗"中华民族命何穷，都在铁蹄践踏中。近日工农齐奋起，国民革命快成功。""人民渐自梦中回，军命呼声惊似雷。同志如今须记取，自由要用血来争。"鲜明地表达了对革命形势胜利发展的喜悦之情和革命到底的决心。

同年 6 月，冯玉祥拥蒋反共，宣侠父被"礼送"出境。宣侠父带领几位同志前往武汉，去找党中央组织部门分配工作，组织部决定让他们中的大部分人去参加南昌起义，一部分赴苏联学习，宣侠父和几个有条件回家乡开展工作的同志被派回原籍。1928 年 8 月，宣侠父回到诸暨，与陈作人等党员开展农民运动，召开中共诸暨第一次代表大会，成立中共诸暨县委，被选为委员兼军事部长，领导全县农民减租抗租斗争，迫使县政府答应农民的要求，取得了斗争的胜利，1929 年初，因遭当局通缉离开诸暨。来到武汉的宣侠父，开始思考大革命失败的经验教训，在痛定思痛之余，以"今秋""石雁"为笔名，先后撰写了自传体小说《西北远征记》和长篇小说《入伍前后》。在此期间，宣侠父将妻子金铃从老家接来同住，这时金铃有了孩子，由于环境艰苦，出生不久就夭折了。1931 年初，宣侠父出任由西北军改编的国民党二十五路军总参议，利用合法身份筹得经费，在上海秘密加入"左翼作家联盟"，创办"湖风书局"，创刊《文学导报》和《北斗》杂志，刊发了鲁迅、瞿秋白的杂文以及冯雪峰、茅盾、夏衍、冰心、萧三、徐志摩、戴望舒、沈从文等人的文学作品，使左翼文学有了自己的出版阵地，为反击国民党的文化围剿作出历史性贡献。

1933 年，宣侠父来到平、津，四处奔走联络，促成冯玉祥、方振武、吉鸿昌等联合成立了察哈尔民众抗日同盟军，任同盟军中的中共前线委员会委员兼二路军政治部主任和第五师师长，与日伪军浴血奋战。同年底，察哈尔民众抗日同盟军失败后，他与吉鸿昌到天津同南汉宸组织了"中国人民反法西斯大同盟"，继续开展抗日运动，秘密筹备重建抗日武装。1934 年 3 月，宣侠父介绍吉鸿昌加入中国共产党，并陪吉鸿昌赴上海履行入党手续。到上海后，宣侠父奉调到"中央特科"工作，化名杨永清，以《申报》记者身份与胡愈之、邹韬奋、章乃器等人联络，开展抗日救亡运动，并为党搜集了敌军情报供党中央和红军长征途中参考。次年，宣侠父化名宣古渔，到香港进行上层统战工作，揭露蒋介石"攘外必先安内"的反动政策，推动李济深、蔡廷锴等国民党上层人士走"联共反蒋抗日"的道路。在李济深等人发起成立的"中华民族解放大同盟"中，宣侠父、陈希周和梅龚彬等共产党人，分别担任了同盟的不管部部长、群运部部长和宣传部部长。1936年，他支持李宗仁、白崇禧发动"两广"事变，主张反蒋抗日，并担任重建后的十九路军政治部主任兼61师参谋长。事变失败后，他离开61师到梧州任中华民族革命同盟梧州市委主任，组织当地民众开展抗日救亡运动。

1937年4月，宣侠父赴延安参加党的全国代表大会。"七七事变"后，任国民革命军第十八集团军高级参议，成为周恩来、叶剑英、林伯渠的得力助手。其间，曾随同志去太原为八路军东渡黄河开赴抗日前线做各种部署工作；到西安、徐州等地，对国民党高级将领开展统战工作，写出了不少阐述党的政治主张和军事路线的文章。鉴于宣侠父的革命活动以及他卓越的统战工作能力和在国民党、社会上层的威望及广泛影响，蒋介石曾说："我们这边怎么也找不到一个像宣侠父这样的人。"同时，蒋介石又对他恨之入骨，使尽了软硬伎俩，最后根据军统罗列的罪状，竟亲自手谕"将宣侠父秘密判裁"。1938年7月，宣侠父回西安八路军办事处途中，被特务绑架，当晚遭到暗害。宣侠父被害的最初几天，西安八路军办事处处长伍云甫和办事处的其他同志四处寻找，始终杳无音讯，但纸终究包不住火，八路军办事处根据种种迹象，很快得知宣侠父是被国民党反动派绑架暗杀的。周恩来三次要求蒋介石追查宣侠父的下落，逼得蒋介石只好招认："宣侠父是我的学生，他背叛了我，是我下命令杀掉的。"1945年党的七大召开时，专门为宣侠父举行了隆重的追悼会。

　　宣侠父才思敏捷，笔耕不辍，撰写了系列政治军事论文，发表在抗战刊物上，有力支援和鼓舞了革命斗争。《一·二八战争的回顾与十九路军将领今后的任务》《民族危机中的内战问题》《台儿庄战役检讨》等都对当时形势进行了深入分析总结。宣侠父还写了许多旧体诗词，尤其是后期诗作，更表达了崇高的理想、坚定的信念和悲壮的情怀，其诗作丰富的想象力和生动精妙的语言令人读来爱不释手。

　　若干年之后，当初被宣侠父带去黄埔的胡宗南良心发现地感叹说："宣侠父走的路是对的。他总是正确的，蒋先生不听他的话，丢掉了大陆；梁冠英不听他的话，人生走下坡路，最后啥官都没了；我也没听他的，如今当了'流浪汉'，祖坟都回不去看了。世界潮流浩浩荡荡，顺之者昌。大河向东，我们都是逆潮流的人呀！"

（刘钰婷）

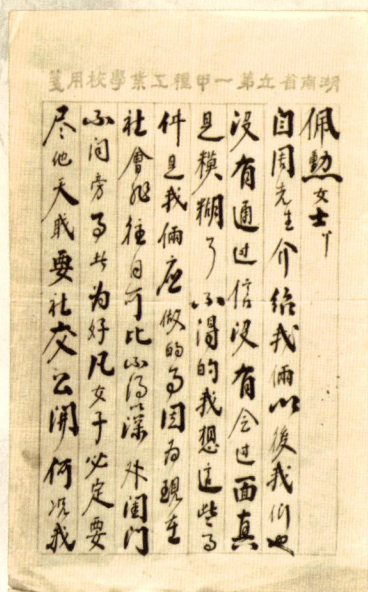

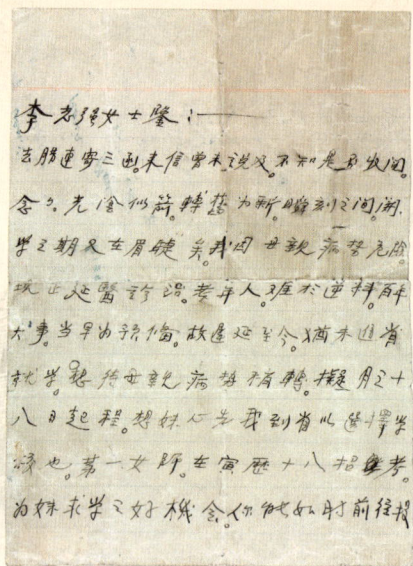

★ 陈毅安写给未婚妻李志强的第一封信

质地：纸质

时间：1922 年 4 月

尺寸：27.5 厘米 ×18 厘米

★ 陈毅安关于勉励未婚妻李志强努力学业等事的信

质地：纸质

时间：1923 年 1 月

尺寸：20.1 厘米 ×15 厘米

见证浪漫爱情的革命家书
——陈毅安

陈毅安（1905—1930），湖南省岳阳市湘阴县人。1926 年毕业于黄埔军校第四期。1927 年 9 月参加秋收起义后随部队到井冈山，任工农革命军第一师一团连长、营长，参加创建井冈山革命根据地的斗争。1928 年 4 月，任红四军 31 团副团长兼 1 营营长，率部参加扼守七坵岭、攻打龙源口、围困永新城等战斗，指挥黄洋界保卫战。1930 年 6 月，任红八军第一纵队纵队长兼长沙战役前敌总指挥，配合红三军团攻打长沙。1930 年 8 月 7 日，在掩护军团机关转移时，不幸牺牲，年仅 25 岁。新中国成立后，党中央签发革命烈士证书，陈毅安位列第九。

人物链接

生为人民生的伟大，死于革命死得光荣。

——1958 年彭德怀为陈毅安题词

这是陈毅安写给未婚妻李志强的第一封信。陈毅安出生于湖南湘阴县一个知识分子家庭，族中长辈多励志舍身为国、赤心报国，在这样的影响下，家族中的后辈精英辈出、忠烈满门。自幼学习刻苦的陈毅安于1920年考入湖南省立甲种工业学校，在校期间，深受革命思想熏陶，怀着救国救民的思想，积极参加反帝反封建的学生爱国运动。1921年夏天学校放暑假，陈毅安返回家乡看望父母。回乡途中，陈毅安顺道拜访了小学时最敬佩的邹老师，在那里认识了邹老师的外甥女李志强。李志强当时就读于维新女子职业学校，思想非常新潮，第一次见面，他们都给对方留下了深刻的印象，此后便经常以书信的形式联系，交流革命理想。从相识、相知、相恋到陈毅安牺牲，他一共给李志强写了54封书信，中国国家博物馆收藏了其中一部分珍贵的手稿。

陈毅安写给李志强第一封书信的时间是1922年。这一年对于陈毅安来说是特殊的一年，不仅是与李志强相恋的第一年，也是他人生实践革命理想的起步之年。在这封书信中，陈毅安写道："因为现代社会非往昔可比，不得以深处闺门不问旁事者为好。凡女子必定要尽他天职，要社交公开……"并表达了希望时常通信，联络感情："一来问你的平安，二来祝你的进步。并且从此次起，我们可以时常通信，时常来往，联络我们的感情，庶将来得到完满的幸福。"写这封书信前，陈毅安参加了长沙反帝反封的学生爱国活动，在学生集会中他大胆登台演说，宣传新思想，阐述工业救国的主张。集会后第三天下午，陈毅安经人介绍，见到了自己仰慕已久的毛泽东。毛泽东见到陈毅安后笑道："原来你就是主张工业救国的陈毅安啊，长沙的学生运动，北有陈毅安，南有黄公略，你们两个一北一南，遥相呼应，是了不起的学生运动领袖啊！"1922年3月，陈毅安加入中国社会主义青年团，在要求自己进步的同时，陈毅安总是不断写信鼓励李志强努力学业。中国国家博物馆收藏了一封 1923 年 1 月陈毅安寄给李志强的信，信中写道："想妹心先我到省以选择学校也。第一女师，在寅历十八招考，为妹求之好机会。你能如期前往考否？若不能应考，则无上学之志，你之大名志强当解为志弱也。"

1924 年经毛泽东介绍，陈毅安加入中国共产党。同年 7 月，陈毅安从湖南省立甲种工业学校毕业，党组织派遣他到湖北汉阳兵工厂工作，公开的职务是锻压车间工人，但主要工作是从事工人运动。1925 年，在党组织的帮助下陈毅安考入黄埔军校第四期，先后在炮科和经理科学习军事技能。1926 年 10 月底，陈毅安从黄埔军校毕业，被分配到国民革命军第二军教导师三团七连任党代表。1927 年 6 月，教导师改编为武汉国民政府警卫团，奉调武汉担任国民政府警卫。正是这支共产党掌握的正规军队，在秋收起义后，成为了开创井冈山根据地的主力。来到井冈山后，虽然环境艰苦，但陈毅安对革命始终保持着乐观的心态，他写信给李志强："我天天跑路，钱也没有用，衣也没有穿，但是精神非常的愉快，较之从前过优美生活的时代好多了，因为是自由的，绝不受任何人的压迫。"

1929 年 1 月，在保卫井冈山战斗中，陈毅安的左腿被敌人的弹片击穿，因伤势严重，陈毅安只能回老家养伤，在李志强的细心照顾下，陈毅安伤势慢慢恢复。同年秋天，这对聚少离多的恋人终于结婚了。1930 年，伤势痊愈的陈毅安，告别了怀有身孕的李志强，返回井冈山，担任红三军团第八军第一纵队司令员，并在长沙战役中担任前敌总指挥，协助彭德怀指挥红军歼灭国民党军队多个团，攻占长沙全城。在红军占领长沙的第九天，陈毅安见到了恰巧来长沙的李志强，当时战争的形势很紧张，陈毅安对李志强说："如果今晚发生战斗，必定有军令要我上前线指挥作战。我要执行任务，这是革命的需要。一个共产党员应该随时准备牺牲个人，服从组织，自觉遵守党的纪律。"说完起身与李志强告别。这一别，李志强再也没有见着陈毅安。

1931年3月，李志强收到了一封爱人寄来的书信，她满怀期待地拆开信封，收到的却是两张无字的信纸。她回忆起陈毅安曾说过，如果自己牺牲了，会托人寄一封空白的信，收到信就不用再等他了。如今收到这封无字家书，但李志强却不愿意相信她的爱人已经离去。

1937年，李志强从报纸上看到国共两党"停止内战，共同抗日"的声明，她心怀希望，给延安寄去了一封信询问陈毅安的情况。二十多天后，她收到了彭德怀副总司令的亲笔回信："毅安同志为革命奔走，素功卓绝，不幸在1930年已阵亡……"李志强抱着年幼的孩子失声痛哭，她决心要追随爱人的事业，前往延安。母子俩到达湘潭时，被国民党特务逮捕，李志强毫不畏惧，与敌人展开针锋相对的斗争。在家人的积极营救下，李志强母子被保释出狱，只能暂缓延安之行。

李志强回长沙后，以微薄的收入维持着自己和孩子、陈毅安母亲的生活。解放后，李志强得到了党的关怀和照顾，调到北京市电信局工作。1951年，毛泽东亲笔签发了首批革命牺牲军人家属光荣纪念证，陈毅安烈士的证书为第九号，由此他被称作"共和国第九烈士"。1958年，彭德怀十分感慨陈毅安在建党初期和国共合作大革命中的进步思想与献身精神，将54封书信打印成册，命名为《陈毅安烈士书信集》，并书写题词："生为人民生的伟大，死于革命死得光荣。毅安同志永垂不朽！"

在陈毅安牺牲后的漫长岁月里，李志强小心翼翼珍藏着 54 封见证了她与陈毅安浪漫爱情的革命家书，这些家书成为她生活的动力与信念，她辛勤地照顾老人、细心抚育培养孩子。陈毅安与李志强的儿子陈晃明在母亲的教育下成为北京理工大学工程光学系的教授，孙子陈正烈继承爷爷的遗志成为一名解放军少将。1983 年李志强病逝，家人将李志强与陈毅安合葬在井冈山，让他们永远长相厮守于"中国革命的摇篮"。

（刘钰婷）

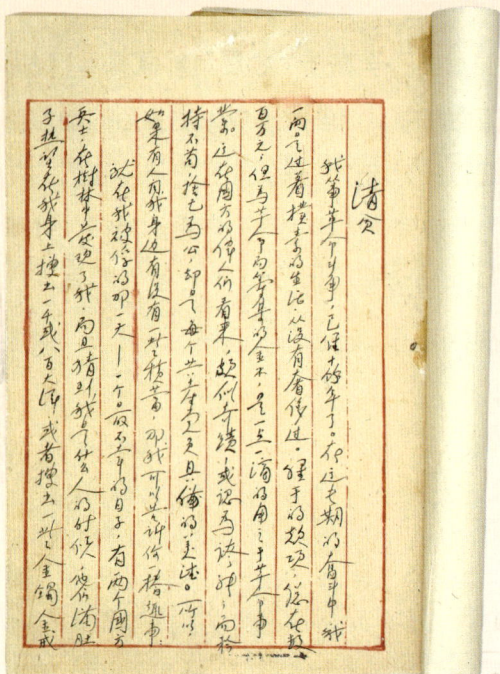

★ **方志敏写的《清贫》手稿**

质地：纸质

时间：1935 年 5 月

尺寸：27 厘米 ×21 厘米

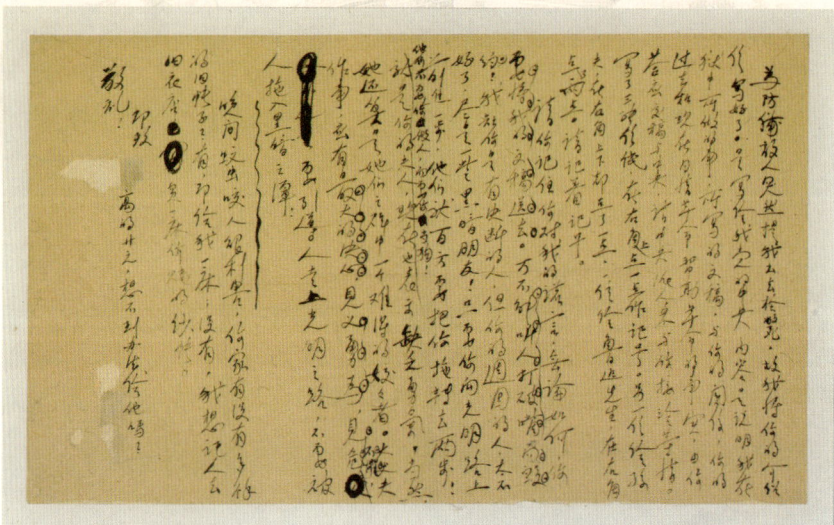

★ **方志敏写给胡逸民的信**

质地：纸质

时间：1935 年

尺寸：15.9 厘米 ×27.5 厘米

一位共产党员的清贫独白

——方志敏

人物链接

方志敏（1899—1935），原名远镇，号慧生，江西弋阳县人，中共早期的优秀领导干部，农民运动的杰出领袖，土地革命时期闽浙赣革命根据地主要创始人。1928年，参与领导弋横起义，创建赣东北革命根据地，先后任赣东北省、闽浙赣省苏维埃政府主席，红十军、红十一军政委等职，1934年1月在中共六届五中全会上增补为中央委员，创造了一套建党、建军和红色政权经验，开辟了"方志敏式根据地"。1935年1月，方志敏率部在北上途中遭到国民党军队重兵围堵不幸被俘，8月英勇就义，时年36岁。2009年，方志敏被评为"100位为新中国成立作出突出贡献的英雄模范人物"。

　　敌人只能砍下我们的头颅，决不能动摇我们的信仰！因为我们信仰的主义，乃宇宙的真理！为着共产主义牺牲，为着苏维埃流血，那是我们十分情愿的呀！

——方志敏

这是一位共产主义殉道者在就义前遗留下来的手稿，纸张已经泛黄，字迹也已斑驳，但其标题依然清晰可见，"清贫"的光芒始终闪亮。《清贫》这篇文章曾入选小学课文，伴随着几代中国少年的成长，几乎每一个孩子都知道作者的英雄事迹和他的清贫形象。习近平总书记就曾说道："我多次读方志敏烈士在狱中写下的《清贫》。那里面表达了老一辈共产党人的爱和憎，回答了什么是真正的穷和富，什么是人生最大的快乐，什么是革命者的伟大信仰，人到底怎样活着才有价值，每次读都受到启示、受到教育、受到鼓舞。"

《清贫》中记述了这样一桩"趣事"："就在我被俘的那一天——一个最不幸的日子，有两个国方兵士，在树林中发现了我，而且猜到我是什么人的时候，他们满肚子热望在我身上搜出一千或八百大洋，或者搜出一些金镯、金戒指一类的东西，发个意外之财。哪知道从我上身摸到下身，从袄领捏到袜底，除了一只时表和一支自来水笔，一个铜板都没有搜出。'你骗谁！像你这样当大官的人会没有钱！'拿榴弹的兵士坚不相信。'决不会没有钱的，一定是藏在哪里，我是老出门的，骗不得我。'另一个兵士一面说，一面弓着背将我的衣角裤裆过细地捏，总企望着有新的发现。'你们要相信我的话，不要瞎忙吧！我不比你们国民党当官，个个都有钱，我今天确实是一个铜板也没有，我们革命不是为着发财！'我再次向他们解释。"

《清贫》的作者方志敏，是中共早期的优秀领导干部，土地革命时期闽浙赣革命根据地主要创始人。从方志敏的履历当中可以看出，他长期身居要职、位高权重，而且在担任赣东北省苏维埃政府主席时还曾兼任财政部部长，"经手的款项，总在数百万元；但为革命而筹集的金钱，是一点一滴都用之于革命事业的。"方志敏不爱爵位，不爱金钱，清贫到什么程度呢？他自述有几件"传世宝"，分别是"几套旧的汗褂裤",还有"几双缝上底的底袜",而即使这些唯一的"财产"也已交由妻子藏在深山里,生怕国民党军队抢去。很难想象一位苏维埃省政府的主席"一向是过着朴素的生活,从没有奢侈过",为了共产主义信仰"不稀罕那华丽的大厦,宁愿居住在简陋潮湿的草棚;不稀罕美味的西餐大菜,宁愿吞嚼刺口的包粟和菜根;不稀罕舒服柔软的钢丝床,宁愿睡在猪栏狗窠似的住所",也许一些国民党的高官对此很难理解,认为未免太过夸张,但在他的心目中,这正是"每个共产党员具备的美德"。

其实,方志敏不只自己一贫如洗,家徒四壁,其亲人也没有跟这位"大官"沾到什么光儿。方志敏的家乡在江西弋阳县湖塘村,方家在这里世代务农,属于贫苦人家,后来由于方志敏闹革命,发动"弋阳暴动",家里自然遭到国民党当局的迫害,大伯遇难,房屋被毁,生活十分困顿。有一年赶上灾荒,方志敏的母亲打听到儿子已经当了"大官",迫于生计便在他的婶婶陪同下,一起赶了几十里山路来找儿子,希望能要些银两贴补家用。看着含辛茹苦的母亲,方志敏既难过又愧疚,因为他没有权力动用为革命事业筹集的一分一厘,只能含泪说道:"我是省苏维埃主席,可当的是穷人的主席。饷银嘛,将来会发,现在没有。家庭生活困难我也知道,但都是暂时的艰苦,将来会过上好日子的。"

还有一次,方志敏的一位朋友景德镇商会会长陈仲熙拜访方家,将随身携带的一块墨绿色平绒布,送给他的妻子缪敏作为见面礼。缪敏很是喜欢,但她知道方志敏的脾气,从来不肯占别人便宜,便希望丈夫能买下来,这样就可以心安理得了。谁知方志敏听了以后大发雷霆,冲着妻子厉声说道:"花钱买也是变相受贿。"说完,竟然拿起布,一路快马加鞭追赶陈仲熙,将原物奉还。缪敏委屈得大哭一场,方志敏回来后连忙劝解，对她说："谁让你是我方志敏的妻子呢？"

1935 年 1 月，方志敏部在江西玉山县怀玉山区遭到国民党重兵围困，不幸被俘。方志敏在狱中面对各种威逼利诱、酷刑折磨，甚至面对家破人亡的危险，始终坚贞不屈，反而在生命的最后日子里，利用写"口供"的机会，以残破之躯写下了《可爱的中国》《清贫》《狱中纪实》等 16 篇文稿和信件。

可是，方志敏在狱中的一举一动都受到严密监视，这些珍贵的文稿又是如何躲过国民党的层层看守，穿过牢房的铜墙铁壁，成功"越狱"的呢？其实，方志敏在被劝降的同时，也尽一切可能，抓住机会对前来劝降的"狱友"、监狱的看守进行教育策反，用坚贞的品格与信仰感化他们。一天，狱中来了一个叫"永一"（胡逸民）的囚犯。此人大有来头，不仅当过国民党中央监狱长，还是国民党元老、孙中山遗嘱的见证人，因得罪蒋介石而入狱。这时，他接到一个"将功赎罪"的任务，就是充当国民党当局的说客，劝降方志敏。但经过几次接触，胡逸民感到方志敏是一个了不起的共产党人，非常敬重他的为人，而方志敏也觉得对方有正义感，可以信赖。一来二去，两人反倒在高墙内成为了朋友。就在牺牲前夕，方志敏从床底下取出一些文稿交给胡逸民，托他出狱后交给鲁迅先生，并亲笔写下一封信，反复叮嘱对方"请你记住你对我的诺言，无论如何，你要将我的文稿送去，万不能听人打破嘴而毁约！我知你是有决断的人，但你的周围的人，太不好了，尽是一些黑暗朋友！……大丈夫做事，应有最大的决心，见义勇为，见危不惧，要引导人走上光明之路，不要被人拖入黑暗之潭。"而胡逸民也不负所托，出狱后几经周折，将这些烈士文稿辗转交给了党组织。

还有一个叫高易鹏（又名高家骏）的看守所文书，也对方志敏崇敬有加，曾冒着生命危险，将方志敏在狱中给宋庆龄、鲁迅和李公朴的三封书信，托付女友程全昭送至上海。

就这样，方志敏在狱中完成的手稿得以见到光明，让我们知道《可爱的中国》"一定有个可赞美的光明前途"，让我们懂得"清贫，洁白朴素的生活，正是我们革命者能够战胜许多困难的地方。"

（周靖程）

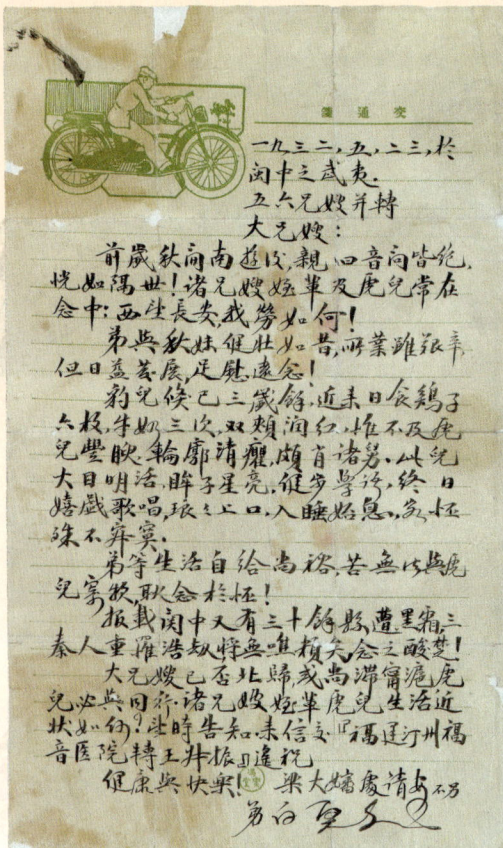

★ 刘伯坚自闽北武夷寄给兄嫂的家书

质地：纸质
时间：1932 年 5 月 23 日
尺寸：25.1 厘米 × 15.3 厘米

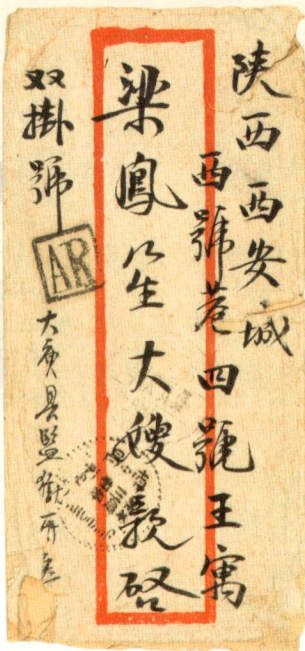

★ 刘伯坚在江西大庾县狱中寄
给梁凤笙大嫂的信的信封

质地：纸质
尺寸：8.2 厘米 × 17 厘米

红色家书中的家国情怀

——刘伯坚

刘伯坚（1895—1935），四川平昌人。1921年与周恩来等发起组织旅欧中国少年共产党，1922年转为中国共产党党员，历任中共旅比利时支部书记、中共旅欧总支部书记。1923年进入莫斯科东方劳动者共产主义大学学习，为中共旅莫支部和旅莫共青团负责人。1926年遵从共产国际和党中央指示改造西北军，在冯玉祥部任国民军第二集团军总政治部副部长，1928年再次被派往苏联学习军事，并出席了中共六大。1930年到中央苏区后任苏区工农红军学校政治部主任。1931年组织策划宁都起义，任红五军团政治部主任，后任中革军委总政治部宣传部副部长。中央红军长征后，留在苏区坚持斗争。1935年3月率部队突围时不幸负伤被捕，3月21日壮烈牺牲。刘伯坚牺牲后，毛泽东曾给予高度评价，称其为"我党我军政治工作第一人"。2009年，刘伯坚被评为"100位为新中国成立作出突出贡献的英雄模范人物"。

刘伯坚是中国共产党的早期优秀党员，中国工农红军早期优秀将领，无产阶级革命家，我党我军政治工作第一人。

——1938年毛泽东为刘伯坚碑文的题词

刘伯坚领导宁都起义成功后，曾写给家中兄嫂一封家书。在书信中，刘伯坚向兄嫂谈到自己的革命事业，讲到"所业虽艰辛，但日益发展，足蔚远念"，饱含对革命事业的希望。信中还表达了自己对亲人的牵挂，他告知兄嫂，自己与妻子王叔振（信中提及的"秋妹"）身体健康、生活尚可，3 岁的次子豹儿"大目明活，眸子星亮，健步学语"，同时流露了对远在兄嫂身边生活的长子虎儿的挂念，希望兄嫂来信告知，字里行间充满了父亲对孩子的舐犊之爱。

刘伯坚出生于世代清贫的家庭，家中长辈有一定的文化，为人忠厚正直。动荡不安的时代，刘伯坚的父母对官绅、兵匪、恶霸欺压百姓的行为非常憎恨，教育孩子要明辨是非，希望孩子能刻苦学习，长大后报国爱民。在正气家风的影响下，刘伯坚勤奋好学、多才多艺，并具有强烈的爱国主义思想。

1927 年 3 月，刘伯坚与妻子王叔振结为革命伉俪。在刘伯坚的介绍下，王叔振加入中国共产党。为了革命工作，夫妻二人不得不将三名幼子虎儿、豹儿、熊儿托付于他人。他们的大儿子虎儿在五岁时，交由王叔振的兄嫂梁凤笙带回陕西西安抚养；二儿子豹儿托付给江西瑞金县武阳围的一位船户抚养；小儿子熊儿刚满月就抱养给福建连城县庙前镇芷溪村一位农户。刘伯坚、王叔振把三幼子寄养出去以后，直到夫妇二人牺牲，再也没有和三个儿子见过面。

1931 年，刘伯坚同志在江西宁都领导武装起义，起义部队进入中央苏区后，被改编为中国工农红军第五军团，增强了红军力量。1934 年 10 月，红军主力开始长征。刘伯坚和妻子王叔振留在赣南苏区坚持敌后斗争。1935 年初，中央分局、中央办事处和赣南省级机关、部队被敌人围困，决定分五路突围。为了中央机关和主力部队能安全转移，刘伯坚断后掩护，1935 年 3 月 4 日在率部队突围时，不幸负伤被俘，最初被关押在登贤县国民党粤军第一军第一师第一团团部。敌团长设宴款待劝降，劝刘伯坚顺应"潮流""识时务者为俊杰"，被刘伯坚严词驳回。5天后，刘伯坚被敌人押解往江西大庾县监狱。狱中，刘伯坚正气凛然、不惧生死，与敌人进行了英勇顽强的斗争，他怀着为共产主义献身的决心，在临行前留下了4封家书。

第一封家书除书信外，还有绝命词以及给3个幼儿的遗嘱。但是这封家书未与家人见面，至今也尚未发现，只在刘伯坚后面的两封书信中提及。

敌人多次劝降无效，故意将刘伯坚押解至闹市游街示众，以震慑群众，妄图从精神上瓦解刘伯坚的斗志。刘伯坚拖着一副10多斤重的铁镣，向含泪伫立的乡亲频频点头示意，他喊道："乡亲们，放心吧！红军不会完！毛泽东正领着红军北上抗日。黑暗的岁月就要过去，光明就要到来！不要被敌人的残忍所吓倒。"当天下午，他在狱中写下浩然正气的《带镣行》：

带镣长街行，蹒跚复蹒跚，市人争瞩目，我心无愧怍。

带镣长街行，镣声何铿锵，市人皆惊讶，我心自安详。

带镣长街行，志气愈轩昂，拼作阶下囚，工农齐解放。

这是刘伯坚誓为工农解放战斗不息的彻底革命精神，以及与国民党反动派血战到底的革命气节的展现。

3月16日，刘伯坚用被铁链紧锁的手写下了第二封家书。在这封家书中，刘伯坚抱定献身的决心，认为革命气节比生命更宝贵，叮嘱家人不要奔走营救，"弟准备牺牲，生是为中国，死是为中国，一切听之而已"，"你们千万不要去找于先生及邓宝珊兄来营救我"，"我为中国民族争生存争解放与他们所走的道路不同"，"不须要他们来营救我，帮助我，使他们为难"，"不要在北方张扬，使马二先生知道了，做些假仁假义来对付我。这对于我丝毫没有好处，而只是对我增加无限的侮辱，丧失革命者的人格"。

在这封家书中，他又提到三个幼子，"我为中国革命没有一文钱的私产，把三个幼儿的养育都要累着诸兄嫂"，"为着中国民族就为不了家和个人，诸兄嫂明达当能了解，不致说弟这一生穷苦，是没有用处"，"诸儿受高小教育至十八岁后即入工厂做工，非到有自给的能力不要结婚"。

面对着刘伯坚甘为无产阶级革命事业赴汤蹈火的英雄气概，敌人决定要杀害他，行刑前敌人面露狰狞："难道你就不怕死吗？"刘伯坚斩钉截铁地回答："怕死？怕死不革命，革命不怕死。要杀便杀，何必多废话！"敌人见刘伯坚毫无屈服之意，问他还有什么后事要办，刘伯坚说："第一，我要写封家信，交代我的子孙后代将革命进行到底！第二，我死后要葬在梅关 ①。"敌人问："为什么要葬在梅关？"刘伯坚正气凛然地回答："第一，我生是为中国，死是为中国，让我长年和大庾岭红梅为友，傲雪斗霜迎春。第二，葬在梅关我站得高、看得远，让我能看到南国烽烟燃遍全中国，让熊熊的革命烈火把法西斯制度彻底烧掉！"

在生命进入倒计时之际，刘伯坚镇定自若地写下了最后两封家书。此时刘伯坚心中最挂念和放心不下的是三个孩子和自己的妻子。临刑前写的这封家书，也是被俘后的第三封家书，仍然是写给凤笙大嫂及诸兄嫂的，他担心前两封家书丢失，在第三封家书中再次提及次子和幼子的下落，并请托兄嫂寻回和抚养，并希望"孩子要继续我的志向，为中国民族的解放努力流血，继续我未完成的光荣事业"。

---

① 江西省赣州市大余县梅关镇。

　　刘伯坚被捕时，妻子王叔振正在闽西坚持斗争，夫妇二人已经有两个多月没有通信。最后一封书信是写给妻子王叔振的，由梁凤笙大嫂与诸兄嫂代为转交。在信中，他劝慰和鼓励妻子"不要伤心，望你无论如何要为中国革命努力，不要脱离革命战线，并要用尽一切的力量教养虎、豹、熊三幼儿成人，继续我的光荣的事业。"非常遗憾的是，王叔振在刘伯坚牺牲的前后几日也献出了年轻的生命，她并未看到丈夫的书信。而刘伯坚所写的后三封绝笔家书，几经辗转后终于转到凤笙大嫂处，梁凤笙饱含泪水，将这些宝贵的手迹珍藏起来。

　　刘伯坚与妻子为了革命，光荣壮烈地牺牲了。然而幸运的是，三个孩子奇迹般地顽强生存下来，并相继回到党的怀抱。

　　1936 年 12 月 12 日，西安事变发生后，周恩来在西安参加谈判时，派人四处寻访查找刘伯坚寄养在西安的长子。1937 年，刘虎生携带着周恩来的亲笔信前往延安。在延安，刘虎生得到党的关怀和教育，后赴苏联留学，继承父亲遗志，为新中国基础工业、军事工业等作出了巨大贡献。

　　1949 年夏天，周恩来根据刘伯坚的遗书，派人在江西瑞金找到了刘伯坚的次子刘豹，并接到了北京。1959 年，刘豹考入哈尔滨军事工程学院，毕业后分配到上海航空工业部第六一五研究所，从事技术研究工作，成为航空工业领域的高级工程师。

　　刘伯坚的幼子刘熊生在闽西被找到。在战争时期，为了保护熊生，黄家男主人黄荫胡牺牲了，为了让熊生能够上学读书，黄家卖掉了自己的亲生骨肉，熊生在知道这一切后，再也没有离开过哺育自己的红土地。

　　二十世纪六十年代的一天，周恩来总理在中国革命博物馆 ^① 向外宾介绍刘伯坚的家信时，满怀深情地说："这些遗作，是我们党在战争年代里流血牺牲的烈士给他的亲人最完整的遗书。"刘伯坚将自己的一生献给了中国革命事业，用自己的生命捍卫了"生是为中国，死是为中国"的诺言。他的精神被后人所继承，激励着我们勇毅前行。

（刘钰婷）

---

① 2003 年，中国历史博物馆与中国革命博物馆合并为中国国家博物馆。

★ 《刘志丹和赤卫队员》版画

质地：纸质

时间：1957 年

尺寸：66 厘米 ×50.5 厘米

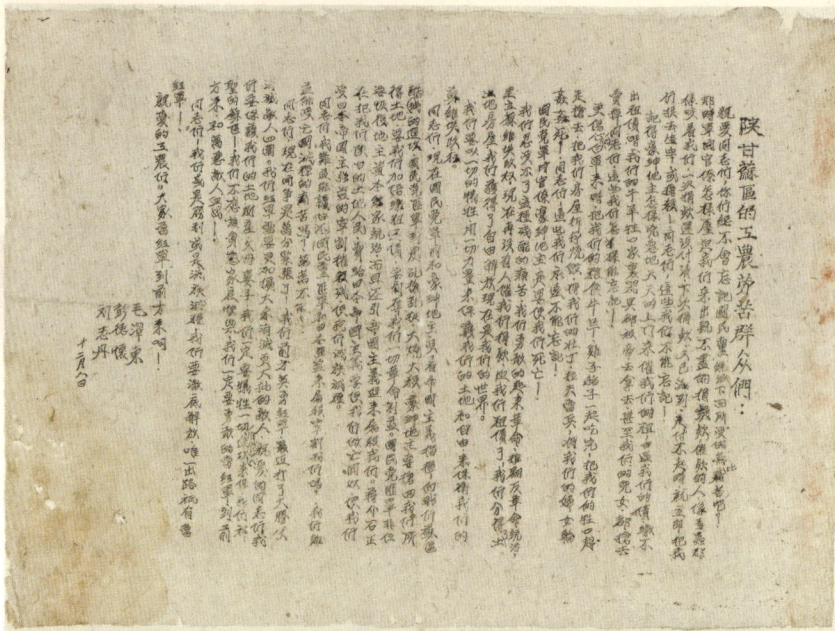

★ 毛泽东、彭德怀、刘志丹署名印发的关于号召陕甘苏区工农劳苦群众参加红军的传单

质地：纸质

时间：1935 年 12 月 8 日

尺寸：27 厘米 ×37.5 厘米

点燃西北地区的革命之火
——刘志丹

刘志丹（1903—1936），原名刘景桂，陕西保安人。中国工农红军高级将领，忠诚的共产主义战士，杰出的无产阶级革命家、军事家，西北红军和西北革命根据地的主要创建人之一。1936年4月14日在山西中阳县三交镇（现柳林县三交镇）战斗中牺牲，年仅33岁。1996年，被中共中央军事委员会确定为"中国人民解放军36位军事家"之一。2009年9月，刘志丹被评为"100位为新中国成立作出突出贡献的英雄模范人物"。

上下五千年，英雄万万千。人民的英雄，要数刘志丹。

——1943年周恩来为刘志丹题词

这幅版画《刘志丹和赤卫队员》表现的是刘志丹与他所领导的农民赤卫队员在战斗间隙畅谈的场景。刘志丹是中国工农红军高级将领，忠诚的共产主义战士，杰出的无产阶级革命家、军事家，西北红军和西北革命根据地主要创建人之一。他生长在贫瘠落后的陕北，目睹了民不聊生、饿殍遍野的凄惨景象，立志救国救民，从根本上改变这种不平等的社会。因此，"追求真理，救国救民"成为了刘志丹一生的夙愿。

1922 年，刘志丹考入榆林中学，在共产党员魏野畴、李子洲等老师的教育指导下，他阅读进步书刊，思想日益进步，接受了马克思主义，认识到只有共产主义才能救中国。他积极参加社会实践，开展学生运动。1924 年冬加入中国社会主义青年团，翌年加入中国共产党，在入党时，刘志丹说道："加入党，就要为共产主义信仰奋斗到底。作为个人来说，奋斗到底就是奋斗到死。"1926 年初，他按照中共陕西党组织的决定，投笔从戎，考入广州黄埔陆军军官学校。在黄埔军校，刘志丹刻苦学习，严格训练，结识了恽代英、萧楚女、陈赓、唐澍等共产党员。

1926 年 10 月，刘志丹从黄埔军校毕业后，被派到冯玉祥的国民军工作，历任国民军驻陕总部政治部组织科科长、第四路军政治处处长等职。1927 年，蒋介石发动"四一二"反革命政变，大肆屠杀共产党人和革命群众，并要求冯玉祥清除队伍中的共产党。冯玉祥找到刘志丹表示："只要宣布脱离共产党，无论加官晋爵还是荣华富贵，任君挑选。否则，不仅有牢狱之灾，恐还有杀身之祸。"刘志丹断然拒绝了冯玉祥，义正词严地说："我自从树立了共产主义的信仰，就早把生死置之度外。"冯玉祥扣押了刘志丹并送往武汉，刘志丹机警躲过了敌人的暗算，联系上武汉的中共党组织，并奉命回陕西开展反对国民党的武装起义。

1928 年 5 月，刘志丹按照中共陕西省委的决定，同唐澍、谢子长等领导的、由共产党控制的国民党军新编第三旅，与渭华地区的农民起义队伍相结合，组织领导了震惊西北的渭华起义。渭华起义点燃起群众的革命热情，建立起苏维埃政权和赤卫队。渭华起义的规模巨大，得知起义消息的国民党蒋介石政府非常惊恐，调集了三个师的兵力和地方民团，企图剿灭起义队伍。刘志丹带领军民奋起抵抗，在战斗之初利用伏击战和运动战击退了敌人的进攻，但后期由于敌人兵力过于强大，刘志丹最终下令全军撤退，向南山转移。起义失败后，刘志丹及家人遭到国民党反动派的通缉。为避免被抓捕，刘志丹将自己的原名"刘景桂"改为"刘志丹"，在陕北大地上继续播撒革命火种。

渭华起义虽然以失败告终，但它是继南昌起义、秋收起义和广州起义之后，我党在国内举行的规模最大的一次武装起义，具有重要影响。渭华起义的失败也让刘志丹认识到，在敌我力量悬殊的情况下，应团结和发展一切可以革命的力量。基于此，1929 年 4 月，刘志丹在榆林红石峡会议上，创造性地提出了开展武装斗争的"三色论"：红色、白色、灰色。"红色"，就是发动组织工农群众，建立中国共产党独立领导和指挥的人民军队。刘志丹认为，走毛泽东开创的井冈山道路，才能使陕甘地区的革命斗争有光明的发展前途。他把分散的、弱小的群众武装逐步集中起来，先建立游击队，后上升为正规红军，这种办法与毛泽东军事路线是一致的；"白色"，就是派共产党员到白军中开展兵运工作，"兵运"即策动士兵起义，这是刘志丹发展革命武装的大胆尝试。红石峡会议后，他返回家乡保安，采取合法的斗争方式，把县民团改造成为党所掌握的革命武装。随后，他多次打入国民党军，以合法身份发展革命武装，多次被捕和关押，后经党组织的营救而获释；"灰色"，就是派人争取、教育和改造"民间武装"，如土匪队伍，这是刘志丹发展革命武装的一项成功实践，他认为，陕甘地区有许多绿林武装，其中许多人出身贫苦，由于生活所迫才铤而走险被"逼上梁山"，他们同官僚军阀、地主豪绅之间的矛盾相当尖锐，只要有中国共产党的领导和教育改造，他们就有可能走上革命的道路。

渭华起义后，刘志丹通过发动组织工农群众、"兵运"、改造"民间武装"等多种方式，建立起革命武装力量，组建起西北地区第一支红军队伍——中国工农红军第二十六军。刘志丹还领导创建了以南梁为中心的陕甘边革命根据地，积极促进将陕甘边、陕北两块根据地连成一片，建立西北革命根据地，使之成为红军长征胜利的落脚点和八路军出师抗日的出发点，以及广大贫苦农民群众向往的好地方。西北革命形势迅猛发展，在刘志丹的领导下，陕北红军与各路红军团结一致，亲密无间、情同手足，反"围剿"战斗取得胜利。刘志丹被朱德称赞为"忠实英勇的红军领导"。

刘志丹时刻牢记共产党人的宗旨，以人民群众利益为重。他每到一地，总是深入群众，关心群众的疾苦，帮助群众解决实际困难，深受广大人民群众的崇敬和爱戴，被群众亲切地称为"老刘"。一次，队伍进驻清水时，当地的群众总是送东西来，那时队伍的鞋袜、粮草都不困难，唯独缺柴火，群众得知了这个消息便纷纷将家里的枣树砍了当柴给部队送来。刘志丹知晓后立即批评了接收柴火的同志，他说："革命是长期的，不能砍树，况且这会让群众受到损失的。"据同志们回忆，刘志丹每到一个地方，总是和老百姓聊天，做调查研究，他关心百姓的每个细小的点。在工作中，他也是这样要求干部同事的：要老老实实、正正派派，不要惹群众生厌。

1936 年 3 月，刘志丹率红二十八军参加东征战役，挺进晋西北，屡克敌军。4月14日在山西中阳县三交镇战斗中亲临前线侦察敌情，不幸左胸中弹，壮烈牺牲，年仅33岁。

为纪念刘志丹，中共中央和陕甘宁边区政府决定将保安县改名为志丹县。1940年，中共中央指示西北局和陕甘宁边区政府在刘志丹家乡修建烈士陵园。1942年，刘志丹牺牲6周年时，毛泽东同志为他题词："我到陕北只和刘志丹同志见过一面，就知道他是一个很好的共产党员。他的英勇牺牲，出于意外，但他的忠心耿耿为党为国的精神永远留在党与人民中间，不会磨灭的。"1943年，党中央和陕甘宁边区人民在志丹县为刘志丹举行隆重的公葬典礼，毛泽东再次为他题词："群众领袖、民族英雄。"周恩来题词："上下五千年，英雄万万千，人民的英雄，要数刘志丹。"

（刘钰婷）

不經磨折難
成我稍涉繁華
便誤人　申江暇抹

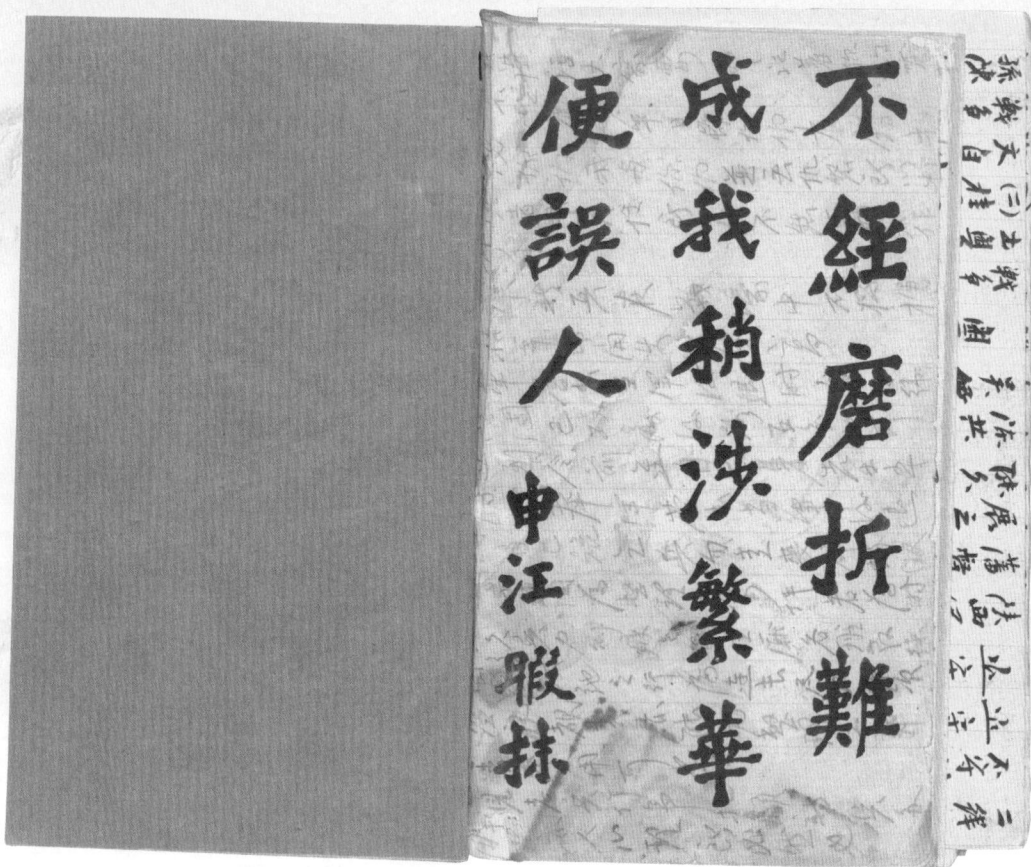

★ 董振堂烈士遗墨

　　质地：纸质
　　时间：1913 年—1921 年

字里行间坚定书写革命人生
——董振堂

董振堂（1895—1937），字绍仲，河北省新河县人。1923年毕业于保定军官学校，之后加入冯玉祥的西北军。1930年，任国民党26路军第73旅旅长。1931年，董振堂被调到江西"剿共"。"九一八"事变后，由于反对蒋介石"攘外必先安内"的政策，于同年12月14日，率部在江西宁都举行武装起义，宣布加入红军，并担任中国工农红军第五军团副总指挥、军团长。1932年加入中国共产党，在长征中担任全军后卫，多次完成阻击国民党军的任务。1936年1月，任红军第五军军长；8月，奉命率部参加西路军，渡河西征。1937年1月，攻占甘肃省高台县城后，被国民党马步芳部2万余人包围，董振堂和3000多名将士壮烈牺牲。

他是一个好同志，是一个坚决革命的同志……路遥知马力，日久见人心，我们的革命队伍就是需要这样的同志。

——毛泽东

　　这是董振堂烈士的一份遗墨。董振堂坚决革命的一生正像墨书中排列整齐的文字一样，一丝不苟、守正不移。董振堂自幼学习成绩优秀，由于深刻体会到穷苦人民生活的艰难，青少年时期的董振堂就立志要改造不平等的旧社会，追求光明的出路。

　　董振堂在参加冯玉祥的西北军期间，因为战功显赫，从排长一路递升为师长，每月的收入达到200多大洋，但他和家人始终保持节俭的生活作风。平常家中吃饭，董振堂最多两菜一汤，只有来了客人才会加一个菜一个汤。他反对买地置房产，给妻子买的衣料都是布的。董振堂用自己特有的方式关心着父母，爱护着妻儿。在儿子董用威的心目中，父亲既高大威严又体贴入微。1928年年底，董振堂在担任西北军第13师师长兼洛阳警备司令时，曾把家人接到驻地，一家人共同住了半月有余。待家人返回时，他拿出10元钱交给妻子贾明玉，嘱咐说给孩子们做身新衣裳。随着家人的挥手道别，这成为了董振堂最后一次与家人共享天伦之乐。

　　董振堂与家人的交流更多的是通过书信往来。1932年的一天，新河县董家老宅收到一个年轻小伙子递进来的一封书信。打开一看，原来这是董振堂托他在西北军期间的亲兵赵成立捎来的一封家书。

　　"父母亲大人膝下，近日安好，见字如面。儿振堂一切平安无事，大人勿念。今有要事急急相告，只因现今民国尚不太平，常有发生。来日家中若遇兵匪大灾大难，万望投奔山西讳升堂兄处躲避，切记切记。"这封信表面看起来只是给父母报个平安和几句稀松平常的嘱咐，但实际另有深意。

　　原本投身于冯玉祥西北军的董振堂，在认识到国民党反动统治的黑暗后，1931年12月14日与国民革命军第26路军参谋长赵博生等人，率领其部下1.7万余官兵发动了著名的宁都起义，全体官兵一律转入红军，这给国民党反动政府带来极大恐慌。董振堂担心家人遭到国民党反动派的迫害，于是让赵成立跋涉千里捎信回家。那个年代的冀南地区水旱灾害频发，还有大大小小的土匪打家劫舍，董振堂利用这些日常的天灾人祸做掩护，交代父母如果遇到变故可以就近投奔在西北军29军当团级军官的大哥董升堂。"有要事急急相告""尚不太平"等言辞隐晦地说明了近期可能有危险降临，提醒家人早做准备提前离开。出于安全的考虑，董振堂对自己已成为红军的身份只字未提，这样即使书信不幸落到反动派手中，他们也难以找出把柄来刁难赵成立和董家人。这封信可以说写得毫无破绽，体现了一个坚定的革命者与反动派之间的智斗。

一个坚决革命的同志不光要有智慧，更要有胆识。董振堂自从加入红军，就做好了随时牺牲的准备。他坚定追随中国共产党，抱着救国救民、革命到底的思想奋斗到了最后一息。赵成立送出的这封信竟成为了董振堂写给亲人的"绝笔书"。自此，家人再未收到他的消息。直到1940年国共合作抗日期间，董升堂在重庆的八路军办事处见到了周恩来，才从他口中得知董振堂已经牺牲的消息。

董振堂虽然对自己和家人"吝啬"，对战友和革命却十分大方，大部分薪水都用来接济生活贫困的下属。1932年4月，董振堂光荣地加入了中国共产党，他把多年攒下来的全部积蓄3000块银元一次性拿出来缴作党费。这一行为在红军中迅速传开，惊动了毛泽东，毛泽东亲自找董振堂谈话，让他把钱留给自己一些，也给家里寄点。他说："现在我当了红军，又入了党，留着这些钱也没用了，我要把一切献给党，甚至连生命也献给党！"最终，在毛泽东的一再劝说下，董振堂才勉强留下了300块银元，但是这笔钱依然留作了战士们的伤病补贴，他自己没有动用过一分一毫。

"我要把一切献给党，甚至连生命也献给党！"董振堂始终用实际行动践行着这句发自肺腑的"宣言"。

红军长征时，董振堂任总指挥的红五军团担任最艰苦的后卫任务，在湘江之战、娄山关战役和华家岭阻击战中，掩护中央红军胜利北上。

湘江战役是红军长征中最惨烈的一仗，关系着中央红军的生死存亡。经过这一战，中央红军兵力损失过半。作为后卫的红五军团也损失多名重要将领，第34师全军覆没。军团由两个师1万余人锐减到一个师不足5000人。军团长董振堂几天几夜没有休息，坚持在前沿阵地指挥战斗。

"金沙水拍云崖暖，大渡桥横铁索寒。"1935年5月，红军长征到达天险金沙江，遇到的最大困难是，2万多人的红军部队只能凭借6只渡船过江，在这种情况下，军委不得不一再命令殿后的红五军团推迟撤防日期。面对重重围堵、步步紧逼的敌人，个别指挥员表现出动摇畏怯的情绪。董振堂下令："就算只剩一个人也要守住阵地，没有命令绝不撤离，保证主力安全过江。"就这样，从三天三夜，到六天六夜，再到九天九夜，不足5000人的红五军团硬是把1万多名敌人死死地拖在阵地前，直到主力部队全部渡过金沙江。

董振堂率领的红五军团在保障中央红军主力北上，阻击敌军的任务中立下赫赫战功，因此而荣获"铁流后卫"的光荣称号，董振堂也被毛泽东亲切地称为"常胜将军"。

一个坚决革命的同志不忘的初心是什么？董振堂通过一件小事告诉了我们。

1935年4月，中央纵队面临敌人的追捕，正以急行军的速度通过贵州境内一个山口，偏偏赶上一名女战士分娩难产，为确保母子平安，董振堂指挥第39团拼死战斗，硬是打了两个小时。孩子终于出生了，许多战士却倒下了，有的战士不理解，抱怨为了一个孩子让这么多战友牺牲不值得。董振堂说："这不是值不值的问题，革命是为了什么？不就是为了这些孩子的明天吗！"

董振堂初心无悔为革命，直到生命的最后时刻。

1935年6月，红军第一、四方面军会师后，第五军团改称第五军，董振堂任军长。1937年1月，董振堂率领不足3000人的部队一举攻占甘肃高台县，然而很快遭到西北军阀马步芳等部2万余人的围攻，红五军与敌人浴血苦战9天8夜，终因寡不敌众全部壮烈牺牲，董振堂时年42岁，是红军牺牲的最高级别将领之一。

（从雅）

★ 谢子长攻打瓦窑堡时缴获的背包

质地：棉麻纤维
时间：1934 年
尺寸：29 厘米 ×26 厘米

见证西北工农革命的背包
——谢子长

人物链接

谢子长（1897—1935），原名世元，字子长，陕西安定（今子长县）人。陕北红军和苏区主要创建人之一，1925年加入中国共产党。参与领导了清涧起义、渭华起义等。1928年任西北工农革命军军委委员兼第三大队队长。"九一八"事变后，谢子长与杨仲远领导的两支游击队合编为西北反帝同盟军，不久改编为中国工农红军陕甘游击队，谢子长任总指挥。1934年，中国工农红军陕北游击队成立，谢子长兼任总指挥及红二十六军四十二师政委，率部分部队粉碎了国民党军对陕北革命根据地的第一次"围剿"。在攻打河口战斗中，谢子长亲临前线指挥，胸部中弹，仍坚持指挥，直至战斗胜利。1935年2月21日，谢子长因长期征战，伤情恶化，医治无效，与世长辞。

谢子长同志，民族英雄。

谢子长同志，虽死犹生。

谢子长同志千古，前仆后继，打倒人民公敌蒋介石。

——毛泽东三次（1939年6月、1939年7月、1946年2月）为谢子长题词

　　这个背包是谢子长攻打瓦窑堡时缴获的一件战利品，看到它就不禁让人想到陕西共产党人对中国革命作出的重要贡献。1934 年，中共中央和中央红军被迫战略转移，在各路红军都处于无根据地做依托的时候，西北革命根据地的形成，使党中央和各路红军长征有了关键的落脚点。作为陕北红军和根据地的主要创建人之一，谢子长在共产党的带领下，点燃了西北工农革命的火焰。

　　上学时就爱为老乡打抱不平的谢子长，是百姓口中的"谢青天"，走上革命道路后，他更是西北人民热爱的革命领袖。他始终坚守的一句座右铭是：我一不做官，二不求财，我要让老百姓都有吃穿。他始终坚定的一个理想信念是：保护人民的利益，推翻地主的黑暗统治，争得政治上当家作主的权利，建设自己富裕的生活。他的一切活动，都从人民群众的这一根本利益出发。对于战士们，谢子长也是生活上爱护，思想上关心。行军途中，他经常把马让给伤病员骑，把仅有的口粮让给伤病员吃。部队宿营时他与战士们拉家常，常对战士们说："共产党员的一条基本原则，就是以自己的模范行动去教育群众，帮助群众。我们共产党领导的军队，时刻不能忘了老百姓，不论走到哪里，都要爱护他们，给他们办好事，这就是我们革命的目的。"他是这么说的，也是这么做的。有一次，他看到一个士兵对群众动了手，非常气愤地教训道："你打了老百姓，就等于打了你的老子，打了我，也打了你自己！如果打骂老百姓，就是败家子、丧家犬，我们就要失败。"在他的教导和感召下，西北工农革命军尽管面临重重困难，但部队纪律严明，对百姓秋毫无犯。行军每到一地，谢子长总是利用各种机会深入群众，不仅对人民群众积极进行革命宣传工作，更是对老乡百姓访贫问苦，看到当地的百姓缺衣少食，就把自己的棉衣、棉被、食物分给他们。

　　谢子长率领的陕北红军队伍给长期遭受兵匪恶霸和封建地主压迫的人民留下了良好的印象。当军队遭受严重挫折退居南梁时，老百姓主动保护和支援红军。1934年1月，谢子长以中共中央北方代表派驻西北军事特派员的身份，受命回到陕北。在此期间，他抽空回到了家乡马圈坪村。"谢青天回来了！"乡亲们纷纷秘密奔走相告谢子长回到家乡的消息。然而消息很快传到了国民党安定县县长的耳朵里，被吓破了胆的县长开始不停地派人进行侦察和搜山。但敌人想不到的是，谢子长依靠人民群众的力量，总能及时地获取敌人出动的讯息，并得到大家的掩护，迅速转移。国民党军搜北山，谢子长就先敌人一步住南山；国民党军搜南山，他又提前搬到北山老乡家。谢子长感慨道："群众是水，我们是鱼，只要我们把根扎在群众中，我们就能克服困难，战胜敌人。"

　　1934年，中国工农红军陕北游击队成立，谢子长兼任总指挥、红二十六军四十二师政委。这一年夏，正当蒋介石调动几十万大军，对中央革命根据地进行第五次围剿之时，谢子长在当地人民群众的支持下，指挥部队先后在安定、绥德等地的战斗中连连获胜。不幸的是，8月，在指挥清涧河口战斗中，谢子长胸口中弹。他身负重伤却坚持不下火线，眼看鲜血渗透了胸口，他的侄子赶来正准备为他包扎，他却呵斥道："老子没事，快先去救治其他伤兵！"说着便用力把侄子推开了，然后自己草草用衣襟掩盖住伤口继续射击。战斗结束后，同志们曾多次劝他离队休养，他都不肯离去，带伤坚持工作。为了保持部队和群众的战斗情绪，谢子长传出命令，对他负伤的事要保密，不许声张。随后，谢子长又率领红军北上，指挥部队攻入安定城董家寺，再获全胜。红军四战四捷，彻底粉碎了国民党反动派对陕北革命根据地的第一次"围剿"。

　　由于条件恶劣，又没有得到及时的医疗救治，直到 1934 年底，谢子长的身体实在支撑不住了，在党组织的指示下，谢子长离队休养。

　　谢子长把百姓视为自己的衣食父母，百姓也打心眼里爱戴他们心目中的"谢青天"。在休养期间，大家想方设法找营养的东西给他补身体。红四团团长谢绍安的妻子白盛英负责照料谢子长的生活，她总是变着法儿地用老乡送来的东西为谢子长改善伙食。谢子长心生疑虑，询问白盛英："这些好吃的是从哪里弄来的？"当他得知食物的来源后，两行热泪流到了胡须上。他哽咽着说："穷人的东西来之不易，咱给他们没办多少事情，咋能白吃人家的东西。咱不能收呀，老乡送东西一定要给人家钱！"白盛英只好如实禀告："这段时间，远离组织，带来的那一点钱早就用光了。"谢子长听完，用手抹去眼角的泪水，斩钉截铁地说："实在不行，鸡蛋留一颗，面粉留一两，肉割下一点点，其余的退还人家，亲朋的心意我领了。"

　　病中的谢子长一直放心不下根据地的发展，依旧在思考如何更好地壮大红军的武装力量，加之敌人经常搜查，谢子长不得不四处转移，始终未能得到充分的休养，他的伤势日益加重。在弥留之际，他遗憾地说："就这样死了，我对不起老百姓，我给他们做的事太少了。"1935 年 2 月 21 日，谢子长永远告别了他热爱的人民，终年 38 岁。

　　"一心为人民创造红地；百姓到如今叫你青天。"1946 年中共中央西北局献给子长陵的挽联是对谢子长一生为人民谋福利的最好诠释，他和无数的革命先烈一样永远活在人民心中。

（从雅）

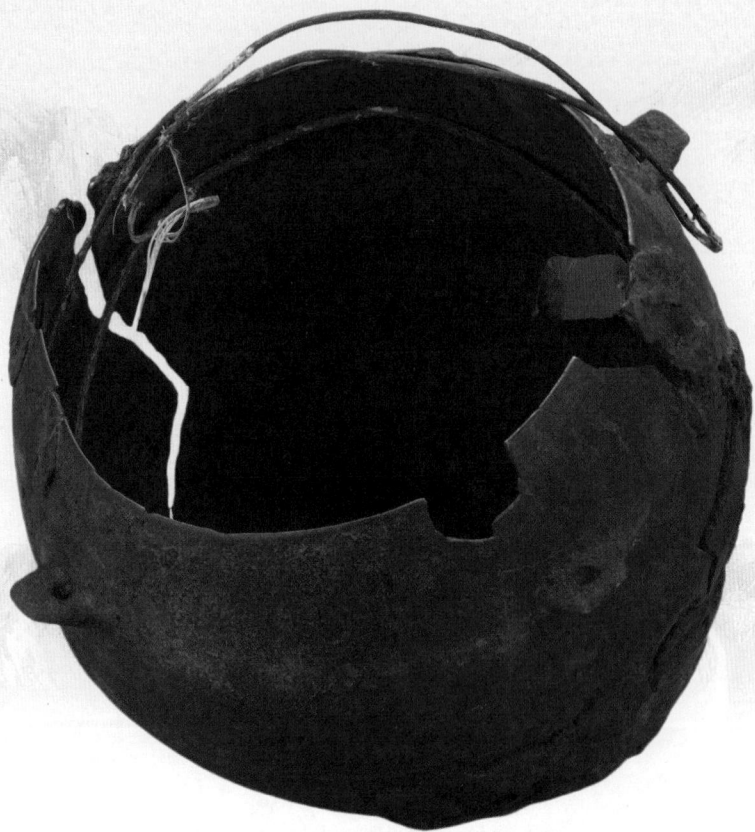

★ 韦拔群在左、右江地区坚持斗争时用的鼎锅

质地：铁质

时间：1931 年—1932 年

尺寸：高 19.9 厘米、口径 20.5 厘米

鼎锅承载着鲲鹏之志

——韦拔群

韦拔群（1894—1932），广西东兰人，壮族，原名韦秉吉、韦秉乾，1916 年加入护国军，后入贵州讲武堂学习，改名韦萃，字拔群，是我党早期农民运动的杰出领袖，先后组织"改造东兰同志会""国民自卫军"，指挥农民三打东兰县城。1925 年，到广州农民运动讲习所学习后，回到东兰县举办农民运动讲习所，推动右江地区的农民运动。1926 年冬加入中国共产党。1929 年 12 月 11 日，与邓小平、张云逸等领导百色起义，开辟了右江苏区并建立中国工农红军第七军，担任右江苏维埃政府委员、红七军第三纵队队长等职。1930 年 11 月，红七军主力奉命北上，韦拔群任第 21 师师长，率整编留下的老弱残兵坚守西山。1932 年 10 月 19 日凌晨，病中昏睡的韦拔群被叛变的侄子杀害，时年 38 岁。

　　吾拔群，愿把五尺之躯交给党，跟党铲除天下不平，建立一个平等的新社会。热烈而生，热烈而死。

——韦拔群

眼看这口鼎锅，锅边已经损破；

眼看这份遗产，心中细细思索：

艰难环境腰不折，人生到底为什么？

为什么哟，为什么？请问眼前这口锅。

革命高潮暂低落，信念如钢是拔哥，

西山岩洞埋火种，点燃来日燎原火！

这是一首流传在广西东兰县壮乡的歌谣，其中提到的鼎锅是做什么用的？歌唱的"拔哥"又是谁？

这口鼎锅见证了战争年代一个革命者艰苦卓绝的斗争经历，也承载着所有像他一样有着乐观主义精神的革命先烈的鲲鹏之志。鼎锅的主人就是我党早期农民运动的卓越领袖，壮族人民的优秀儿子——韦拔群。

韦拔群并不是他的本名，这个名字的由来颇有讲究。虽然韦拔群出身于富裕的地主家庭，但他并不是一个乐天知命的人，身处安逸却偏偏看不惯军阀恶霸、土豪劣绅相互勾结，鱼肉百姓。他立志要成为一个出类拔萃的人，于是自己改名韦萃，字拔群。不同于家人给他起的"秉乾"这个带有封建意味的名字，新名字寄托着他的理想，象征着他的新生。

说到起名字，韦拔群似乎特别擅长用名字表达自己的志向。在革命的低潮时期，他给自己的三个儿子分别取名：韦革命、韦坚持、韦到底，以此来激励自己并鼓舞大家要将革命坚持到底。

在接受共产主义思想后，韦拔群十分注重培养农运骨干。他清楚地认识到，充分发挥人民群众的力量是进行一切革命运动的基础。

1926 年，韦拔群领导农民协会和农民自卫军，在打击土豪劣绅、反对封建迷信等方面搞得有声有色，禁烟禁赌的活动同样也开展得如火如荼。他们向农民宣传吸食鸦片和赌博的危害，查抄烟馆赌场，收缴烟具赌具，明令禁止烟鬼赌鬼加入协会。除了青壮农民成立的农民协会，就连儿童组织的"劳动童子团"也参加到禁烟活动中来。这是最早的中国一支儿童革命队伍，也是今天少年先锋队的前身之一。在禁烟活动中，童子团只要见到吸食大烟的烟鬼，不管他是不是当地的知名人士或重要人物，坚决收缴他的烟枪销毁。孩子们的行动和力度威震乡里，为禁绝大烟毒品的斗争作出了突出贡献。

震撼祖国南疆的百色起义后，韦拔群与邓小平、张云逸一道，针对当时右江地区存在的问题，严厉打击新桂系军阀表面禁烟，实则借毒敛财的行径。他们充分发动群众，在苏区全面实行禁烟，并成立了相应的执行机构，在苏区留存的短短数年时间里，就已基本断绝了鸦片对右江地区百姓的毒害。

"吾拔群，愿把五尺之躯交给党，跟党铲除天下不平，建立一个平等的新社会。热烈而生，热烈而死。"这是韦拔群向党组织递交的入党申请书中的文字。他用 38 年的光辉人生忠实地践行了这掷地有声的 38 个字。

1930 年 11 月，红七军主力根据中央命令北上，韦拔群奉命组建 21 师，仅留下几十名战士与他固守根据地。从 1931 年春到 11 月，桂系军阀白崇禧指挥数千国民党军队，对右江苏区进行了两次大规模"围剿"。韦拔群面对数倍于己的强敌，指挥各级苏维埃政府人员和群众分散转入山区。敌军把"围剿"的矛头直指韦拔群率领的第 21 师师部及警卫部队。

在第一次"围剿"中，敌人先是派兵侦察、骚扰，妄图把红军逼出山外，后又采取封锁围困的办法，企图困死西山军民。韦拔群指挥军民时而集中、时而分散，声东击西、忽南忽北，在西山外围与敌人周旋了半个多月。之后，韦拔群又带领战士们凭借高山密林作掩护，集中兵力阻击进攻的敌人，大大削弱了敌军的有生力量。

敌人的第二次"围剿"见路就堵、见山就占、见人就抓，气焰十分嚣张。然而，韦拔群毫不畏惧，他把部队编成若干个"杀奸团"隐蔽山中，严密监视敌人。一旦发现敌人踏进迷宫似的西山，便切断其后路，断绝他们的给养。韦拔群还领导西山军民把地雷埋设于交通要道，对敌人造成不小的打击。

在烽火连天的反"围剿"战斗岁月里，韦拔群靠着钢铁般的意志，指挥军民在极其艰苦的条件下坚持游击斗争。尽管斗争环境极端险恶，韦拔群始终同战士、群众一起，过着睡山林、钻岩洞、啃野菜的艰苦生活。

当时部队的口粮标准是每人每天半斤玉米或南瓜。炊事员卢卜文见师长要天天在山林中指挥作战，与敌人周旋，担心这样下去身体吃不消。这天，他悄悄把自己的一半口粮分给了师长，自己再找些野菜掺着充数。谁知这"偷梁换柱"的把戏第二天就被精明的韦拔群发现了。韦拔群含着眼泪对他说："老弟，以后万万不能这样做。敌人长久围困，我们的处境十分险恶。在这个时候，更需要官兵同甘共苦、团结一心战胜困难，怎么能给我特殊照顾呢！"

在最艰难的时刻，韦拔群和战士们被敌人围困在山里，断粮了就用鼎锅煮野菜、喝南瓜汤，只要有一点吃的，韦拔群都让给战士们。有一次，战士黄永凤的母亲穿过敌人的层层封锁，把家里仅剩的一点白火麻送到山上给韦拔群。韦拔群立即派通信员送到东山阵地上去，战士们舍不得吃又还了回来，韦拔群坚持让给战士们吃，而他却艰难地嚼着找来的野菜。警卫员说："拔哥，你身体一天比一天消瘦。你自己说的，革命要有个好身体，不吃怎么指挥战斗呢？"韦拔群说："战士们饿着肚子在前方打仗，流血牺牲，我是师长，怎么能光顾自己！"
韦拔群和红军战士们以坚韧不拔的革命意志，度过了一个又一个艰险
的日子，韦拔群始终没有离开西山，没有离开那里的群众。

　　1932 年 9 月初，第三次"围剿"西山革命根据地的总指挥廖磊
率领上万敌人攻进了西山，在大肆屠杀革命军民的同时，加紧实施对
韦拔群的抓捕。由于敌人对西山的包围圈越压越小，敌我力量过于悬
殊，反"围剿"斗争越来越艰苦，韦拔群的堂侄，跟随他多年的韦昂，
在敌人的巨额悬赏面前最终动摇叛变。

　　1932 年 10 月 19 日凌晨，两声罪恶的枪声震颤了山里宁静的夜
空，因为重病而在昏睡中的韦拔群被叛徒杀害于巴马西山香刷洞，牺
牲时年仅 38 岁。山谷怒吼，红水河咆哮！后来，当地群众冒着生命
危险，将他的尸体埋葬在老家特牙山上，并在墓地修建了一座"红神
庙"，寄托哀思。

（从雅）

★ 杨殷用过的夹层箱

质地：皮革、木质
时间：第二次国内革命战争时期
尺寸：15.5 厘米 ×27.2 厘米 ×44 厘米

手提箱里的秘密

——杨殷

人物链接

杨殷（1892—1929），广东香山（今中山）人，1911年加入孙中山领导的同盟会，1922年加入中国共产党。1923年起在广东领导工人运动，参与省港大罢工。1927年任中共广东省委常委兼省委革命军事委员会主任、中共中央南方局委员，同年12月领导广州起义。广州苏维埃政府成立后，任政府肃反人民委员，张太雷牺牲后，接任广州苏维埃政府代主席。1928年7月当选为中央政治局候补委员、候补常委，后任中共中央政治局委员、常委，中共中央军事部部长兼中共江苏省委军事部长等职务。1929年8月24日与彭湃等一批共产党人在上海被捕，8月30日被秘密杀害于上海龙华，时年37岁。2009年，杨殷被评为"100位为新中国成立作出突出贡献的英雄模范人物"。

有能振奋中国压倒帝国主义者，虽毁家纾难，粉身碎骨亦在所不计。

——杨殷

西方情报界有句名言"不像间谍的人是最好的间谍"，杨殷便是我党隐蔽战线上这样一名"平庸无形"的情报工作者。这个带有夹层的箱子是工友们为保护杨殷的安全特地为他制作的，以便携带秘密文件和武器，夹层箱陪伴他完成了一个又一个革命任务。

1928 年 4 月，杨殷准备前往苏联莫斯科参加中共六大，东北是必经之路。当时的东北被控制在军阀和日本人的势力下，要通过敌人的盘查可不是件容易的事。为了能顺利过关，杨殷提前两个月先到上海参加了普通话的培训。初春的上海天气还没转暖，黄浦江边的风吹在身上冷飕飕的，一直在广州一带生活的杨殷对那里的气候十分不适应。在学习北京话中的"翘舌音"时，他常常练得嘴唇掉皮、起泡，好在功夫不负有心人，经过反复练习终于能熟练说几句京腔了。

这天，杨殷打扮成药材商人的模样，穿着笔挺的西装，手里拎着夹层箱站在船边。当船快到大连时，皮肤黝黑、个子不高，南方人长相的他引起了一个日本警察的注意，于是上前盘问道："从哪里来的？把箱子打开。"杨殷从容镇定，操着一口地道的北京口音说："从北平来。"边说边打开箱子，拿出一些药丸样品。日本警察看了一眼药丸，又仔细打量起杨殷来，观察了好一会儿，没看出任何破绽，只好不再追问。杨殷顺利到达哈尔滨。当时与他同行，但假装不认识的另一位共产党员黄平，后来每当提起这次经历和杨殷的京腔，都忍不住哈哈大笑，一个劲地夸赞。

1928 年 6 月 18 日至 7 月 11 日，中共六大在莫斯科近郊五一村秘密召开。在 7 月 20 日召开的中央政治局会议上，杨殷当选为中共中央军事部部长。

会议结束后，杨殷和其他代表一同乘坐火车到达中苏边境，然后分散回国。杨殷仍然装扮成药商，当他拎着这个有夹层的手提箱，越过国境回满洲里时，又遇到了盘查。这一次杨殷操一口流利的粤语，说自己是广生堂药行的，想在东北开设分行，先到这里了解行情。警察查看了箱子，里面装着的都是广生堂生产的药品、雪花膏、香水等产品，再看看杨殷一副南方富商的打扮，西装革履，十分有派头，便信以为真没有多问。杨殷顺利通过国境来到上海吴淞口时，遇到了当地青帮的纠缠。果敢机智的他找到青帮头目说了几句"行话"，又巧妙地躲过了他们的敲诈勒索。

杨殷把保密工作做得如此出色，除了具有过人的胆识和魄力，个人经历也对他从事隐蔽战线工作有着很大的影响。杨殷从一开始参加革命就与保密工作结了缘。入党之初，他曾赴苏联学习，接受过苏联专家对从事秘密革命工作人员的专业技能训练。

杨殷经常来往于广州、香港、澳门、香山等地，不仅自己搜集、传递情报，他还是我党早期情报保密工作的重要开拓者。省港大罢工爆发后，工人运动被压制，杨殷以其敏锐的洞察力注意到情报保密工作的重要性，积极着手建立粤港澳情报网。

1925 年，国民党左派领袖廖仲恺被刺杀后，杨殷受聘为广州市公安局顾问，负责协助侦破"廖案"。他利用这个机会，从海员中挑选了一批中共党员，培养并安插到广州市公安局、卫戍司令部等要害部门，同时还在香港物色、培养情报交通员，建立党在香港的情报交通网。其中有一个名叫李少棠的普通女工，是一位受尽封建制度压迫的年轻寡妇。杨殷不但从思想上帮助她挣脱封建迷信的禁锢，而且还培养她成为一名共产党员，亲自指导她如何开展情报工作。

1925 年 6 月的一天，李少棠接到任务，传递一份重要传单。4日清晨，一辆崭新的私家小轿车停在了李少棠住所门口。只见李少棠打扮成富家少奶奶的样子，身穿一件黑色透花丝绒旗袍，脚上是一双白色高跟鞋，手里拿着个时髦的提包。坐上车后，车子向扯旗山顶开去，山顶有家大酒店，与李少棠接头的人正在大酒店里等她，李少棠拿到工友们储藏的传单后又坐车返回了家。中午，她按照杨殷事先的指示改变了装扮，这次她换上一套粗布短衫裤，编了一条略微松散的大麻花辫子，手臂上挎着一只竹篮，一副佣人的模样，去往香港九龙红磡船坞，按照预定的联络办法顺利转交传单。

为了麻痹敌人，杨殷还发动自己11岁的女儿杨爱兰充当小小情报员，将"作业"送给他的文书陈志远。一到周末，就见小爱兰常手提一只藤制书箱往返于粤港澳之间"串门"。杨殷叮嘱小爱兰跟着前面的叔叔走，但不要跟得太紧。聪明的小爱兰左转右拐，乘船、坐车，一直不远不近地跟着前面的"叔叔"直到抵达目的地，而她书箱里的作业本上有用米汤写的情报，拿在火上一烤，就能显现出来。

1927年，国民党反动派勾结港英警察，将香港工委书记梁桂华等中共党员和革命群众拘捕，准备审讯判处死刑。杨殷得到情报后，迅速联系有关人士准备营救。由于香港当局没有判处梁桂华的证据，只好将他押送到广州交由市公安局处置。杨殷得知后立刻根据内线提供的确切情报，进行了一番周密安排。这天，一艘英国海军的快艇驶来，几名"公职"人员登船，进行搜捕后，梁桂华在内的几名"疑犯"被带到了快艇上，然后快艇往澳门方向驶去……原来，这艘英国海军的快艇是杨殷特别安排的，他通过制造意外事件使军方有借口登船查缉，并且趁乱带出了梁桂华。

杨殷设计营救中共广州市委委员周文雍的计划更是"精彩"。这天，拘押周文雍的牢房里来人探监，他交给周文雍一包衣服，低声告诉他："速食，全部。"原来衣服里藏了"指天椒"。周文雍吞下那包辣椒后，胃辣得痉挛，皮肤过敏泛出血点，体温迅速升高，像得了急性传染病，狱医查不出原因，只能将他送到医院。当天下午，两名医生走入周文雍的病房，一个守卫的警察刚跟了进去，立即被锁了喉，另一个警察听到病房有动静，正要查看，也被捂住了嘴，两个警察被迅速制服，关进了旁边的料理室。然后，医生用一张白床单把戴着手铐和脚镣的病人"尸体"裹起来，放在推车上从容地推出医院，抬上一辆"运尸车"运走了。当叛徒指认出周文雍是中共的一个重要人物，公安局派特务火速赶往医院时，早已找不到周文雍的影子。

　　杨殷虽然多次成功营救革命人士，自己却因叛徒告密而入狱。1929 年 8 月 24 日，杨殷、彭湃等五位同志在上海被捕。在狱中，革命同志面对敌人的严刑拷问，坚贞不屈；面对敌人的重金利诱，毫不动摇。30 日下午，敌人即将对杨殷行刑，他笑着对狱中难友说："朝闻道，夕死可矣！"慷慨从容，英勇就义。

（从雅）

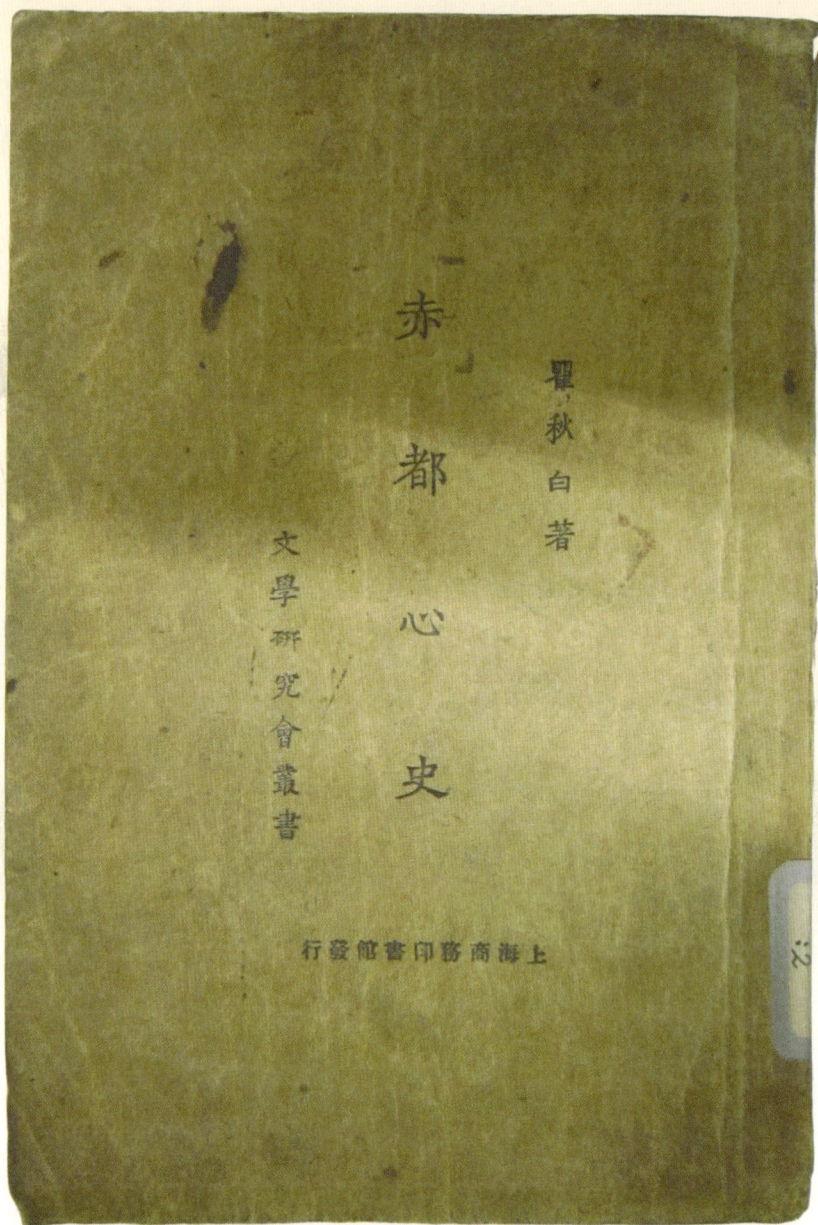

赤 都 心 史

瞿秋白 著

文學研究會叢書

上海商務印書館發行

★ 瞿秋白著《赤都心史》

质地：纸质

尺寸：纵20厘米

记录俄罗斯社会的"画稿"

——瞿秋白

瞿秋白（1899—1935），原名瞿双，字秋白，江苏常州人，中国共产党早期主要领导人之一，卓越的无产阶级革命家、理论家和宣传家，中国革命文学事业的奠基人之一。曾任《新青年》《前锋》等刊物主编，是第一个把《国际歌》翻译成中文的人。1920年，以特派记者的身份赴苏俄采访，撰写大量通讯报道。1923年与李大钊等人一起推动国共合作。在大革命失败的历史关头，主持召开八七会议，亲自起草《告全党党员书》，被选为临时中央政治局常委。1931年，到上海和鲁迅一起领导左翼文化运动。中央红军主力长征后，他留在根据地坚持斗争，不幸被捕，1935年6月在福建长汀从容就义。2009年，瞿秋白被评为"100位为新中国成立作出突出贡献的英雄模范人物"。

人物链接

他在革命困难的年月里坚持了英雄的立场，宁愿向刽子手的屠刀走去，不愿屈服。他的这种为人民工作的精神，这种临难不屈的意志和他在文字中保存下来的思想，将永远活着，不会死去。

——1950年12月31日毛泽东为《瞿秋白文集》出版题词

　　这本书看起来很有历史感，发黄变脆的纸张、老旧残破的封面，正像它的名字一样，向世人诉说着自己的沧桑心路历程。

　　书的作者瞿秋白是最早深入苏俄向中国介绍十月革命苏维埃社会景象的新闻记者，也是中国共产党历史上见到过列宁并聆听其教诲的六位同志之一。1920 年秋，北京《晨报》招聘特派记者去俄罗斯"担任通讯调查事宜"，一直对苏俄心驰神往的瞿秋白看到后欣喜若狂，凭借着在俄文专修馆打下的扎实功底，很快就成功应聘为《晨报》特派记者。1920 年 10 月 16 日，瞿秋白与亲友一一告别，几经辗转，终于在 3 个多月后到达了梦寐已久的莫斯科。在苏俄的两年多时间里，瞿秋白自谑为"东方稚儿"，处处以学生自居，采访了各级官员、工人、农民、知识分子、士兵，甚至还有旧社会的农奴、婢女等群体，游览了多处名胜古迹，以惊人的毅力撰写了 60 多篇通讯报道以及《俄乡纪程》《赤都心史》等著作。其中《赤都心史》在 1924 年 6 月由商务印书馆出版，列为"文学研究会丛书"之一，收集了瞿秋白自 1921 年 2 月至次年 3 月所写的随笔、游记、杂感、诗歌等 46 篇。之所以起这样的书名，也许正如瞿秋白自己在序中所说的那样，"将记我个人心理上之经过，在此赤色的莫斯科里，所闻所见所感"。

　　《赤都心史》内容较为庞杂，我们在其中既可以看到十月革命后的伤痕累累，也可以感到新社会带来的盎然生机；既可以看到革命领袖的神采飞扬，也可以听到普通群众的朴实愿望。它是一部真实的俄罗斯社会记录。

　　当时的俄罗斯并没有因为十月革命的胜利而一片祥和，反而是内外交困、多灾多难，也不是所有人都认同这个新生的政权。瞿秋白在此也看到了自己心目中的理想"赤色国度"依然存在着各种社会问题，他在《革命之反动》一文中记述了一起彼得城港口克龙史泰发生的叛乱："三月二日一早，旧步兵将军郭子洛夫斯基公然率领群众声言反抗'共产党的苏维埃'，克龙史泰的苏维埃议长顾子明及数名职员均被乱党所捕"。瞿秋白认为叛乱之所以发生，一是因为"大概不得志的小商人、小资产阶级的农民，1920年以来都不满意于劳农政府"，而最重要的原因是"粮食均配法，收取农民出产物之全量，为近时西伯利亚以及其余各处农民反抗的原因"。而且，在专制集权帝国废墟里建立起来的新政权，也不可能立即改头换面，仍然留有很深的封建遗毒。他在书中记载了这样一个例子：一位小学女教师因学校停课没有辞去原来的口粮，受到了农工检察人民委员会的审判，但荒谬的是，这些审判员每个人却至少可以得到7份口粮。

苦难与希望总是并存，就是因为很多俄罗斯人并没有被困难所吓倒，他们心中有一股"赤潮"在不停地奔流涌动，释放出在苦难中勇敢前行、积极乐观的精神风貌。工人们虽然劳累了一天，却在夜晚谈兴很浓，憧憬着未来的美好生活，一个说"你们制定薪水有多少？我们现在听说快得十倍的薪水呢"，另一个说"自然，一天一斤面包，一顿中饭，还不好，要什么钱"；在遥远的彼得之城，昔日备受歧视的"东方人"，正在苏维埃议场内高声演讲，受到女工们的热烈欢迎；伟大领袖列宁给人的感觉是"德、法语都非常流利，谈吐沉着果断"。有一次第三电力劳工工厂的工人正在集会，"看来个个都异常兴致勃勃。无意之中，忽然见列宁立登演坛。全会场都拥挤簌动。几分钟间，好像是奇愕不胜，寂然一响，后来突然'万岁'声，鼓掌声，震天动地"。

瞿秋白对俄罗斯的十月革命报以极大的热情，他不顾路途迢迢和自己的肺疾病体，在亲友的一片反对声中发出了"宁死亦当一行"的豪言壮语，向"人人视为畏途的苏维埃俄罗斯大踏步走去"。在苏俄的日子里，瞿秋白从来没有忘记自己的誓言，不停地采访、写作、思考，由于过度劳累，加之生活艰苦，而他又不爱惜自己的身体，经常用定量供应的糖来买书，导致"夜夜虚汗、咳嗽吐血"，入俄不到半年便病情加重，入院接受治疗。经过检查后，医生郑重地告诉他"你的一叶肺已经腐烂"，劝他不要再工作了。但瞿秋白根本不为所动，反而认为如果生命至多还有两三年，就更应该抓紧时间，他说道："我一天不读、一天不想，就上下不舒泰。不能不工作，要工作。"此后，瞿秋白一直忘我地工作，但同时身体也越来越承受不住病魔的侵袭，接二连三地被"强行"送进医院，即便如此，他也从来没有放松过对自己的严格要求。

正是这样一个有血有肉、不顾个人安危的新闻记者——瞿秋白，第一次发出了中国人对苏俄社会观察的综合全面报道，不但粉碎了帝国主义国家及其反动派的虚假宣传，也为国人"辟出一条光明的路"。

（周靖程）

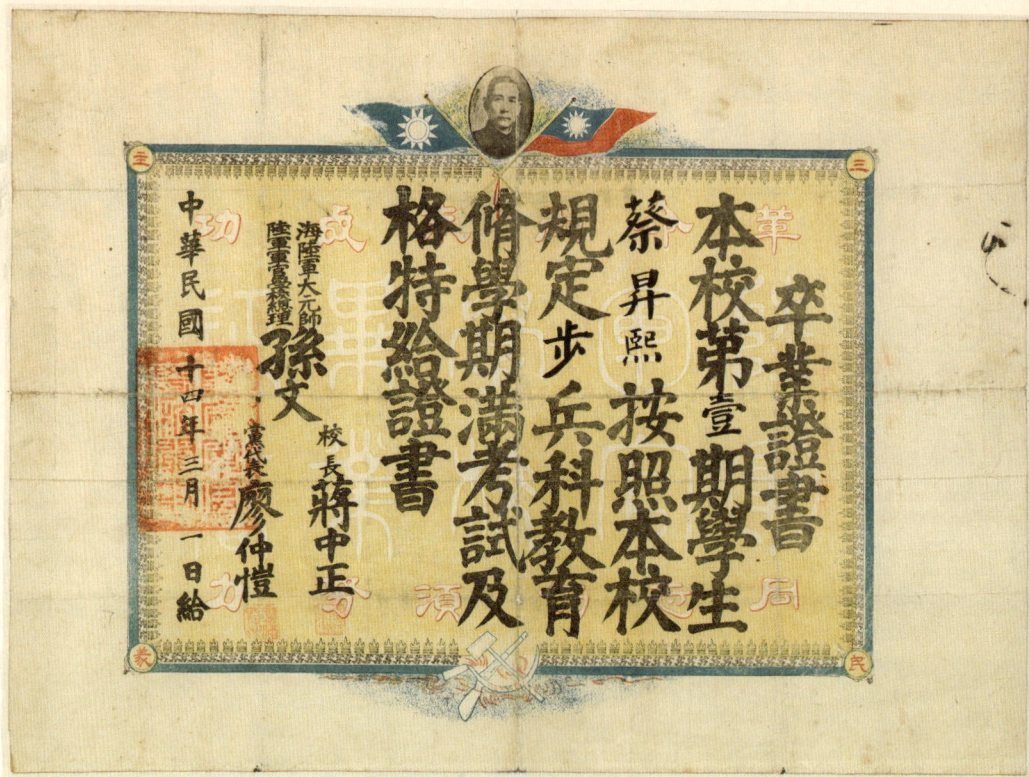

★ 国民党陆军军官学校发给蔡升熙的卒业证书

质地：纸质

时间：1935 年 3 月 1 日

尺寸：55.2 厘米 × 40.1 厘米

黄埔军校走出的军事家

——蔡申熙

人物链接

蔡申熙（1906—1932），原名蔡升熙，湖南醴陵人，开国36位军事家之一。1924年，蔡申熙进入孙中山大元帅府军政部陆军讲武学校，后转入黄埔军校第一期学习，同年加入中国共产党。1926年参加北伐战争，先后任国民革命军第4军营长，第20军团长。1927年8月参加南昌起义，任起义军第11军第24师参谋，同年12月参加广州起义。1930年初，蔡申熙任中共中央长江局军委书记，不久赴鄂东南地区领导游击斗争，同年10月参与组建中国工农红军第15军，任军长。1931年1月，蔡申熙任中共鄂豫皖特委委员兼军委副主席，率部参加磨角楼、新集、双桥镇等战斗，1932年7月调任红军第25军军长，同年10月，在粉碎国民党对鄂豫皖苏区第四次围剿的战斗中壮烈牺牲，年仅26岁。

　　蔡申熙同志是红十五军的主要创始人之一，对鄂豫皖红军的建设和发展作出了重大贡献。他不仅具有战略家的胆识和气度，而且在历次战役战斗中机智果断，勇猛顽强，因而在红四方面军中有很高的威望。

——徐向前

这张印着孙中山头像的卒业证书虽已年代久远，但从上面清晰可辨的墨书能够读出，这是黄埔陆军军官学校颁发给第一期学员蔡升熙的毕业证书。

蔡升熙后来更名为蔡申熙，在他就读于黄埔军校至北伐战争期间，曾与国民党籍的同学邓文仪、胡宗南、薛岳等人共同被视为大有前途的"后起之秀"。他们之间相处也不错，原本以为国共合作创造的契机可以使他们成为患难与共的生死之交。然而，1927年4月12日，代表大地主、大资产阶级利益的蒋介石集团发动反革命政变，胡宗南、薛岳等趋附于蒋介石，向昔日的同学、战友开枪了，大肆捕杀革命党人和革命群众，而蔡申熙等共产党员则紧跟政治部主任周恩来的步伐，坚定不移地追随中国共产党举起了革命的旗帜。从此，他们走上了两条截然不同的道路。

广州起义失败后，邓文仪成为蒋介石的"爱徒"，在国民党中官至少将。而此时的蔡申熙不但成为国民党通缉的对象，还与共产党组织失去了联络，过着东躲西藏、艰难窘迫的逃亡生活。身无分文的蔡申熙迫切需要筹措一笔路费到上海与中共中央军委重新接上头。正在走投无路的时候，蔡申熙突然想到了跟自己一直关系不错的同学邓文仪。

邓文仪与蔡申熙都是湖南醴陵人，中学时便一起在醴陵渌江中学读书，在同学中他俩的关系一直是最好的，早就商量着毕业后一同去广州考军校，后来两人如愿以偿地考上了黄埔军校。

蔡申熙想到多年同学加同乡的情谊，一找到邓文仪便开门见山地说："我现在缺少盘缠，来向你化缘。"

邓文仪听了心想，这是个好机会，可以劝劝这位老同学归顺国民党为我所用呀。于是，他一边从口袋里掏钱，一边用责怪的口气说："你呀，就不该当什么共产党，还是趁早回头吧。我帮你去跟校长推荐一下，像你这样的人才，校长一定会重用的，到时候前途无量啊！"

蔡申熙顿时气愤得太阳穴爆出了青筋，义愤填膺地怒斥道："共产党忠实执行孙中山的三大政策，不谋私、不篡权，当共产党人有什么不对？是谁破坏国民革命，不顾人民的利益，自有公论！"他虽然清楚邓文仪是蒋介石的部下，但无论如何也没想到曾经与自己志同道合的同学如今会说出这样的话。

"承你顾念旧交，慷慨解囊。但是，大丈夫不受嗟来之食！"说着，蔡申熙狠狠地把邓文仪递过来的两百大洋扔在桌子上，头也不回地走了。

虽然出了一口恶气，可蔡申熙一想到盘缠仍没有着落，依旧不能远赴上海去寻找党组织，心里未免有些失落。迫不得已，他又硬着头皮去找另一位黄埔校友，时任国民党第四军副军长的薛岳。

薛岳见到蔡申熙蓬头垢面、衣衫褴褛，一副颓唐的样子，连声说："申熙兄受苦了！受苦了！"不由分说，他拿出自己的衬衫和外套，招呼蔡申熙先去沐浴更衣，然后摆酒设宴。

酒过三巡，薛岳终于说出了真心话："申熙兄，我知道你是个热血青年，有理想、有事业心。但现在是国民党的天下，共产党成不了气候。你看这好酒、好菜、好日子过着，何苦跟着共产党受苦呢。"

蔡申熙听到一半就已经有点坐不住了，本来又想痛斥一顿，拂袖而去。但是，一想到上次借钱的结局和现在的处境，他只好捺住性子，默不作声。

薛岳见蔡申熙面露不悦，但欲言又止的样子，以为他有些动心了，接着说道："如果你不愿在国民党军队里干的话，我可以资助你去日本留学。"

蔡申熙为了能尽快到上海与共产党接上头，心想大丈夫能屈能伸，首要的任务是找到党组织，于是继续不动声色。薛岳自以为是地认为劝说成功了，高兴地拿出几百块大洋递给蔡申熙作路费。

之后蔡申熙迅速离开广州，辗转经武汉到达上海，找到党组织后跟随周恩来在中共中央军委工作。

蔡申熙不仅有战略家的胆识和气度，而且矢志不渝，在革命处于低潮的十字路口上，在面对国民党高官厚禄的诱惑时，始终不为所动，坚持革命的初心。

蔡申熙多次率部击退国民党对红军的反革命"围剿"，显示出军事指挥家的才干。

1931年3月上旬，在双桥镇打响的第一次反"围剿"斗争，是一场意料之外的战斗，因为我军兵力略处下风，按照常规只能打一场击溃战，结果却打成了歼灭战。红军战士在军资短缺的情况下坚持与敌人从拂晓战斗到中午，双方形成对峙局面。蔡申熙趁敌人出现疲乏态势，指挥红四军直扑镇内敌人的指挥机关，破坏了敌人的指挥系统，然后发起总攻，打得敌人溃不成军，纷纷向南逃窜。红四军第一次通过飘忽作战（运动战）歼敌一个师，取得了空前大捷。

不幸的是，在这场战斗中蔡申熙的右臂和左腿被敌人的子弹击中。他一边让人包扎，一边继续指挥，直至战斗取得胜利。后来在治疗期间，因伤势严重，医疗条件又差，他的右臂被迫截肢。即使这样，仍未熄灭蔡申熙胸中革命的烈火。待伤势稍有好转，他便立刻向组织提出了工作的请求："我虽然手不能拿枪，脚还能走，口还能讲，可以给我一点适当的工作。"

1932年，蒋介石再次纠集重兵对鄂豫皖革命根据地发动疯狂"围剿"。为了保证军队、政府机关人员和群众的安全，时任红二十五军军长的蔡申熙率部在黄安河口镇掩护主力突围转移。他指挥部队昼夜激战，坚守阵地，打退敌人多次冲锋。

10月10日上午，部队三面被围，情况十分危急，蔡申熙在阵地上指挥部队一直坚守。警卫员见他一天一夜没有吃饭，趁枪声停止的间隙，强行把他拉进防御工事吃饭。刚端起饭碗，枪声又响了，他扔下饭碗就往指挥岗位上跑，命令主力向新阵地转移，自己则率小分队狙击敌人。然而就在这时，一颗罪恶的子弹射进了他的小腹。他咬着牙，捂住伤口，坚持指挥战斗，直至昏倒在地，被警卫员抬下了火线。他苏醒后，躺在担架上，仍不忘指挥战斗，后来再次昏迷。等他渐渐苏醒过来，看到妻子曾广澜在一旁默默哭泣，便深情地劝慰说："广澜！别难过，你要永远跟党走……坚持斗争下去！"

不久，徐向前、曾中生等革命同志纷纷前来看望，蔡申熙已无法说话，只能用深情而坚定的目光望向这些长期并肩作战的战友，然后闭上了双眼，与世长辞。

（从雅）

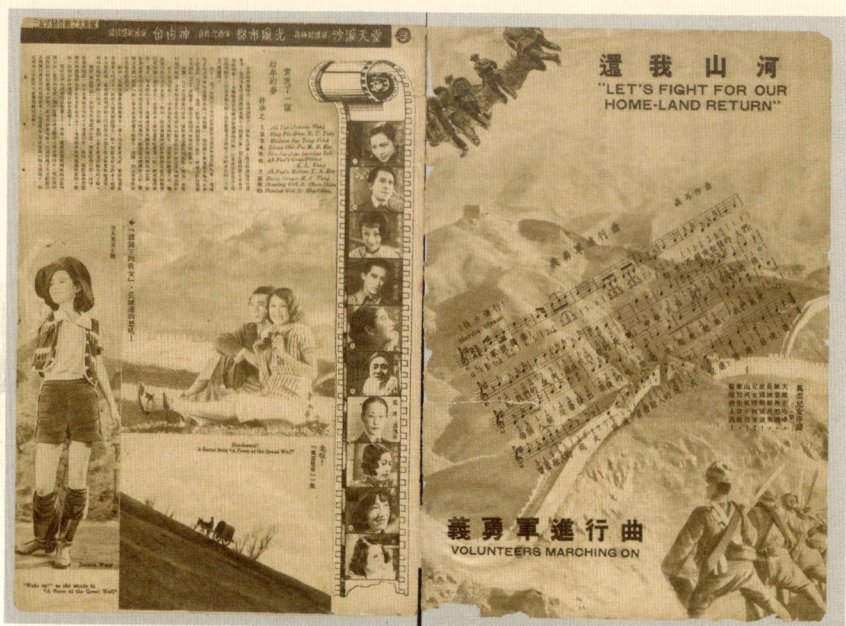

★ 《电通半月画报》第二期刊登的《义勇军进行曲》

质地：纸质

时间：1935 年

★ 《电通半月画报》第七期封面

质地：纸质

时间：1935 年

吹响中国革命的号角

——聂耳

人物链接

聂耳（1912—1935），云南省玉溪人，出生于云南省昆明市。原名聂守信，字子义（亦作紫艺）。现代作曲家，中华人民共和国国歌《义勇军进行曲》的曲作者。他在短暂的一生中创作了30多首脍炙人口的革命歌曲，为中国无产阶级革命音乐的发展指明了方向，被誉为"人民音乐家"。1933年初，经田汉介绍，聂耳在上海加入中国共产党。1935年7月17日，聂耳在日本神奈川县藤泽市鹄沼海滨不幸溺水身亡，年仅23岁。2009年，聂耳被评为"100位为新中国成立作出突出贡献的英雄模范人物"。

他真像暴风雨前的一只海燕，骤然而来，倏然而去，从一九三二年到一九三五年这短短的三四年中，用他豪迈明快、充满信心的歌声，对亿万受难的中国人民，表达了他对革命暴风雨的预感。

——摘自夏衍为纪念聂耳逝世二十周年所作的《永生的海燕》（原载1955年《人民日报》）

　　这是上海电通公司 1935 年 6 月出版的《电通半月画报》第二期的内页，首次刊登了由聂耳谱曲、田汉作词的《义勇军进行曲》。1935 年 5 月，电通公司拍摄的抗日救亡电影《风云儿女》在上海上映，主题曲《义勇军进行曲》宛如时代惊雷，传遍大江南北，吹响了中国革命的号角，鼓舞着千千万万中华儿女投身到抗日救亡的洪流中去。令人痛心的是，电影上映两个月后，曲作者聂耳在日本神奈川县藤泽市海滨不幸溺水身亡，年仅 23 岁。冰冷的海水吞噬了这位杰出的音乐天才，但聂耳的革命热情伴随着歌曲激昂的旋律永远铭刻在人们心中！

　　1935 年的中国，华北国土大片沦丧，民族危机日益加剧，上海的电通公司准备筹拍电影《风云儿女》，展现国民党统治区的知识分子摆脱苦闷彷徨，勇敢走向抗日前线的事迹。但作者田汉刚刚写完故事梗概和主题歌歌词后，便于 2 月 19 日被国民党反动派逮捕了。危急时刻，夏衍把田汉所写的电影故事改写成电影剧本并交给了导演。

　　过了几天，聂耳遇到了夏衍，一见面他就急切地问道："听说《风云儿女》的结尾有一个主题歌？"于是，夏衍把剧本和歌词递给了他。聂耳念了两遍歌词后，真诚地请求夏衍："作曲交给我，我干。"夏衍还没有来得及开口，聂耳一边伸出手来一边坚定地说道："交给我。田先生一定会同意的。"

　　夏衍注视着聂耳，心情久久不能平静。5 年来，这个朝气蓬勃的年轻人，虽然历经曲折坎坷，却依然葆有一颗对音乐、对革命的赤子之心，着实令人肃然起敬。1930 年，为了躲避国民党当局的抓捕，18 岁的共青团员聂耳从千里之外的家乡云南昆明来到上海，寻求新的理想。他做过当铺店员，当过小提琴手，也曾多次失业、入不敷出，但他从未放弃对音乐梦想的追求。他利用业余时间，苦练小提琴，勤奋学习中西方乐理知识。此外，他还阅读各种进步书刊，积极投身中国共产党领导下的文艺战线。一到上海，他就参加了"上海反帝大同盟"，参加了"苏联之友社"，他奋不顾身地工作，努力让自己在那个黑暗的时代找到一个"稳定的、正确的立足点"。1933年，经田汉介绍，夏衍作为监誓人，聂耳光荣地加入了中国共产党。此后，他创作了《开矿歌》《毕业歌》《大路歌》等30多首不朽的歌曲，成为了第一个为中华民族和广大劳苦大众作曲的音乐家。正如他的亲密战友田汉所评价的："他不是为作曲而作曲，他是自己真正站在痛苦的人民中间，喊出了他们的愤怒和要求。"

最终，夏衍把作曲任务交给了眼前这个永远不知道疲倦的年轻人。主动争取到作曲的任务之后，聂耳就马不停蹄地开始酝酿。《义勇军进行曲》的歌词是田汉所作的一首激昂奔放的自由体诗，各句字数不同，长短不一，要为这样的歌词配曲是有难度的。那段时间里，聂耳闭门不出，全身心投入创作中：他一会儿放声歌唱，一会儿来回不停地走动，一会儿忘情地打拍子，一会儿又坐在钢琴前弹奏。房东太太嫌吵闹，跑上楼对他破口大骂，最后，聂耳只能向她道歉。经过一段时间的构思，聂耳正式开始创作。曾目睹日本侵略者在上海发动"一·二八事变"的罪行，也曾深入了解东北义勇军为中华民族的生存浴血奋战的事迹，聂耳把自己对祖国和人民的无限热爱，对日本侵略者的愤恨之情，都倾注到每个音符之中，创作的灵感如泉水一般喷涌而出，仅用两夜时间，《义勇军进行曲》歌谱初稿就诞生了！

这天早晨，聂耳拿着刚完成的初稿来到导演许幸之住处。一跨进门聂耳就举着乐谱兴高采烈地说："好啦！老兄！《义勇军进行曲》谱好了。"许幸之请聂耳试唱一下，并提出了几点建议：起句显得低沉了些，结尾可以更加坚强有力。聂耳略作思索后，拿起铅笔进行了修改，经过修改，起句比以前高昂多了。结尾的歌词原本是"我们万众一心，冒着敌人的飞机大炮前进，前进，前进，前进！"聂耳把它改为："我们万众一心，冒着敌人的炮火前进！冒着敌人的炮火前进！前进！前进！进！"这一连串叠句，不仅表达了中华儿女前仆后继、勇往直前的坚定决心，而且使人感到歌声并未结束，中华儿女仍在继续战斗。

随着上海白色恐怖的加剧，4月1日，传来了国民党反动派要逮捕聂耳的消息。党组织为了保护年轻有为的聂耳，便安排他东渡日本，再赴苏联和西欧学习。《义勇军进行曲》的定稿，就是他在日本修改后寄回上海的。7月17日，聂耳的生命在藤泽市的海滨戛然而止。一个月后，上海电通公司出版了《电通半月画报》第七期《聂耳逝世纪念特辑》，封面为聂耳的照片，以缅怀这位英年早逝的天才音乐家。

令人欣慰的是，伴随着《风云儿女》的上映，《义勇军进行曲》以奔放豪迈的热情、高亢激昂的旋律成为了当时家喻户晓、最受欢迎的革命歌曲之一，不仅在国内，在国际反法西斯战场也有着广泛而深远的影响。第二次世界大战期间，这首歌曲曾经被印度、美国等国的广播电台反复播放；东南亚的一些抗日志士还把这首歌当作本民族争取民族解放的歌曲；战后联合国举行"胜利日"活动演奏《盟军胜利凯旋之歌》时，经世界著名音乐指挥家、美国广播乐团指挥伏尔希斯提议，将《义勇军进行曲》作为代表中国的曲目。1949年9月27日，中国人民政治协商会议第一届全体会议通过决议："在中华人民共和国的国歌未正式制定前，以《义勇军进行曲》为国歌。"1949年10月1日，新中国第一面五星红旗在天安门广场冉冉升起，与此同时，《义勇军进行曲》铿锵有力的旋律也响彻广场，奏响了中华民族解放的最强音，并通过无线电波传遍全中国，飞向全世界。1982年12月，《义勇军进行曲》正式被确定为中华人民共和国国歌。

历史的车轮滚滚前行，今天，从天安门广场到边防哨卡，从联合国大厦到国际赛场，从远航的战舰到遨游太空的神舟飞船……雄壮嘹亮的国歌总是伴随五星红旗的升起而响彻寰宇。斯人已逝，其精神不朽。八十多年来，聂耳和他的作品穿越了抗日战争的烽火，驱散了解放战争的硝烟，并见证了中华民族从独立走向复兴的光辉历程，正如聂耳墓志铭中的第一句所写"聂耳同志，中国革命之号角，人民解放之声鼙鼓也！"

（段丽彬）

東北抗日聯軍第一路軍歌

我們是東北抗日聯合軍　創造出區合軍的第一路軍　乒乓的衝鋒

殺敵繳械聲　那就是革命勝利的鐵證正確的革命信

條　凛遵守官長士兵待遇都是平等鐵般的軍紀風紀要服

從鍛煉成無敵的革命鐵軍　親愛的同志們團結起來敵人

特鋭的槍刀下奪迴來失去的我國土解放亡國奴的牛馬生活英

勇的同志們前進呼趕走日寇搖翻滿洲國這一次的民族革命戰

爭要完成弱小民族的解放運動高懸在我們的天空中瞻着勝

利軍旗的紅光衝鋒呼我們的第一路軍衝鋒呼我們的第一路

軍

敬録揚靖宇将軍東北抗日聯軍第一路軍歌　丁酉金秋

施恩波書

★ 施恩波行书录杨靖宇作《东北抗日联军第一路军歌》条幅

质地：纸质

时间：2017 年

尺寸：370 厘米 × 151 厘米

铁血丹心谱赞歌

——杨靖宇

杨靖宇（1905—1940），河南确山县人，原名马尚德，字骥生，著名抗日民族英雄，鄂豫皖苏区及其红军的创始人之一，东北抗日联军的主要创建者和领导人之一。1932年11月，前往南满组建中国工农红军第三十二军南满游击队和第三十七军海龙游击队，任政治委员。1933年秋，东北人民革命军第一军独立师成立，杨靖宇任师长兼政委。从1935年起，先后担任东北抗日联军第一军军长兼政委，抗日联军第一路军总司令兼政委，在吉林东南部和辽东等广大地区，带领抗联将士进行艰苦卓绝的战斗，给予日寇沉重打击。1940年2月23日，杨靖宇壮烈牺牲，年仅35岁。2009年，杨靖宇被评为"100位为新中国成立作出突出贡献的英雄模范人物"。2014年，被列入民政部公布的"第一批300名著名抗日英烈和英雄群体名录"。

人物链接

头颅可断腹可剖，烈忾难消志不磨。
碧血青蒿两千古，于今赤旗满山河。

——1949年5月郭沫若创作的《咏杨靖宇将军》

　　这是一首创作于密林深处的抗战歌曲，也是一首洋溢着火热爱国情怀的英雄赞歌，它就是著名抗日将领杨靖宇创作的《东北抗日联军第一路军军歌》。为了鼓舞抗联将士英勇杀敌，1938 年，在紧张而又残酷的斗争之余，东北抗日联军第一路军总司令兼政治委员杨靖宇在辑安县五道沟"密营"创作了著名的《东北抗日联军第一路军军歌》。整首歌的歌词催人奋进、铿锵有力，"英勇的同志们前进吧，打出去日本强盗，推翻满洲国""冲锋呀，我们的第一路军"等，生动展现了抗联将士百折不挠的战斗精神，也充分见证了杨靖宇将军生命最后十几天"头颅可断腹可剖，烈忾难消志不磨"的铁血丹心！

　　1940 年 2 月上旬的一个夜晚，在冰天雪地的密林深处，被日寇重兵包围的抗联第一路军战士，在司令员杨靖宇的带领下，刚刚结束了与日军的一场激战。战后，杨靖宇身边只剩下六名士兵。几个月前，一直视抗联第一路军为心腹大患的日军颁布《通化省三九年治安肃正指导纲要》，并发动了伪通化省、间导省、奉天省"三省联合大讨伐"。面对敌人疯狂的"大讨伐"，抗联一路军司令部决定用分散游击的办法来粉碎敌人聚而歼之的阴谋。杨靖宇率领直属部队和一方面军，进出于辑安、通化、濛江地区，吸引正面敌人，掩护部队分兵和二、三方面军东移。关键时刻，杨靖宇率先垂范，把突围之路留给了别人，把困难和艰险留给自己。

　　此时，杨靖宇与六名战士在风雪中围炉而坐。一天没吃饭，大家都饥肠辘辘。警卫员黄生发拿出仅有的一块苞米饼，掰了一块给杨靖宇。杨靖宇说："就这一点干粮，为什么给我吃呢？你搞碎煮点汤让大家喝吧！"与战士们同甘共苦，一向是杨靖宇恪守的原则，警卫员只能照办。于是七个人围着火堆，用一只小铜勺轮着喝雪水煮的苞米汤，谁也不愿意多喝一口。杨靖宇看着战士们的脸，决定给大家鼓鼓劲儿，他握着拳头，满怀信心地说："敌人是搞不过我们的。就是我们这几个人死了，还有人继承我们的事业。革命总是要成功的！"听了他的这番话，战士们精神为之一振，之后，大家在夜色的掩护下，又开始翻山越岭，准备新一轮的突围。

2月12日，暂时逃离敌人包围的7名将士，已有4人负伤。在危险近在咫尺的紧急关头，杨靖宇决定最后一次分兵，把生的希望留给战友。他命令黄生发带刘福泰、孙九号、洪瑞泰3人往回撤，避开敌人，找个安全的地方住下养伤，而他则带着朱文范、聂东华继续向前，去寻找第一方面军伊俊山部。大家都明白，这时候往回走更安全，而往前走则充满危险。战士们一致表示不愿离开，杨靖宇语重心长地劝说大家："死在一起有什么好处？多活一个人，就是一份革命力量。"他给战士们规定了将来会面的地点和暗号，还掰了一块鸦片烟给黄生发，这是当时给伤员止痛的唯一"药品"。分别时，杨靖宇和战士们一一握手，他的眉毛和胡须上都结了一层冰，炯炯有神的大眼睛闪着亮光，声音依然洪亮而坚定："同志们，为了革命，我们要坚持到底。就是死，也不能泄露党的秘密，也不能向敌人屈服，革命总是会胜利的！"黄生发等人明白，这一分别，可能就再也见不到敬爱的杨司令了！他们强忍泪水，依依不舍地离开了。至此，他身边只剩下朱文范和聂华东两名战士。

之后的几天，杨靖宇、朱文范和聂华东以棉絮充饥，以白雪解渴，在齐腰深的雪地里跋涉前行。2月15日，激烈的战斗再次打响，敌人派出了600人的"讨伐队"对3人围追堵截，在凶险的环境中，杨靖宇左臂负伤，但他仍以钢铁一般的意志，与日军周旋于山岭密林中，打死、打伤敌人数名。2月18日，朱文范和聂东华在下山购买食物时因汉奸告密不幸牺牲。2月22日，在漫天风雪中，杨靖宇孤身一人度过了生命中的最后一个元宵节。

2月23日，已有五六天没吃到粮食的杨靖宇，来到距离濛江县城西南6公里的三道崴子。在这里，他碰到几个打柴的人，令人痛心的是，其中一名打柴人回村后立即向日军告密。日军"讨伐队"接到报告后，认定此人就是抗联第一路军总司令杨靖宇，于是派出百余人把他团团包围在三道崴子703高地一带。

最后的战斗开始了！杨靖宇在密林里双手拿匣枪，一打一转，很巧妙地与讨伐队应战。当他被追到河边的时候，便把身体隐蔽在河沿的石头后边，仍不示弱，顽强地战斗。"讨伐队"的包围圈越来越小，100米、50米，杨靖宇已经无处藏身。这时，敌人停止射击，开始劝降，高喊着："怎么抵抗也没有用了，归顺吧！"已将生死置之度外的杨靖宇大义凛然，继续血战，用仇恨的子弹作答。经过半小时的激战，敌人已经死伤20余人，但他们在人数上占有绝对优势，依然步步逼近，最近处距离杨靖宇只有20米。敌人明白，无论是生擒还是劝降都是不可能的事情，因此下令向杨靖宇猛烈开火。大约10分钟后，敌人的子弹命中杨靖宇的左腕，但是，他继续用右手持枪应战。紧接着，第二颗子弹洞穿了他的胸膛，他挣扎了一下，倒在了一棵高洁的松树前，为党、为人民、为中华民族流尽了最后一滴血！残暴的日本侵略者无法理解是什么力量支撑杨靖宇战胜严寒和饥饿战斗到最后一分钟。于是，伪通化省警务厅厅长岸谷隆一郎命人剖开了杨靖宇的遗体，看到他的胃里没有一粒粮食，只有野草、树皮和棉絮时，惊得目瞪口呆！

1945年日本投降前夕，岸谷隆一郎剖腹自杀。临死之前，他留下了一封遗书。出人意料的是，遗书中有这样一句话："天皇陛下发动这次侵华战争或许是不合适的，中国拥有像杨靖宇这样的铁血军人，一定不会亡国。"在生命的最后阶段，杨靖宇身先士卒的崇高风范，忠贞报国的铁血丹心，不仅让敌人敬畏有加，更鼓舞和激励着中华儿女前仆后继、奋勇抵抗！正如《东北抗日联军第一路军军歌》所言："高悬在我们的天空中，普照着胜利军旗的红光"。将军壮烈殉国后，千千万万的东北抗联将士化悲痛为力量，继续在白山黑水之间英勇奋战，最终迎来了中华民族抗日战争的伟大胜利！今天，以杨靖宇烈士为代表的广大抗联将士，以及他们用鲜血和生命铸就的"勇赴国难，自觉担当，顽强苦斗，舍生取义，团结御侮"的抗联精神，跨越时空，历久弥新！

（段丽彬）

产生力劳

★ 马本斋母亲白文冠用过的碗

质地：瓷质
尺寸：直径 11 厘米

母子两代英雄的见证之碗

——白文冠、马本斋

白文冠（1873—1941）、马本斋（1902—1944）母子，回族，抗日民族英雄，被誉为"母子两代英雄"。马本斋出生于今河北省沧州市献县，是八路军冀中军区回民支队的创建人。

白文冠（左）与马本斋（右）

1937年，全面抗战爆发后，马本斋在家乡组织回民义勇队，得到了母亲白文冠的积极支持。1938年，马本斋率义勇队参加八路军，所部改编为冀中军区回民教导总队，马本斋任总队长，同年10月，加入中国共产党。从1937年至1944年，马本斋率部转战于冀鲁豫三省广大敌后战场，消灭日伪军3.6万余人，被毛泽东同志誉为"百战百胜的回民支队"。1941年，为了诱降马本斋，日军山本联队抓捕了他的母亲白文冠，白文冠坚贞不屈，绝食数日，以身殉国。1944年，马本斋在山东莘县病逝，用生命践行了"子承母志为中华"的誓言。2014年，白文冠、马本斋母子入选民政部公布的《第一批300名著名抗日英烈和英雄群体名录》。

人物链接

壮志难移，汉回各族模范。大节不死，母子两代英雄。

——朱德在延安举行的马本斋同志追悼大会上题写的挽词（1944年）

　　这是一件略显残破又无比珍贵的碗，素净的外壁上写有"努力生产"四个字。碗的主人是抗日名将马本斋的母亲——白文冠。这个看似平凡的碗，穿越了抗日战争的烽烟，记录了英雄母亲生前勤劳简朴的生活，更见证了母子两代英雄坚贞不屈、奋勇御敌的民族气节！

　　1941年8月27日，数百名日本侵略者包围了河北献县东辛庄村。日军为什么要兴师动众，重兵包围一个小小的村庄呢？

　　原来，东辛庄村正是著名抗日民族将领马本斋的家乡。1939年，马本斋担任八路军第三纵队回民支队司令员。在他的带领下，回民支队在冀中地区屡战屡胜，多次击败日本侵略者。回民支队也由一支人员少、装备差、成分复杂的地方武装成长为党领导下的能征善战的抗日劲旅。为了表彰战功卓著的回民支队，冀中军区第三次政治工作会议为其颁发了一面锦旗，称赞回民支队是"打不烂，拖不垮，攻无不克的铁军"。1941年，马本斋率领回民支队转战于子牙河两岸，打得盘踞河间的山本联队胆战心惊。联队队长山本甚至下令，日军队伍人数如果在一百人以下，必须坚守据点，不能擅自外出。眼看军事力量无法与回民支队抗衡，山本妄图通过高官厚禄等计策诱降马本斋，却遭到马本斋针锋相对地还击："山本，你只要放下武器，带领部队乖乖投降八路军，我们会给你留一条命。八路军的政策不杀俘虏！"山本劝降不成，正在发愁之际，叛徒哈少甫向山本献计——马本斋对母亲白文冠十分孝顺，只要把他的母亲抓起来，就可以逼降马本斋，并趁机消灭回民支队。于是，就出现了故事开头的那一幕。

　　日军包围了东辛庄村后，立即扑向一座土房子，抓捕了马本斋的母亲白文冠，还烧毁了清真寺和马本斋的家。白文冠被押送到河间后，山本按回民风俗摆下了丰盛的宴席，假惺惺地邀请她用餐，结果遭到白文冠的断然拒绝，她义正词严地表示自己是中国人，不会吃日本人的饭。山本自讨没趣，气急败坏，命令宪兵队连夜审讯。阴森恐怖的审讯开始了，白文冠始终昂首挺胸，毫无惧色。

敌人恶狠狠地问她："你有几个儿子？"

"三个！"

"都叫什么名字？"

"他们都叫抗日！"

"老二叫什么名字？"

"你们装糊涂吧！他就是你们要找的马本斋！"

听到这句话后，敌人开始软硬兼施，逼迫白文冠给马本斋写信劝降。她声色俱厉地反驳："你们不是要找我儿子吗？他现在带着队伍在子牙河以东，他的三弟也在那里，你们有本事就跟他打，我绝不会劝降！"

此时，马本斋正带领回民支队在韩村休整。白文冠被捕的消息传来后，战士们群情激奋，纷纷要求攻打河间解救。但马本斋明白，如果此刻去救母亲，一定会中了敌人的圈套。因此，他强忍泪水，压抑住内心的悲痛，冷静地劝说大家："目前正是中华民族生死存亡的关头，也是抗日战争最艰苦的时候，作为共产党人，绝对不能被儿女情长蒙蔽双眼，一切都要以抗日大业为重。"他还语重心长地安慰大家："母亲被捕，对我来说是一大不幸。但是，在今天的中国，遭受这种不幸和痛苦的人，并非只有我一家，还有其他千千万万的同胞！"最后，他严令回民支队的战士们一定要坚守阵地，不得轻举妄动。

知子莫若母，白文冠知道，只要自己活着，回民支队的战士们就有可能不惜代价来解救自己。为了儿子，为了回民支队，为了中华民族的抗日事业，白文冠决心以死来粉碎山本的诡计。被捕第三天，她开始绝食。山本找来伪河间县长孙蓉图劝白文冠写信劝降，几天没有进食、虚弱不堪的白文冠大义凛然，坚定拒绝："我是中国人，我生养的孩子也是中国人，他是参加八路军坚决抗战的，一向不知道有'投降'二字。我宁死不能写信劝降！"孙蓉图自讨没趣，灰溜溜地离开了。阴谋未遂的山本又找来白文冠的亲戚佟万城夫妻侍奉起居，企图用亲情打动她。佟万城夫妻三番五次劝白文冠吃饭，并说如果她有个三长两短，他们一家就没命了。几天没有进食，虚弱不堪的白文冠回答道："孩子们，别糊涂了。为了赶走鬼子，有多少人丢了命。一到河间，我就没想活着回去。咱可不能对不起国家啊！你们说给本斋，要他好好打鬼子，就是对娘尽孝了。"几天以后，绝食整整 7 天的白文冠壮烈牺牲，时年 68 岁。

白文冠牺牲的噩耗传来后，回民支队的战士们纷纷到司令部请战，为白文冠发兵报仇。此时此刻，悲痛欲绝的马本斋眼前浮现出了回民支队刚刚创建时母亲积极奔走的一幕幕：她积极组织村里的妇女主动为队伍做饭、洗衣服，还自告奋勇地劝说村里的老人让儿子们参加抗日队伍……痛定思痛，他又一次拒绝了战友们为母亲报仇的请求，并含泪在日记中立下誓言："母入虎穴为国家，山河气派怎如她，孝心化作剑出鞘，子承母志为中华。"国仇家恨在马本斋胸中燃烧，他决定化悲痛为力量，带领回民支队英勇杀敌，以祭奠母亲的英灵，并誓为中华民族的解放事业流尽最后一滴血。1942 年，回民支队奉命前往山东西北部地区，马本斋任冀鲁豫军区第三军分区司令员兼回民支队司令员。此后，回民支队作为冀鲁豫军区三分区的主力部队，为鲁西北抗日根据地的稳定和发展作出了卓越的贡献。从 1937年至 1944 年，他指挥所部回、汉战士同日军进行大小战斗 870 余次，消灭日伪军 3.6 万余人，被毛主席誉为"百战百胜的回民支队"。1944 年 2 月 7 日，由于在长期的艰苦作战中积劳成疾，马本斋不幸病逝，年仅 42 岁。

白文冠英勇殉国后，八路军总司令朱德、副总司令彭德怀等曾联名致电冀中军民，高度赞扬她："中国人民有这样的母亲，不仅是中国人民的光荣，回民的光荣，中国妇女的光荣，而且是中华民族绝不灭亡最具体的例证。"1944 年 3 月，在延安举行的马本斋同志追悼大会上，朱德送上挽联"壮志难移，汉回各族模范。大节不死，母子两代英雄"。80 年过去了，如今的中华大地，烽烟不再，家国安宁。马本斋和母亲的名字，永远刻写在中华大地上，熠熠生辉；子承母志、血战到底的传奇故事和爱国主义精神，也将代代相传、万古长青。

（段丽彬）

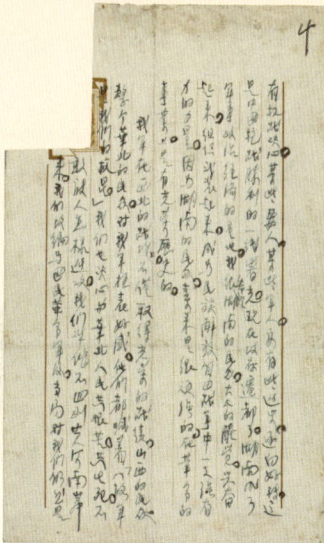

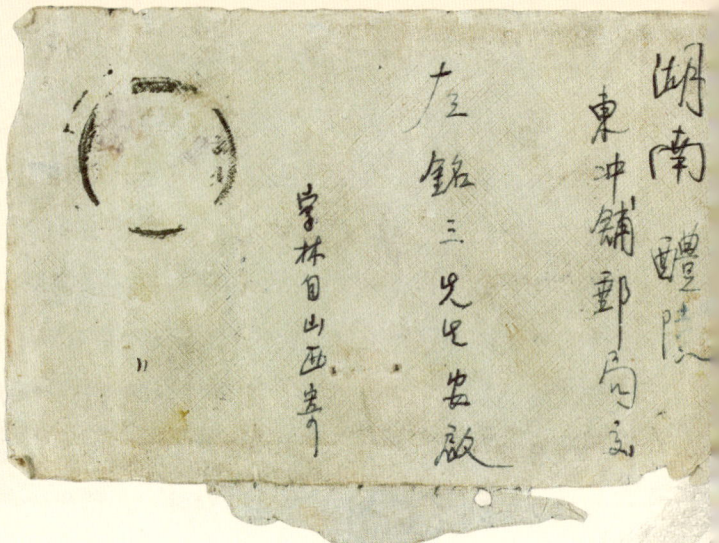

★ 左权关于抗日战争初期形势等事写给母亲的信

质地：纸质

时间：1937 年 12 月 3 日

★ 左权关于抗日战争初期形势等事
写给叔父的信

质地：纸质

时间：1937 年 9 月 18 日

尺寸：21.3 厘米 × 15.8 厘米

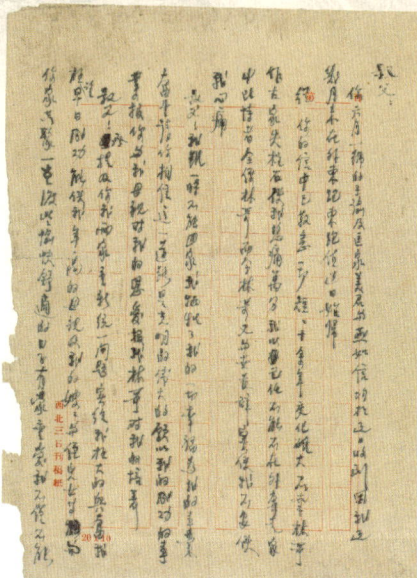

家书里的赤胆忠心
——左权

左权（1905—1942），湖南醴陵人，原名左纪权，字孳麟，号叔仁；中国工农红军和八路军高级将领，无产阶级革命家、军事家。五四运动时期，投身反帝救国运动。1924年，成为黄埔军校一期生，1925年赴苏联学习，1934年参加长征。抗日战争爆发后，任八路军副参谋长、八路军总指挥部参谋长。他协助指挥八路军开赴华北抗日前线，粉碎日伪军"扫荡"，取得了百团大战等许多军事胜利。1942年5月，左权指挥部队掩护突围转移，不幸牺牲，年仅37岁。左权是抗日战争期间八路军将士中牺牲的最高级别将领。其一生军事著作40多篇，对学习运用毛泽东军事思想，对国家的独立和民族的解放作出了重要贡献。2009年，左权被评为"100位为新中国成立作出突出贡献的英雄模范人物"。

名将以身殉国家，愿拼热血卫吾华。太行浩气传千古，留得清漳吐血花。

——朱德为左权作的悼诗

这是一位骁勇善战的抗日名将写给母亲的家书，纸张虽已残缺，但每一个字背后都透露出他对国家命运的耿耿忠心。这封红色家书不只是他对母亲的诉说和问候，更是对革命事业和家国命运的思考和关切。左权家书里的报国之志绝不是纸上谈兵。言行合一的左权，从挺进敌后、百团大战、保卫黄崖到血染太行，用自己的鲜血书写了忠诚的一生。

1937 年，七七事变爆发，标志着日本开始全面侵华。受命为八路军总指挥部副参谋长的左权，追随协助朱德总指挥、彭德怀副总指挥一路挺进华北敌后，创建抗日根据地。在渡过黄河，途经山西时，左权在行军和战事之余，写给母亲一封长信。在信中，他以无比愤怒的字句，控诉了侵华日寇的罪行，以及对国民党政府不依靠群众、压迫群众进行片面抗战的路线表示了极大忧虑，"亡国灭种惨祸，已临到每一个中国人民的头上。现全国抗日战争，已进到一个严重的关头。"

这份家书里左权同母亲热切地说起中国共产党坚持抗战的决心，热忱希望家乡人民武装起来，成为抗日战争中的一支劲旅。信的最后还讲述了华北民众拥护八路军的情景。"我军在西北的战场上，不仅取得光荣的战绩，山西的民众，整个华北的民众，对我军极表好感。他们都唤着'八路军是我们的救星'。我们也决心与华北人民共艰苦，共生死。"在接下来的旷日持久的抗战时日里，左权"钢铁般坚强、狮虎般勇猛"，把信中那一腔报国热血全部灌注在与敌人的顽强斗争中，率部接连取得胜利。

1938 年春天，左权给母亲的信中描绘的军民同仇敌忾浴血抗日的一幕又一次上演了。这次，左权成功指挥部队重创了日军精锐苫米地旅团，取得晋东南长乐大捷。他根据长乐滩的地形特点，以逸待劳，布成一个狭长的"口袋"状，两头一堵，敌人插翅难逃。日军被斩成数段，在八路军战士气吞山河的雷霆打击之下，悉数被歼。旅团长苫米地亲自率精锐前来救援，左权也不甘示弱，亲临前线，几经冲杀后，日寇溃不成军，大败而逃。此战由于准备充分、部署有方、指挥得当，共歼敌两千多人，缴获大批辎重物资，前去搬运战利品的老乡们一个个扬眉吐气，开怀唱起"天底下数咱八路军好"，左权则说："老乡，我们打胜仗，也离不开你们的支援呀。军队和人民就好比两个拳头，只要两个拳头配合得好，日本鬼子就是三头六臂，也不愁打他个稀巴烂。"军民一心，乘胜追击，很快以太行山为依托的晋东南抗日根据地进一步巩固和扩大。

巍巍太行山麓间隐匿着八路军修建在华北敌后规模最大的军工生产基地——黄崖洞兵工厂。抗战初期在日军的疯狂进攻下，根据地遭遇最大的困难就是主力部队和地方武装弹药供应不足的问题。除了前线作战和指挥，左权也为后方补给而苦心经营。他身先士卒，率领干部、战士、工人、农民一齐上阵。他不仅选址、勘测、指挥工程建设，而且身先士卒，翻山越岭，抬土扛石，样样都干。正如他所说："这些机器都是战士们冒着生命危险，从敌人手里夺过来的，还有两台是党中央和毛主席亲自派人从延安送来的，要像爱护自己的眼珠一样，爱护机器上的每一个零件。"可是，基地的防洪设施正欲实施却赶上了狂风暴雨。左权闻讯冒雨赶来，见状把裤袖一挽，一边往积水没膝的厂子里冲，一边高喊："人在厂房在，不能叫机器受损失！"

此刻山里疾风骤雨，房顶上的泥皮冒着雨水哗哗脱落。"危险！参谋长，快出去吧！"大家焦急地试图让左权先离开。

"不要紧，快干！"左权头也不抬，只顾抢运机器。

经过一夜的奋战，清晨休息起身的工人看到左权竟一夜未眠，正在叮叮当当地敲打、检查机器。左权参谋长不仅为发展敌后军工生产，亲自创建和经营这个兵工厂，并且为了坚守防御这一华北敌后最大的武器弹药生产基地，还呕心沥血部署和指挥了著名的黄崖洞保卫战。

1941年11月，日军七千余人从山西黎城向黄崖洞一带进攻，左权率军据守雄关，坚持"不骄不躁、不惶不恐、以守为攻、以静制动"的原则，在黄崖洞保卫战中一举歼敌两千余人，将气势汹汹来犯的日伪军打得狼狈逃窜，创造出敌我伤亡比6∶1的战绩。中央军委对此战给予高度评价："这次保卫战是最成功的一次，不仅我方损失少，同时给了敌人数倍杀伤，应作为1941年以来反'扫荡'的模范战斗。"

除了打仗作战方面极具实践经验，左权的军事才干还体现在理论修养上。他曾在中苏三所知名学府深造，系统接受过马克思主义和军事科学的教育，为他成为一名军事理论家奠定了坚实基础。在华北作战期间，他时常利用行军间歇，挑灯夜读，把军校学到的理论知识和实际经验结合起来，研究对日作战的规律，陆续撰写了《论坚持华北抗战》《伏击战术》等几十篇论著，对建立、巩固和发展敌后抗日根据地提供了有力指导。他纵马横刀、奋勇杀敌，下马执笔、笔耕不辍，被毛泽东赞为"两杆子都硬的将才"。

1942年的太行山上狼烟迭起，日军集结重兵又一次向根据地腹地扑来。面对急剧变化的战斗形势，八路军前方总部决定火速转移。考虑到太行山间大批突围队伍的行动容易被敌人发现，况且队伍中还有很多非战斗人员，所以此次转移采取分路突围。左权拒绝了警卫连护送他撤离的请求，选择在十字岭担任留守掩护任务，率部为大部队断后。十字岭是战略高地，控制住它就有了退守自如的可能。然而，警犬般的敌人在黄崖洞一役后复仇气焰嚣张，不惜火力，连番轰炸，一张火网笼罩在十字岭上。炮火中，左权站到山口的最高处，大声呼喊着："同志们，冲出山口就是胜利！大家快冲啊！"作为一个有丰富实践经验的军事家，作为一个黄埔军校的高材生，作为苏联伏龙芝军事学院的留学生，左权不会不知道当敌人轰炸的时候站在高处的危险性有多大。可是为了让更多人迅速有序地撤离，他无暇顾及自身安危，军人的赤胆忠心和责任感让他不得不做出冒险行动。"同志们，不要怕飞机，冲过去就是胜利！"四起的轰响中接连听到他指挥的呐喊声。突然间，一块弹片击中了左权的头部，山坡上他振臂呐喊的身影消失了，左权缓缓倒下，喊声戛然而止。

忠诚，来自至死不变的信仰，来自矢志不渝的追求，来自坚定不移的信念。左权的牺牲向世人诠释了什么是报国情怀，什么是一代军事家的赤胆忠心。"名将以身殉国家，愿拼热血卫吾华。太行浩气传千古，留得清漳吐血花。"这是朱德总司令为悼念左权壮烈殉国而写的一首"挽诗"。家是最小国，国是千万家。在左权看来，国运就是家运，他心系家国命运，早已将生死置之度外。正如他在开赴华北抗日前线途经山西时给叔父回信中所说："我今日即在上前线的途中。""我牺牲了我的一切幸福，为我的事业奋斗，请你相信，这一道路是光明的、伟大的，愿以我的成功的事业，报你与我母亲对我的恩爱。"

（赵悦）

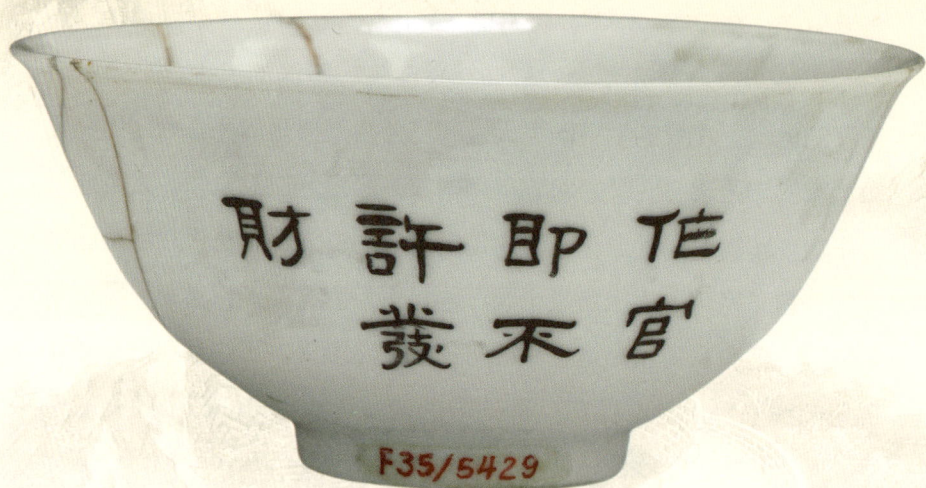

★ 吉鸿昌用过的"做官即不许发财"瓷碗

质地：瓷质

尺寸：口直径 13 厘米

写在碗上的倡廉家训

——吉鸿昌

人物链接

吉鸿昌（1895—1934），河南省扶沟县人，字世五，原名吉恒立，抗日英雄，爱国将领。1913年入冯玉祥部，从士兵递升至军长，骁勇善战。1932年，吉鸿昌回国后，毁家纾难组织武装抗日，同年加入中国共产党。1933年5月，吉鸿昌任"察哈尔民众抗日同盟军"第二军军长、北路军前敌总指挥兼察哈尔警备司令，随即率部进攻察北日伪军，连克康保、宝昌、沽源、多伦四县，将日军驱出察境。1934年5月，吉鸿昌参与组织了中国人民反法西斯大同盟。1934年11月9日，吉鸿昌在天津法租界被军统特务暗杀受伤，并遭逮捕。11月24日，蒋介石下令，吉鸿昌被杀害于北平陆军监狱，时年39岁。2009年，吉鸿昌被评为"100位为新中国成立作出突出贡献的英雄模范人物"。

恨不抗日死，留作今日羞。国破尚如此，我何惜此头！

——吉鸿昌

　　这是一个再寻常不过的细瓷茶碗，却陪伴一位将军南征北战，直至牺牲。碗面上铭刻着的两行字"做官即不许发财"，在碗的主人——吉鸿昌心目中，这是不可磨灭的家训，也是他为官廉洁的准则，更成为他一生的座右铭。

　　"做官不许发财"是父亲临终前对他的嘱托和教诲，为了永远铭记，吉鸿昌遂把"做官即不许发财"七个字写在细瓷茶碗上，交给陶瓷厂仿照烧制。瓷碗烧好后，他还特意举行了郑重的仪式。面对全体官兵，他说："我吉鸿昌虽为长官，但我绝不欺压民众，掠取民财，我要牢记家父的教诲，做官不为发财，要为天下穷人办好事，请诸位兄弟监督。"接着，他亲手把碗发给全体官兵，倡议大家廉洁奉公。当时吉鸿昌在西北军冯玉祥部下任营长，只有 25 岁。自此，吉鸿昌就将那只写有"做官即不许发财"的细瓷茶碗带在身边，用它作为一面"镜子"，时刻提醒自己应如何为人做事。十几年里，吉鸿昌骁勇善战、屡立战功，从当年的营长升至团长、师长，接连晋升，被委以重任。但他自律甚严，始终不曾忘却"当兵救国，为民造福"的初心，时刻铭记着父亲"做官即不许发财"的教诲，恪守不渝。不仅如此，管理起军队更是高标准、严要求，告诫属下不许欺民扰众，并以责人之心责己。吉鸿昌所部因纪律严明、训练有素被誉为"铁军"。

　　当官不为发财，下野仍旧爱国。1931 年，矢志抗日的吉鸿昌将军遭蒋介石解职，被迫远赴海外"考察实业"。出国前夕，日本制造并发动了"九一八"事变。得知此事的吉鸿昌要求即刻奔赴抗日第一线，等来的只有蒋介石的无理拒绝，直到登上轮船时仍耿耿于怀："为什么他不许我抗日？"在抵达美国西雅图之后，一系列嘲讽和侮辱深深刺痛了他作为一个堂堂正正中国人的自尊心，更点燃了他抗战报国的激情。其中之一是吉鸿昌得知当地头等旅馆不接待中国人，对日本人却另眼相看。他对此怒不可遏："人有人格，国有国格，中国是礼仪之邦，遭此屈辱，岂不令人愤慨！"友人劝解这样的情况司空见惯，听后他更加义愤填膺："凡有骨气的中国人，对此定然怒火满腔……但是，中国人民绝不甘心做亡国奴，中华民族有识之士和血性男儿在中国共产党的领导下，一定会奋起抵抗侵略者的，汇成抗日救亡的洪流是指日可待的事。"

因中国人的身份遭到"白眼"不只这一次，下面这一次更甚，彻底让还在异国他乡的吉鸿昌当即决定付诸实际行动抗日。遭遇发生在邮局，工作人员竟不识偌大"中国"，旁人低声劝告让其谎报是日本人就会受到礼遇。吉鸿昌震怒："你觉得当中国人矮人一截，可我认为中国人顶天立地，当中国人无上光荣！"为抗议帝国主义者对中国人的歧视，维护民族尊严，他身体力行，特意找来一块木牌，工整地写明自己是中国人，并将其挂在胸前，昂首阔步走在美国的大街上，向围观人群展现自己作为一个中国人是何其骄傲。在国外，吉鸿昌无心留洋，一心抗日。一方面通过记者的采访，用事实揭露了侵华日军的种种罪行，斥责英国纵容日本侵略中国和蒋介石对日妥协、祸国殃民的丑恶行径。另一方面他借机向蒋介石提出到苏联访问的请求，遭到反动政府的层层阻挠。壮志难酬、愤懑不平的吉鸿昌奋笔挥毫写下"渴饮美龄血，饥餐介石头。归来报命日，恢复我神州。"所谓的外出"考察"，成了一次名副其实的抗日宣传之旅，脱去了"国民党高级将领"的官帽头衔和身居要职带来的高官厚禄，吉鸿昌一颗纯粹的爱国心更显弥足珍贵。

不仅当官不为发财，甚至他还毁家纾难。1932 年，日本蓄谋侵占中国东部沿海区域，吉鸿昌在淞沪抗战的炮火中毅然回到祖国，投身到抗日救亡的洪流中。他变卖家产购置枪支弹药，积极组织联络各地零散武装，准备起兵抗日。当年，经过长期求索和组织的严格考验，吉鸿昌正式加入中国共产党，终于从一个爱国的旧军人转变成共产主义战士，自此找到正义报国的归宿，踏上了新的革命征程。吉鸿昌作为抗日将领集合东北义勇军，在张家口宣布成立"察哈尔民众抗日同盟军"，他任前敌总指挥兼第二军军长，率部向察北伪军进击，先后收复多伦等多个城市，这是自"九一八"以来中国军队收复的第一片国土。

吉鸿昌将在天津法租界的家当作党组织的地下联络点，印刷进步刊物，宣传抗日。最终，在一次与地下工作者的会谈中不幸被捕。生命的尽头，面对"立时枪决"的命令，吉鸿昌镇定地向敌人要来纸和笔，挥墨疾书，回顾了自己波澜曲折而终于走向革命正义之路的一生。在给妻子胡红霞的遗嘱中写道："夫今死矣，是为时代而牺牲……"吉鸿昌披上斗篷，从容不迫地走向刑场。他用树枝作笔，以大地为纸，在天地间留下浩然正气的二十字：

"恨不抗日死，留作今日羞。国破尚如此，我何惜此头！"

就义诗写毕，吉鸿昌对刽子手喝道："我为抗日而死，为革命而死，不能跪下挨枪，死后也不能倒下，给我拿把椅子来！"吉鸿昌又命令道："你在我眼前开枪吧，我要亲眼看着敌人的子弹是怎么打死我的！"当刽子手在吉鸿昌面前颤抖着举起枪时，他振臂高呼："中国共产党万岁！""打倒日本帝国主义！""中国革命万岁！"枪声响起，时年 39 岁的中国共产党党员、抗日民族英雄吉鸿昌英勇地牺牲了。吉鸿昌的一生光辉而短暂，但他至死也没有在敌人面前倒下。

吉鸿昌言行一致，一生清白廉正。遭国民党反动派杀害后，他的妻子为领回他的遗体抵押了唯一的住宅，领回遗体后，在他的贴身小褂的口袋里发现了一根小铅笔头和一张小小的香烟纸，上面写着几行字，一行写着"不要告诉我太太知道"，另一行是"不要厚殓"。吉鸿昌生前将大部分钱财都用于购买军火支援抗日，死后还不许厚葬，用一生践行了父亲的遗愿。

吉鸿昌恪守一生的为官准则和人生信条，不只是"当官即不许发财"，更是"人人奋勉，则国体巩固；有巩固之国体，才能救国救民；我辈亦能赖之以生存。"吉鸿昌赤胆忠心，戎马一生，一心报国，钱财利禄早已是过眼浮云，他最终将自己的一切都献给了抗日事业，死得其所。

（赵悦）

★ 詹建俊作油画《狼牙山五壮士》

质地：棉麻纤维（布面油画）

时间：1959 年

尺寸：186 厘米 ×236 厘米

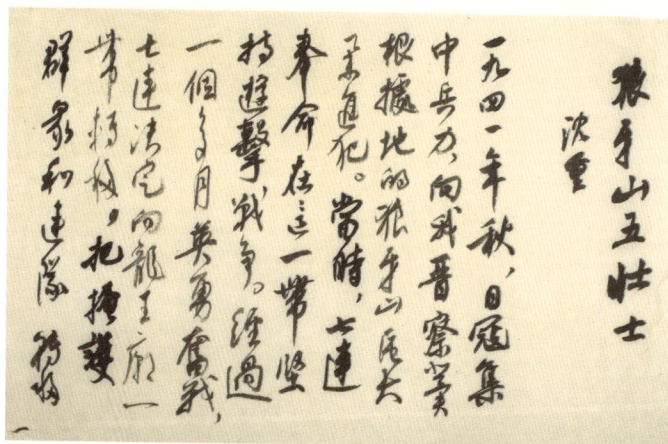

★ 张红春行书录沈重《狼
牙山五壮士》条幅

质地：纸质

时间：2017 年

尺寸：358 厘米 ×96 厘米

悬崖之上的精神丰碑

——狼牙山五壮士

幸存的宋学义（左）和葛振林（右）

"狼牙山五壮士"是在河北省易县狼牙山战斗中英勇抗击日伪军的5位英雄。他们分别为八路军晋察冀军区第一军分区第一团第七连第六班班长、共产党员马宝玉，副班长、共产党员葛振林，战士宋学义、胡德林、胡福才。1941年秋，日寇大举进犯晋察冀根据地。为了掩护群众和部队主力转移，5名战士奋勇阻击，将日寇引向狼牙山棋盘陀峰顶绝路。最后，弹尽援绝，他们毁掉枪支，纵身跳崖。马宝玉、胡德林、胡福才壮烈牺牲，葛振林、宋学义被崖壁树枝挂住，幸免于难。他们的英雄壮举，表现了崇高的爱国主义、革命英雄主义精神和坚贞不屈的民族气节。这一抗日英雄群体被誉为"狼牙山五壮士"。晋察冀军区领导机关授予3名烈士"模范荣誉战士"称号，授予葛振林、宋学义"勇敢顽强"奖章。2009年，"狼牙山五壮士"被评为"100位为新中国成立作出突出贡献的英雄模范人物"。

人物链接

视死如归本革命军人应有精神，宁死不屈乃燕赵英雄光荣传统。

——聂荣臻为"狼牙山五勇士"纪念塔的题词

1959 年画家詹建俊创作了一幅经典的红色图像。画布上英雄群体的形象清晰可辨，他们正是"狼牙山五壮士"。巧妙的是，画家将人物宁死不屈、舍生取义的英雄气概与狼牙山峰的造型结合起来，五壮士的身躯仿佛和群山熔铸叠印在一起，人连着山，山连着人，使这组英雄群像宛如青铜雕塑般坚毅沉稳，又如同直指天际的大理石纪念碑一样巍峨壮美。五壮士的英勇事迹及其所流露出来的崇高的爱国主义和为革命理想勇于献身的大无畏精神永垂不朽，化为一座永恒的丰碑。

画作背后的英雄传奇到底是怎样的呢？这幅深入人心的油画是《狼牙山五壮士》一文的插图，而这篇文章原是《晋察冀日报》特派记者沈重在"狼牙山五壮士"事迹发生后同年创作的一篇通讯稿，为后人了解"棋盘陀上的五个神兵"提供了最鲜活的资料，开篇伊始"风萧萧兮易水寒，壮士一去兮不复还"的歌词宛如一首壮美的英雄颂歌，将他们的事迹铺陈开来。

初秋的太行山东麓仍然满目苍翠，位于河北易县的狼牙山区群峰险峻，深山谷寂。然而，侵华日军的袭入打破了这片宁静。"1941年秋，日寇集中兵力，向我晋察冀根据地的狼牙山区大举进犯"。为了加紧"蚕食"华北抗日根据地，敌方甚至一度调集 7 万余人的兵力以及飞机、大炮等重装备向晋察冀边区发动毁灭性的"大扫荡"。其中，3500 余人的日伪军朝狼牙山地区扑来，企图"清剿"八路军主力部队。9 月 23 日中午时分，日伪军已屯集在狼牙山下。

当时，狼牙山被称为晋察冀边区的"东大门"，它既在军事上拥有极高战略地位，同时又是根据地重要的后勤补给基地。这里驻扎着八路军晋察冀军区所属第一军分区机关部队和涞源、易县、徐水、满城四县党政机关及群众数万人。面对紧迫的敌情，为了解救这些被围困的机关人员和当地百姓，一分区司令员杨成武果断决定利用天险地形，避其锋锐，而后见缝插针、伺机突围。

八路军晋察冀军区一分区一团七连奉命执行掩护转移和阻击牵制的任务。他们利用地形优势和夜幕掩护，佯装成主力诱敌深入，趁机除寇。24日中午，分区司令部和团主力安全完成转移。当天深夜，七连连长和指导员带着队伍向外撤离，并命令六班占领西山口，吸引敌人火力，继续掩护作战，以保证大部队和七连受伤的指战员能够安全转移。六班班长马宝玉、副班长葛振林和战士胡德林、胡福才、宋学义五人隐藏在棋盘陀最险要的两个据点，时刻准备狙击敌人。

25日清晨，五百多名日伪军向狼牙山发起进攻。六班的两挺机枪吸引了敌人的注意，他们误以为山上是八路军的主力部队，从而加大火力。此时此刻，五名战士临危不惧，利用有利地形，奋力还击。"班长马宝玉沉着地指挥战斗，让敌人走近了，才命令狠狠地打。副班长葛振林打一枪就大吼一声，好像那个细小的枪口喷不完他的满腔怒火。战士宋学义扔手榴弹总要把胳膊抡一圈，好使出浑身的力气。胡德林和胡福才这两个小战士把脸绷得紧紧的，全神贯注地瞄准敌人射击。"他们五人与数倍于己的日寇激战，从拂晓持续到中午，击退了对方多轮冲锋，一直坚持战斗到临近黄昏，为部队和群众的安全转移赢得了时间。

就在圆满完成任务准备撤离时，他们来到了棋盘陀的一个岔路口。当时摆在眼前的路有两条：一条通往主力转移的方向，可是敌人也会尾随从而暴露转移路线；另一条通往棋盘陀的顶峰，但那是一条一面陡坡、三面悬崖峭壁的绝路。走哪条路呢？马宝玉带头向棋盘陀顶峰走去，并毅然决然地说："走！宁可牺牲自己，也要保护群众。"战士们热血澎湃，紧随其后。

五名战士向山顶攀登，敌人则误以为咬住了八路军主力穷追不舍，就这样也被引上了狼牙山棋盘陀的悬崖绝路。面对步步紧逼的日伪军，占据狼牙山顶的五壮士居高临下，依托大树和岩石顽强射击，同敌人在山顶激战了数小时之久，直至弹尽援绝。最后，班长马宝玉猛地举起一块大石头，激动地喊："同志们！用石头砸！"顿时，石头像電子一样，带着五位壮士的决心，带着中国人民的仇恨，向敌人头上砸去。

日伪军发现八路军没有弹药了，放胆向山顶蜂拥冲来。就在寡不敌众、难以支撑的危急关头，5 位壮士坚守在狼牙山顶峰，毫不退缩，遥望着群众和战友们远去的身影，他们心中充满慰藉。马宝玉大声说道："同志们，我们的任务胜利完成了！"这一刻，马宝玉、葛振林、宋学义、胡德林、胡福才 5 人做出了一个惊人的选择：为了不被敌人活捉当俘虏，不让武器落入敌手，他们宁死不屈，砸碎毁掉了枪支，走到悬崖边上，像每次发起冲锋一样，纵身跳下数十丈深的悬崖深谷。

我们所熟悉的课文《狼牙山五壮士》在结尾处写道：

"'打倒日本帝国主义！'

'中国共产党万岁！'

这是英雄的中国人民坚强不屈的声音！这声音惊天动地，气壮山河！"

跳崖后，马宝玉、胡德林、胡福才 3 人壮烈殉国，葛振林、宋学义 2 人挂在绝壁横生的树枝上，后被群众营救，幸免于难。葛振林伤病好转后，继续回到部队，先后投入解放战争和抗美援朝战争，屡建战功，1955 年被授予少校军衔。离休后，他发挥余热，先后到全国各地演讲 400 余次。另一位幸存者宋学义在转业返乡后，担任过河南沁阳北孔村党支部书记，带领当地百姓艰苦创业，使村镇发生了翻天覆地的变化。

　　油画《狼牙山五壮士》是为庆祝新中国 10 周年华诞而拟定的重大革命历史题材画作，詹建俊在接到创作任务后亲自访问了葛振林，以更好地表现五壮士的宁死不屈的精神。油画将共产党员班长马宝玉安排在最前面，强调他为了中华民族的尊严而视死如归的精神意志；副班长在最高处，凸显其坚贞不屈的气节；其他三位战士分别表现对敌人的蔑视、仇恨与无畏。英雄群像的组合凝练起崇高的爱国主义、革命英雄主义精神和大义凛然的伟大民族气概。这幅极富艺术感染力的经典美术作品作为小学语文课本《狼牙山五壮士》一文的插图，成为一代代中国人心目中难忘的记忆。

　　如今，主峰棋盘陀上建有"狼牙山五勇士纪念塔"，塔西的小莲花峰，便是昔日五壮士跳崖的地方。聂荣臻曾为纪念塔题词："视死如归本革命军人应有精神，宁死不屈乃燕赵英雄光荣传统。"洁白的纪念塔矗立山巅，"狼牙山五壮士"如同耸立在山顶的纪念塔一样，成为歌颂中国人民抗击日本侵略者的精神丰碑。

（赵悦）

★ 徐特立同志书写的毛泽东主席著《纪念白求恩》

质地：纸质

时间：1967 年 11 月

尺寸：131.5 厘米 ×66.2 厘米

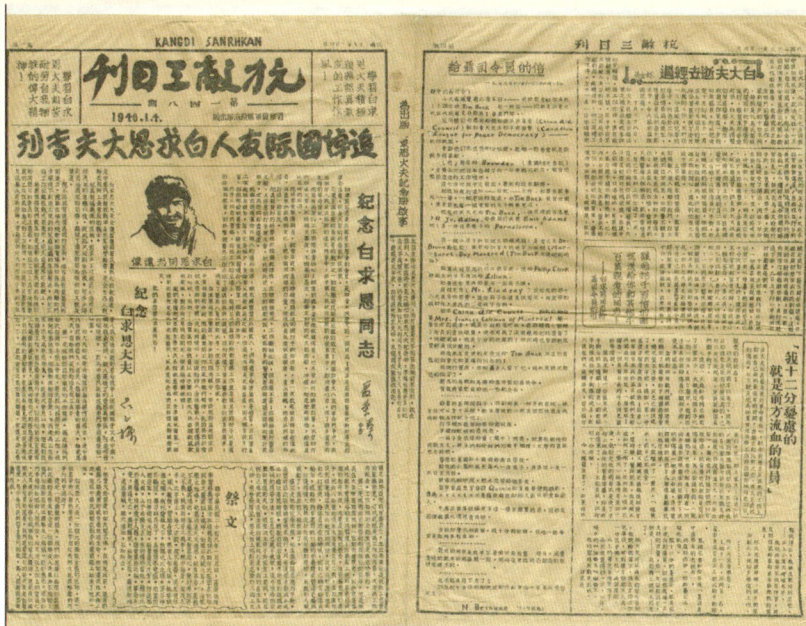

★ 晋察冀军区政治部出版《抗敌三日刊》（追悼国际友人白求恩大夫专刊）（第 148 期）

质地：纸质

时间：1940 年 1 月 4 日

尺寸：50.5 厘米 ×37 厘米

毛主席对一位"洋大夫"的纪念
——白求恩

白求恩（1890—1939），全名亨利·诺尔曼·白求恩（Henry Norman Bethune），加拿大共产党员，国际主义战士，著名胸外科医师。1890年出生于加拿大，1935年加入加拿大共产党。抗日战争爆发后，白求恩受加拿大共产党和美国共产党派遣，率领医疗队支援中国人民抗战。1938年初，医疗队携带大量医疗器械到达延安，不久又转赴晋察冀边区。白求恩以精湛的医疗技术为中国抗日军民服务，并培养了大批医务干部。1939年11月，白求恩因抢救伤员被细菌感染，在河北省唐县牺牲。1998年，白求恩被正式纳入"加拿大医学名人纪念堂"。2009年，白求恩被评为"100位为新中国成立作出突出贡献的英雄模范人物"。

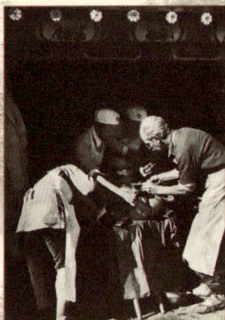

一个外国人，毫无利己的动机，把中国人民的解放事业当作他自己的事业，这是什么精神？这是国际主义的精神，这是共产主义的精神，每一个中国共产党员都要学习这种精神。

——毛泽东

　　《纪念白求恩》是毛泽东在 1939 年 12 月 21 日为纪念白求恩写的悼念文章。从此，一个外国人的名字——亨利·诺尔曼·白求恩在中国家喻户晓，中国人民从他的事迹中得知这位"洋大夫"不仅是一名救死扶伤的战地医生，更是一位名副其实的国际共产主义战士。毛主席的悼文中追忆了白求恩同志来华帮助中国人民进行抗日战争的经历，高度赞扬了他的国际主义精神，以及毫不利己、专门利人和对技术精益求精的精神。

　　"一个外国人，毫无利己的动机，把中国人民的解放事业当作他自己的事业，这是什么精神？这是国际主义的精神，这是共产主义的精神。"的确，白求恩就是这样一位战士。

　　延安，是中国抗日战争的中心，抗日战争的烽火怒焰在这座革命的熔炉中燃烧着。1938 年 3 月，白求恩率领援华医疗队，不远万里，来到中国革命圣地延安。在这里，毛主席在一间窑洞里会见了白求恩，同他进行了亲切的谈话。白求恩毅然提出："我请求到前线去，到晋察冀根据地去，一个军医的战斗岗位应该是离火线最近的地方。"党中央同意了他的请求，1938 年 4 月，白求恩由延安出发，东渡黄河，奔赴晋察冀抗日前线。抵达后随即就着手开展工作，聂荣臻司令员和同志们考虑到他一路跋山涉水，舟车劳顿，请他先休息。他斩钉截铁地说："我是来工作的，你们要拿我当一挺机关枪使用。"在战区的第一周白求恩就检查了 520 多名伤病员，从第二周开始，又接连为 140 余名伤病员施行了手术，有时一天要连做 10 台手术。谈及远渡重洋来到中国，他曾说过："我们来中国，不仅是为了你们，也是为了我们。我决心和中国同志并肩战斗，直到抗战最终胜利。我们努力奋斗的共产主义事业，是不分民族，也没有国界的。"

　　"白求恩同志毫不利己，专门利人的精神，表现在他对工作的极端负责任，对同志、对人民的极端的热忱。"一切为了伤员，这是白求恩时刻遵守的工作准则，也体现了一个革命医生对无产阶级事业的高度责任心。白求恩经常告诫医生们说："要珍惜伤员的每一滴血，他们在法西斯的摧残下，已经流了很多血，对他们而言，半滴血也是宝贵的。"甚至，白求恩以此律己，自己成为献血的带头人。

那是在抢救一个大腿骨折失血过多的伤员的时候。"要输血。"白求恩诊断说。大家闻讯争先恐后要求献血，可是此时再去查验血型已经来不及了，手术无法拖延。"我是O型！万能输血者。前方将士为消灭法西斯而流血牺牲，我拿出一点血有什么不应该！别耽搁时间，抢救伤员要紧！"说话间，白求恩解开衣服，伸出瘦骨嶙峋的胳膊。三百毫升鲜血徐徐地从白求恩的血管里流进瓶子里，又输入到八路军伤员的体内。最终，伤员获得了第二次生命。

白求恩给伤员输血的故事在山村里流传开来。在五台山腹地的村落里，鲜有外国人，但凡见到也是欺压中国人民的"洋鬼子"。可是现在，一个外国人，不远万里来到中国解放区，和中国人民并肩作战，用自己的鲜血抢救中国的抗战伤员，这是山村的人们从未听过的奇闻。这件事使人们懂得全世界的劳动人民，用马克思主义武装起来的国际主义战士和中国人民是血肉相连的，是同志、是战友。同时，也打消了群众对抽血的后顾之忧。很快，一支群众性的"志愿输血队"就建立起来了，从此不需要冷藏设备，不需要长途运输，哪里有人民，哪里就有取之不尽的血库。中国解放区里的这番情景也让白求恩深深震撼，他激动地说："这简直是外科医学史上的创举，群众是我们的血库。毛泽东主席说，发动群众，依靠群众，什么困难都是可以战胜的，这是多么伟大的思想啊！我钦佩中国人民的觉悟水平，也钦佩你们的组织动员工作。"

　　"白求恩同志是个医生，他以医疗为职业，对技术精益求精。"1939 年春天，正在晋察冀边区从事医疗工作的白求恩，带领东征医疗队，穿过平汉铁路封锁线，来到冀中平原。此时正值抗日斗争十分激烈尖锐的时候。由于冀中前线战役频繁，交通不便，医疗队的行进和运载工具远远不能适应平原游击战争频繁转移的需要。为了适应战争环境的变化，白求恩同志实地考察、反复试验，寻求改进出一种走得动、展得开、收得起的医疗装备。终于，他在看到一个小孩赶着毛驴送粪时那如磁石一样吸在驴背上的粪驮子后得到了启示，设计出一种桥形的木架子，搭载在马背上，一头装药品，一头装医疗器械。两个药驮子拼合在一起又可充当一个简易的手术台。这样，一个集手术室、换药室、小药房于一身的轻便灵活的运载工具就诞生了。围观药驮子的人赞不绝口，白求恩则说："这不是我的创造，我是从群众那里'偷'来的，是群众的粪驮子启发了我。向人民群众学习，拜人民群众为师。这就是我们设计这种药驮子的关键所在。"同志们让白求恩赶紧给这一新发明的自制设备取个名字，他思忖片刻，拍着驮子风趣地说："你们看，它像不像一座桥？为了纪念抗日战争，就叫它'卢沟桥'吧。"从此，从山区到平原、从华北到华南，象征智慧和胜利，体现着无产阶级国际主义的"卢沟桥"，跟随着白求恩大夫和游击健儿，行进在疾风般的战斗行列。

　　白求恩把救死扶伤看作最神圣的职责，把自己的外科手术刀当作最重要的武器。如果了解他在短短 4 个月里的工作量，就不难想象他具有多么顽强的革命毅力和无私奉献精神。他在工作总结中写着，4 个月做战地手术 315 次，行程 1504 里，建立手术室和包扎室 13 处。此外，给医护人员授课传艺，联络采购药品，他都当作义不容辞的责任。他说："我唯一的希望是能够多有贡献。"这崇高的愿望，从他一生的革命实践中得到最有力的证明。

1939 年 11 月，白求恩在一次抢救伤员的手术中，因细菌感染而转为败血症。生命的尽头，他仍"十二分忧虑的是前方流血的战士，假如还有一点支持的力量，一定要留在前方"。弥留之际的遗嘱里，他将身边财物悉数散去，挂念的仍是每年要采购多少奎宁、铁剂以保证战地治疗工作的开展。在给聂荣臻司令的书信里他这样写道："最近两年是我生平最愉快、最有意义的时日。"12 日，伟大的国际主义战士白求恩与世长辞。12 月 1 日，延安各界代表在中央大礼堂举行追悼会。中共中央和各抗日根据地发出唁电，沉痛悼念白求恩同志。12 月 21 日，毛泽东发表了《纪念白求恩》。

万里跋涉，为了国际和平，堪称共产党员模范；一腔热血，壮我抗战阵垒，应作医界北斗泰山。白求恩在中国的 655 天浓缩了他战斗的一生、钻研创造的一生、一个真正共产主义者的一生。"青山处处埋忠骨，何必马革裹尸还。"白求恩，这位在华奉献的"洋医生"，这个光辉的名字，和他所代表的共产主义、国际主义精神，镌刻在中国人民永恒的历史记忆中。

（赵悦）

★ 由彭雪枫创刊的《拂晓报》

质地：纸质

抗日烽火中的拂晓之光

——彭雪枫

彭雪枫（1907—1944），河南省南阳市镇平县人，中国工农红军和新四军杰出指挥员、军事家。参加过第三、四、五次反"围剿"、二万五千里长征，组织过土成岭战役，两次率军攻占娄山关，直取遵义城，横渡金沙江，飞越大渡河，进军天全城，通过大草原，是抗日战争中新四军牺牲的最高将领之一。他投身革命20年，被毛泽东、朱德誉为"共产党人的好榜样"。为了纪念彭雪枫，在安徽省宿州市、蒙城县等地均建了彭雪枫纪念馆，或以雪枫命名的公园或学校。2009年，彭雪枫被评为"100位为新中国成立作出突出贡献的英雄模范人物"。

吾党匡天下，得君亦俊才。壮哉身殉国，遗爱万人怀。

——陈毅

这份报纸是由我国著名抗日将领所创办的《拂晓报》，虽然报纸已经历久经年，泛黄斑驳了，但是靠近它，似乎仍然能够闻到战争年代的硝烟气息。在淮北地区，一直流传着一首关于彭雪枫的歌谣："彭师长有三宝，拂晓剧团、骑兵团，还有一张拂晓报。"

彭雪枫一生戎马倥偬，在硝烟弥漫的战场上，他是令敌人闻风丧胆的威猛将军，曾参加历次反"围剿"、四渡赤水、夺取娄山关、攻占遵义城，立下赫赫战功；在战场外，他既是一位儒雅博学的文人志士，也是一位激情饱满的文艺青年。他书写的笔墨春秋记录了战争年代的艰苦卓绝，他创办的《拂晓报》和拂晓剧团以文字和文艺为武器，激起了人民群众的抗日热情。他深知革命不能只靠战士们拼搏厮杀，也要充分利用笔杆子记录战争实况，传达党的抗日救国主张，呼吁更多的仁人志士投身于爱国主义洪流。创办一份能够宣传中国共产党的主张，反映和报道敌后抗日根据地战士们的英勇事迹的报纸是彭雪枫由来已久的想法。用他自己的话说，就是早在年少时就和报纸结下了不解之缘。得益于从小的良好教育，彭雪枫不仅喜欢读书看报，更是写得一手好文章，21 岁那年就发表了他的长篇散文《塞外琐记》，共计两万余字，文章中细腻的笔触、生动的语言、隐含其中的思变睿智，让青年彭雪枫初登"文坛"就获得了无数好评。24 岁那年，彭雪枫在红二师创办了红军队伍中最早的油印小报——《猛攻报》，为后来创办《拂晓报》积累了经验。

1938 年秋，抗日战争的炮火响彻中原大地。中共河南省委在周恩来的指示下，组建了新四军游击支队，任命彭雪枫为新四军游击支队司令员兼政委。9 月 2 日，周恩来指示将军事工作重心向东转移，以创造苏、鲁、皖新局面。东征前，彭雪枫决定创办一份新的报纸，着重宣传党的抗日救国主张，反映和报道敌后抗日根据地军民艰苦卓绝的斗争。这样既能够在征途中鼓舞战士们的斗志，也能够向广大群众播撒爱国主义情怀，呼吁更多的百姓加入党的队伍。有了这个想法，他立刻找到了参谋长张震，二人一拍即合，当即决定成立随军报社。第二天上午，彭雪枫亲自主持报社编务会，任命支队政治部宣传科长王子光兼报社社长，阿乐为主编，易河与单斐为编辑。报纸的内容重点和报社的成员都有了，但是报纸起个什么名字呢？大伙讨论得热火朝天，有人提议叫"胜利"，有人提议叫"曙光"，还有人提议参考以前的《猛攻报》。看大家伙争论不休，彭雪枫笑着说道："5月间，我们办了一个拂晓剧团，我看，就叫《拂晓报》吧。拂晓，寓意光明即将到来。我相信我们的抗日战争一定会取得胜利的，虽然我们还有很长的路要走，但只要我们坚持，就一定可以等到成功！"彭雪枫的一席话，让在场的人倍感振奋，雷鸣般的掌声经久不息。

接下来的任务就是找到印报纸的材料了，在乡镇里想要找到油印和纸张可不是一件容易的事情，最后发动群众多方寻找也只找到了两支铁笔、两块钢板、两筒油墨、一把油滚、一块木板和半筒高乐牌蜡纸。就是在这样艰苦的条件下，《拂晓报》终于在 1938 年 9 月 29 日于河南省确山县竹沟镇创刊。报名"拂晓报" 3 个字由彭雪枫亲自挥毫写就，字迹潇洒俊秀。他在创刊词《拂晓报——我们的良师益友》中写道："拂晓代表着朝气、希望、革命、勇敢、奋进有为、胜利就要到来的意思。军人要在拂晓出发，要进攻敌人了。志士们要在拂晓奋起，要闻鸡起舞了。拂晓催我们斗争，拂晓引来了光明！"由于材料有限，再加上东征在即，创刊号只印了 40 份。虽然受经验所限，报面油渍斑斑，字迹模糊不清，可当指战员们看到自己的报纸时，还是兴奋不已。

在行军作战的途中，冒着枪林弹雨坚持办报，难度可想而知。但是彭雪枫坚信，抗战不能只靠枪杆子，也要依靠笔杆子。为了让社员们坚持下去，彭雪枫总是鼓励大家说："不管有多困难，都要把《拂晓报》办下去，因为精神食粮比吃饭重要。"战火中印就的《拂晓报》对于彭雪枫来说并不是一份简单意义上的报纸，它是抗日战争中的战士们用鲜血换来的。在抗日战争与解放战争期间，拂晓报社共有15位同志为革命捐躯，年龄最小的才17岁。报社社员的流血牺牲令彭雪枫无比痛心，也因此更加珍惜。为了办好报纸，他像治军一样严格要求报社的每一个人，如果发现缺点与错误就立即纠正。有一次，报纸在报道一位班长的牺牲时使用了"惨不忍睹"一词，彭雪枫看后，在报上批注："这个班长确实在战斗中牺牲了，但不能形容成惨不忍睹。"当时有关编辑解释说："苏联小说《铁流》不也有类似的描写，还不是有血有肉十分感人。"后来彭雪枫同志在一次座谈会上解释说："这种纯客观地描写并不可取，我们应该从积极方面写出敌人的残暴、战士的壮烈，以激起读者对敌人的仇恨、对英雄的敬佩，这才是我们写作的指导思想。"他还强调："报纸必须有血、有肉、有内容，入情、入理、入人心。"还有一次，前线打了个大胜仗，战士们兴奋不已，以最快的速度编印出了"捷报"。彭雪枫看到后，觉得字迹有些潦草，于是找到工作人员说："捷报固然要快，但也要写得清晰，让人看得明白。你们今天出了这样潦草的捷报，怎能和指战员用鲜血换来的胜利相比？"为此，彭雪枫专门在报社《宣传规约》中要求：不写草字，不写怪字，不写错字，不写简字。

为了让报纸内容更加充实，彭雪枫常常亲自为《拂晓报》撰写评论、社论等，发表文章百余篇。他还时常亲自参与报社的事务性工作，细致到版面的装饰和标题的设计。不仅如此，他还为报社新人组织了培训班，亲自授课。在彭雪枫的严格要求下，《拂晓报》的影响力越来越大，发行量从一开始的几十份，逐渐增加至几千份。从第300期开始，《拂晓报》发行到延安、重庆、新县、西安、阜阳以及华北等地，被誉为"人民的喉舌""战斗的武器""叫破五更的报晓鸡"。再后来，《拂晓报》还传到了纽约、莫斯科及南洋各国的大都市，并被视为珍品收藏。

（赵婧舒）

★ 李兆麟烈士的血衣

质地：织绣
时间：1946 年 3 月 9 日
尺寸：长 74.5 厘米

抗联英雄的铁血丹心

——李兆麟

李兆麟（1910—1946），原名李超兰，化名张寿篯，辽宁省辽阳人，1929年参加革命活动，1931年11月加入东北民众抗日救国会，1932年加入中国共产党。抗战时期，历任满洲省委军事巡视员、哈东支队政委、北满抗联总司令部政治部主任、东北抗日联军第六军代理政治部主任、东北抗日联军第三军政治部主任、东北抗日联军第三路军总指挥、东北抗联教导旅政治副旅长等职。抗战胜利后，任苏军驻哈尔滨卫戍司令部副司令、滨江省副省长、哈尔滨中苏友好协会会长等职。1946年3月9日，李兆麟在哈尔滨被国民党特务杀害，时年36岁。2009年9月，李兆麟被评为"100位为新中国成立作出突出贡献的英雄模范人物"。

人物链接

如果我的血能擦亮人民的眼睛，唤起人民的觉悟，我的死也是值得的。

——李兆麟

　　这是抗日民族英雄、东北抗日联军著名将领李兆麟被国民党特务暗杀时留下的血衣，大面积的血色和残破的刀口沉痛地诉说着英雄遇难时的惨烈。

　　李兆麟，原名李超兰。抗日战争期间，他曾任东北抗日联军第六军、第三军政治部主任、第三路军总指挥，驰骋辽吉黑、横扫哈东南，在东北抗日战场上浴血奋斗了 14 年，立下赫赫战功。抗日战争结束后，他曾任中共北满分局委员、哈尔滨市委委员、滨江省副省长、苏军驻哈卫戍副司令、中苏友好协会会长等职，是深受东北人民爱戴的领袖。这样的英雄人物，经历了抗日的战火，却最终牺牲在了国民党特务的手下，令人悲痛惋惜！

　　1945 年 8 月 15 日，日本宣布无条件投降。9 月 5 日，李兆麟遵照中共东北党委员会的指示，率领 300 多名抗联战士随苏军进驻哈尔滨，并担任苏军驻哈尔滨卫戍司令部的副司令、滨江省副省长、哈尔滨中苏友好协会会长等职。从这天起，为宣传共产党的"和平、民主、团结"的方针政策，贯彻国共双方达成的《双十协定》，为争取东北、建设巩固东北根据地，李兆麟在哈尔滨战斗了 192 天。

　　再次踏上曾经浴血奋战 14 年的东北大地，李兆麟满腔热血，但是呈现在他面前的是错综复杂的政治环境——日伪军的残余分子垂死挣扎，国民党反动派特务活动猖獗。1946 年 1 月中共代表与国民党政府代表正式签订停战协定，同时召开的政治协商会议通过了《和平建国纲领》等五项决议案。政协五项协议的通过，本来可以使中国走上和平民主建设的新阶段，但是国民党为了独吞东北抗战的胜利果实，倒行逆施，不愿意履行政协五项协议，并且不顾停战协定，在美国的支持下调兵遣将，准备大举向东北解放区进攻。

在如此复杂险恶的情况下，李兆麟却将个人安危置之度外，通过各种途径积极宣传中共"和平、民主、团结"的方针，揭露国民党"假和平、真内战，假民主、真独裁"的面目。1946年2月9日，李兆麟在苏联最高苏维埃选举日讲演中讲道："民主政治协商会议开幕了，在这次会议中有很多重要决议，使中国民主事业提高一步，走上新的步骤。国民代表大会已经定期召开，我们将要迎接这一次全国范围的选举，发挥民主的精神。但是在中国的民主事业中还有着汉奸蠹贼，他们还想统治我们人民，还想站在我们青年头上，妨碍青年的文化思想的发展。今后我们应当掌握现实，要求实现民主，决不能让人民公敌上台。"李兆麟义正词严的讲话博得爱国群众的满堂喝彩，也刺痛了国民党反动派的窃国之心。

李兆麟深知青年肩负着国家和民族的未来，因此十分重视对青年学生的思想教育工作。自凯旋之日起，他就通过各种途径与哈尔滨青年接触，向他们宣传党的政治主张，讲授革命道理，启发他们的觉悟，督促他们在政治上进步。许多青年在李兆麟的感召下，走上了拥护共产党和参加革命的道路。1946年2月10日，李兆麟在给东北军医大学全体同学的信中写道："诚然，目前的国内局势在政协会议之后稍有转机，我们也将或取得合法生存和可能民主的权利，然我们决不能以此微微的胜利冲昏自己的头脑，我们要加倍警惕变成盲目乐观的牺牲者——要屹立在还没有完全为之肃清，仍然有着强大势力的反动者们的面前继续斗争下去，在斗争中来巩固既成之和平，更在不断的斗争中取得真正民主，和实现我们远大的理想。"在哈尔滨市青年和知识分子代表大会上，李兆麟以中苏友好协会会长身份，代表中国共产党公开宣传建立新中国的主张，他呼吁："在工人阶级的先锋队——

中国共产党的领导下，捧出你们的全部知识和智慧，献给我们伟大祖国的建设事业。"

为了解放东北，建立新中国，李兆麟与国民党反动派进行了一系列针锋相对的斗争，彻底揭穿了国民党反动派卖国、独裁、内战的真面目，构成对国民党在东北地区反动统治的极大威胁。他号召各界人士团结起来，为实现民主、独立、自由、富强的新中国而奋斗，在短短半年的时间里，李兆麟通过各种渠道为党筹集到了大量资金、物资、武器弹药、药品和情报，为解放东北争取了时间。他像一面旗帜，成为哈尔滨人民团结斗争的核心，也因此成为了国民党反动派的"眼中钉、肉中刺"。国民党特务组织将李兆麟的名字列为了共产党负责人黑名单的第一名，并多次向他发出威胁。面对国民党的恐吓，李兆麟毫不畏惧，他坚定地表示："如果我的血能擦亮人民的眼睛，唤起人民的觉悟，我的死也是值得的。"

在多次恐吓都失败之后，国民党军统特务滨江组决定实施暗杀行动。1946 年 3 月 9 日，李兆麟应邀前往水道街 9 号。刚一进门，国民政府哈尔滨市市长杨绰庵的秘书孙格龄就热情地端上了茶水，李兆麟不知道的是，她实际上是国民党特务，而端上来的这杯水含有剧毒氰化钾。李兆麟尝了一口，觉得味道不对，然而为时已晚。埋伏在厨房的凶手阎钟璋、高庆三、孟庆云窜入室内，向李兆麟连刺 7 刀。

年仅 36 岁的李兆麟牺牲了。他的牺牲，令爱戴他的人民无比悲愤；他的牺牲，如他所言"擦亮了人民的眼睛，唤起了人民的觉悟"；他的牺牲，让千百万人民下定了同国民党反动派誓死斗争的决心，并取得了最后的胜利。1946 年 4 月 28 日，哈尔滨解放了，成为当时解放区中唯一的大城市。

中国人民永远不会忘记李兆麟，不会忘记他"驰骋吉黑边，横扫哈东南"，用 14 年苦战迎来"民族革命成功日"，不会忘记他用鲜血擦亮了人民的眼睛。

（赵婧舒）

★ 冼星海作《黄河大合唱》歌本

质地：纸质
时间：1939 年
尺寸：19 厘米 ×28 厘米

炮火声中的大合唱

——冼星海

人物链接

冼星海（1905—1945），广东广州府番禺县人（现属广州市南沙区榄核镇），出生于澳门，曾用名黄训、孔宇，中国近代著名作曲家、钢琴家，毛泽东赞誉他为"人民音乐家"，代表作为《黄河大合唱》。1926年入北京大学音乐传习所。1928年进上海国立音专学习音乐。1929年入巴黎音乐学院高级作曲班，师从著名提琴家帕尼·奥别多菲尔和著名作曲家保罗·杜卡斯。1935年回国后，以音乐为武器积极投身抗日救亡运动。1938年赴延安，担任鲁迅艺术学院音乐系主任。1939年6月，加入中国共产党。1940年赴苏联为纪录片《延安与八路军》配乐。1945年10月，因肺病医治无效，病逝于莫斯科。2009年，冼星海被评为"100位为新中国成立作出突出贡献的英雄模范人物"。

我有我的人格、良心，不是钱能买的。我的音乐，要献给祖国，献给劳动人民大众，为挽救民族危机服务。

——冼星海

这件满是岁月痕迹的歌本，有着气势恢宏的标题——《黄河大合唱》。在那段"狼烟四起，热血壮山河"的峥嵘岁月里，"黄河"的怒吼吹响了抗战时期凝聚中华儿女众志成城、抗敌救国的精神号角，激励着中华儿女在民族危急关头，奋起抗争，奔赴抗日战场最前线。《黄河大合唱》是冼星海一生中最具代表性和影响最深远的一部作品，是大多数校园合唱团的必选曲目，也是激荡在一代代学生们心中的爱国情怀。激昂的乐曲，饱含着中国人心中奔腾的爱国之情。周恩来曾赞誉冼星海"为抗战发出怒吼，为大众谱出呼声"。

只是听、唱《黄河大合唱》，你或许很难想象这如此恢宏的音乐巨作是由一位出身贫苦的青年人在延安苦寒的窑洞中完成的。冼星海的出身不像大多数音乐家那样富足。他的父亲是一名船工，并且在他出生之前就已经去世了；但是贫苦的出身并没有遮掩住冼星海与生俱来的音乐才华。他在 25 岁时，就考入了无数人梦寐以求的巴黎音乐学院高级作曲班，师从著名的提琴家帕尼·奥别多菲尔。这位贫穷的中国学生凭借实力在众多法国贵族学生中脱颖而出，获得了学院颁发的荣誉奖。1935 年，结束了 5 年法国留学生活的冼星海回到了祖国，立志要把自己全部的音乐才华献给祖国。

《黄河大合唱》的创作灵感来源于我国著名诗人光未然的诗篇《黄河》。1938 年底，光未然在延安除夕联欢晚会上激情昂扬地朗诵了这部诗篇，内容讲述的是他带领抗日演剧三队东渡黄河时的情境与感受，冼星海也在现场，气势恢宏、情绪饱满的《黄河》之诗让冼星海听后满含热泪，并激动地赞誉道："这是一部中华民族的史诗，我要把它写成一部代表中华民族伟大气魄的大合唱！"联欢会结束后，冼星海主动找到了光未然，对他说："我也早想写一部以黄河为题材的大型音乐呢，你能不能把这首诗改写成歌词，让我来谱曲。"

　　1939 年 3 月，33 岁的冼星海开始在延安的窑洞中谱写《黄河大合唱》。为了让内容更饱满，也为了寻找创作灵感，在延安的窑洞里，冼星海拉着词作者光未然，让他一遍遍讲述黄河壶口奔流不息的声声怒涛与船夫响彻河面的豪迈号子。当讲到船夫呼喊着号子，与狂风恶浪搏斗的情景时，冼星海的创作灵感瞬间被激发："船夫号子就是黄河的声音，用它撞开《黄河大合唱》的门！"但是单单有了灵感还不够，冼星海还有一个鲜为人知的创作"要求"，那就是糖果。

　　在奔赴延安之前，冼星海生活在物质条件相对丰富的大城市武汉，并且有着令人艳羡的高工资——每月一百多元，足以保障吃穿用度，还能日日享用糖果和咖啡。不过，延安鲁迅艺术学院音乐系全体师生的赤诚邀请，以及延安完全自由的创作环境打动了一心渴望用自由的音乐创作为抗日救亡贡献力量的冼星海，他果断放弃了武汉优渥的生活条件，携妻子一同住进了条件艰苦的延安窑洞。但是延安可买不到精致的糖果，了解到冼星海这个小嗜好的光未然贴心地找来了两斤白糖送给他，这对冼星海来说可是让灵感化作乐曲的上好催化剂，每当陷入创作瓶颈的时候，冼星海就会抓一小把白糖送进嘴里，用光未然的话来形容："一转瞬间，糖水便化作美妙的乐句了。"为了帮助丈夫保持创作的体力与激情，冼星海的妻子钱韵玲也想尽办法贡献力量，没有咖啡，她就把黄豆炒熟、研磨，再冲泡成"土咖啡"，轻轻地放在冼星海的案头，这是冼星海在延安的窑洞中燃烧创作激情的上佳"助燃剂"。就这样，凭借着昂扬的爱国情怀，再加上"催化剂"白糖和"助燃剂"土咖啡，冼星海仅仅用了 6 天的时间，就完成了历史巨作《黄河大合唱》的初步创作。

《黄河大合唱》第一次"大型"演出是在 1939 年的 5 月，在庆祝延安鲁迅艺术学院成立一周年纪念晚会上，冼星海亲自指挥，鲁艺合唱团的 100 多名团员成功地演出了《黄河大合唱》。随着指挥棒有力地挥动，惊天动地的歌声震撼着人们的心胸。唱到终曲，全场爆发出雷鸣般的掌声。毛主席等领导也都站起来热烈鼓掌，更是连声赞扬："作品写得好！很激动人心！"一个月后，冼星海正式加入了中国共产党，他在入党申请中写道："我像许多青年人一样，愿意把自己献给党。"并在入党这一天的日记中写道："这是生命上最光荣的一天……我希望能改变我的思绪和人生观，去为无产阶级的音乐奋斗！"他是这样写的，也是这样做的。

在冼星海短暂的一生中，音乐始终是他坚守的革命武器，也是二十世纪中国爱国青年投身革命的心灵之声。他曾在日记中写下："音乐应该为工农群众服务，应该成为民族解放和阶级解放的有力武器，应该成为工农进行自我教育的武器。"这是他始终秉持的创作理念。在他留学归国初期，他创作了《搬船夫》等反映工人劳动生活的歌曲，用高昂的音乐呼吁"伙伴们，起来！快觉醒！快团结！"抗战前夕，他创作了《救国军歌》，奏响"枪口对外，齐步前进"；七七事变爆发后，他创作了《保卫卢沟桥》，高歌"敌人从哪里来，把他打回哪里去"；在抗日战争相持阶段，除了《黄河大合唱》，冼星海还创作了近两百首歌颂前线革命战士和后方生产群众的歌曲，为民族解放运动注入了强大的精神动力。他曾自我评价道："我是一个有良心的音乐工作者，我第一要写出祖国的危难，把我的歌曲传播给全中国和全人类，提醒他们去反封建，反侵略……"

2015 年 8 月 26 日，《黄河大合唱》通过网络投票入选中国新闻出版广电总局发布的"我最喜爱的十大抗战歌曲"。虽然歌本泛黄斑驳了，但是冼星海所创作的这些作品不会随时代变迁而褪色，它们仍将作为时代的旋律，为一代又一代的中国人所传唱，让人听懂什么是中国风骨！

（赵婧舒）

★ 王增军隶书录董必武诗《忆友叶挺》条幅

质地：纸质

时间：2017年

尺寸：364厘米×143厘米

热血铸就的革命史诗

——叶挺

叶挺（1896—1946），男，汉族，广东省惠阳县人。1918年毕业于保定陆军军官学校，1919年参加孙中山领导的粤军，同年加入中国国民党。1924年加入中国共产党，同年秋被派赴苏联学习。1925年8月回国，参与组建以共产党员、共青团员为骨干的第四军独立团，任团长。1926年参加北伐战争，被誉为"北伐名将"，所部被称为"叶挺独立团"，为四军赢得"铁军"称号。南昌起义时，担任前敌总指挥。广州起义时，担任起义军总司令。抗日战争爆发后，出任新四军军长。1941年1月，在皖南事变中被国民党军扣押。于1946年3月4日获释。4月8日，由重庆赴延安途中飞机失事，在山西兴县黑茶山遇难。2009年，叶挺被评为"100位为新中国成立作出突出贡献的英雄模范人物"。

共产党的第一任总司令，人民军队的战史要从你写起。

——毛泽东

中国书法家协会会员、中国书协书法培训中心教授王增军于2017年抄录完成了一幅书法作品。全篇洋洋洒洒75个字，以隶书行篇，气势浑厚、雄健壮美；草书落款，松紧相宜，一气呵成。这篇作品书写的是董必武于1944年写的一首诗——《忆友叶挺》：

夕阳景好近黄昏，苦忆江南一叶冤。

敌后几经殊死战，四年囚系未离樊。

东江人物够相思，志在春秋不可移。

希魔将继墨魔仆，蛟龙岂复困天池。

叶挺将军是北伐名将，在大革命失败后，先后参与领导南昌起义和广州起义，为中国人民解放军创始人之一，是新四军的首任军长。抗日战争时期，董必武时任中共中央南方局常务委员兼统战委员会主任，是新四军创建的筹备人之一，参与改编南方红军游击队，他和其他的中共领导人支持从海外回国的叶挺出任新四军首任军长。在长期的工作中，双方结下了深厚的革命友谊。《忆友叶挺》这首诗的创作背景是抗日战争时期，叶挺将军在皖南事变后被国民党反动派长期无理扣押。

1937年全面抗战爆发后，根据国共两党协议，将南方八省的红军和游击队整合改编为国民革命军陆军新编第四军（简称新四军），叶挺担任首任军长，项英任副军长。新四军组建后，在共产党的坚强领导下，广泛发动群众，开展游击战争，队伍不断发展壮大，不仅成为日伪的"眼中钉"，还成为国民党反动派的"肉中刺"。1941年1月，蒋介石悍然发动震惊中外的"皖南事变"，以重兵围攻从皖南北移的新四军军部和部队，新四军指战员不畏生死，浴血奋战七个昼夜，然而最终弹尽粮绝，包括副军长项英在内的大部分指战员壮烈牺牲，叶挺在谈判的过程中遭到国民党当局的扣押。

事变发生后，董必武大声疾呼，当即悲愤写下"将军抗日作屏藩，赫赫功勋半壁存。自坏长城千古叹，江南一叶是奇冤。"的诗句，并于 1944 年再次写下《忆友叶挺》这首诗。诗文颂扬叶挺将军和新四军为民族解放所建立的功绩，痛惜他们所遭遇的千古奇冤，愤怒揭露国民党当局制造皖南事变的反动本质。在叶挺被扣押期间，董必武多次与各民主党派领导人交谈，以争取多方支持，共同营救叶挺。

关押之初，叶挺致信蒋介石，信中他将"罪责"全部归咎于自己，希望以己之力保全其他被俘人员，提出"恩准判挺以死刑，而将所部被俘干部不问党籍何属，概予释放，复其自由……或判挺以无期徒刑，并准所部少数高级干部伴随禁锢，其余概行释放。"叶挺将军被捕后，先后被关押在江西上饶、广西桂林、湖北恩施以及重庆等地长达 5 年之久。关押期间，顾祝同、陈诚等国民党高级官员轮番上阵劝降，并许以高官厚禄，均被叶挺严词拒绝。在被转押重庆后，蒋介石亲自劝降，叶挺亦不为所动。关押期间，面对暗无天日的牢狱，叶挺心中所想所念的依然是中国共产党以及党的革命事业，他始终自觉坚守共产党员的本分，依旧甘当"六面碰壁居士"，依旧坚贞不屈、矢志不渝，"站在最前线和国民党斗争"。他写信表示"个人之操守至死不可变"，并在 1942 年于重庆渣滓洞集中营的囚室中写下了著名的《囚歌》，以表达其顽强不屈的革命意志和坚定不移的革命信仰：

（为人）进出的门紧锁着，

为狗爬走的洞敞开着，

一个声音高叫着：

爬出来呵，给尔自由！

我渴望着自由，

但也深知到（道）——

人的躯体那（哪）能由狗的洞子爬出！

我只能期待着，

那一天——

地下的火冲腾，

把这活棺材和我一齐烧掉，

我应该在烈火和热血中得到永生！

尽管叶挺在广州起义失败后长期流亡海外，没有参与长征，但他也在这一时期，完成了自己信仰上的"长征"。叶挺将军的这首诗歌也先后多次被选入小学语文课本。

1946年3月，经过国共两党多次艰苦的谈判和斡旋，叶挺终于获释。出狱前，国民党军统处长沈醉问叶挺："出狱后要做的第一件事是什么？"他回答说："我将来出去第一件要办的事，便是请求共产党恢复我的党籍。"他是这样说的，也是这样做的。在出狱后的第二天，叶挺即致电党中央，请求重新加入中国共产党。他在电文中写道："毛泽东同志转中国共产党中央委员会：我已于昨晚出狱。决心实行我多年的愿望，加入伟大的中国共产党。在你们的领导之下，为中国人民解放事业贡献我的一切。我请求中央审查我的历史是否合格，并请答复。"叶挺的入党申请书，正文仅有几十个字，但字字千钧，许党为民的赤子忠诚跃然纸上。党中央收到叶挺的来信后复电，电文这样写道："亲爱的叶挺同志：五日电悉。欣闻出狱，万众欢腾。你为中国民族解放与人民解放事业进行了二十余年的奋斗，经历了种种严重的考验，全中国都已熟知你对民族与人民的无限忠诚。兹决定接受你加入中国共产党为党员，并向你致热烈的慰问与欢迎之忱。"

"出师未捷身先死，长使英雄泪满襟。"叶挺将军因为飞机失事不幸遇难，在他去世的最后一刻，依旧铁骨铮铮，一心向党。叶挺同志用他的一生阐述了对党的绝对忠诚、绝对纯洁和绝对可靠，他也如他在《囚歌》里说的那样，在烈火和热血中得到了"永生"。

（赵婧舒）

★ 阎锡山军队杀害刘胡兰用的铡刀

质地：铁、木质

尺寸：刀长 104 厘米、木座长 112 厘米

铡刀下从容就义的女英雄

——刘胡兰

刘胡兰（1932—1947），原名刘富兰，山西省文水县云周西村人。1942年参加村抗日儿童团。1945年进入中共妇女干部训练班学习。1946年到云周西村做妇女工作，担任妇救会秘书，并成为中共预备党员。1947年1月，阎锡山军队袭击云周西村，由于叛徒告密被捕，英勇就义，时年15岁。2009年，刘胡兰被评为"100位为新中国成立作出突出贡献的英雄模范人物"。

生的伟大，死的光荣。

——毛泽东

这件文物是阎锡山部队杀害刘胡兰用的铡刀，刀长 103 厘米，刀身已生锈，刀刃已残卷。铡刀是传统农具，用来给牲畜铡草料，可残暴的阎锡山部队却用这把铡刀铡死了刘胡兰。阎锡山军队为什么要残暴杀害这么一个年轻女孩呢？这是因为当时刘胡兰是一名中国共产党预备党员，她忠于革命事业，忠于党，忠于人民。

刘胡兰生于文水县云周西村一个贫苦农民家里，母亲早逝，她只上过几年小学便辍学。她年幼时，文水县正经历着抗日战争，日本鬼子在家乡烧杀抢掠无恶不作，让她无比愤恨。后来，文水县在中国共产党领导下，成立了抗日民主政府。抗日民主政府推行新政策，当地老百姓负担大大减轻，生活状况也慢慢好起来。共产党和抗日民主政府在当地百姓心里威望极高，"共产党为老百姓办事"的信念深深扎根在刘胡兰心里。

1942 年，10 岁的刘胡兰加入了村里的抗日儿童团，并当上了团长。她经常和小伙伴们站岗、放哨、传递情报。一天，抗联的米主任在云周西村召开干部会，刘胡兰放哨时发现几个日本鬼子正鬼鬼崇崇地进村，她立即跑去通知米主任，让他们赶快转移。在长期的对日斗争中，她像一棵小幼松般茁壮成长起来。

残酷的抗日斗争不仅培养了她胆大心细、机警灵敏的性格，更磨炼了她勇敢、坚强的革命意志。1943 年，日本侵略者连连败退，鬼子们为了维护日益惨败的局面，到处抢粮食、抓壮丁。一天，鬼子又来村里抢粮食，看到在村口放哨的刘胡兰，就让她带路，刘胡兰机智地把鬼子引到了破坏抗日工作的地主家，保全了村民的财产。1944 年，抗日政府决心除掉汉奸刘子仁，刘胡兰知道后就留意刘子仁的行踪。一天，刘胡兰在回家的路上看见了刘子仁，她马上报告给区干部，协助当地武工队除掉了刘子仁，为当地群众除去一大害。

1945 年，出于革命斗争的需要，文水县办起妇女干部训练班。刘胡兰积极参加了训练班，并担起了小组长。训练班的生活很艰苦，她帮助值日的同学拾柴、做饭。由于敌人骚扰，训练班几次转移。每次转移途中，刘胡兰都抢着背行李。她常说："八路军打仗死都不怕，咱们还能怕这点困难？怕困难哪能闹革命？" 40 多天的培训学习，让她认识了很多字，也懂得了更多的革命道理。

培训结束后，刘胡兰回到云周西村担任妇救会秘书，后又到区里妇救会工作。她与其他同志一起发动群众斗地主、送公粮、做军鞋、动员青年参军。刘胡兰在工作中受到锻炼，也经受住考验，她始终坚信只有共产党才能帮助贫苦人民翻身得到解放。1946 年 6 月，刘胡兰成为中共预备党员。她的入党誓言掷地有声："我入党后，不怕流血，不怕牺牲，坚决革命到底！在困难面前不低头，在敌人面前不屈服！"

1946 年 6 月，蒋介石发动内战。入秋，阎锡山军队扫荡了晋中平川。当地地主武装"奋斗复仇自卫队"也趁机反扑，文水县形势恶化。在敌我力量悬殊的情况下，文水县委挑出有斗争经验、年轻力壮的同志组成武工队积极备战，其余同志转移到山上老根据地去。转移上山的人员名单里就有刘胡兰，但刘胡兰知道后却坚决要求留下来。她说自己年纪小易于隐蔽，并且熟悉当地情况，便于开展工作。组织同意了她的请求，让她留在了云周西村开展秘密工作。刘胡兰和留下来的同志向各村党组织传达党的指示，组织群众掩埋粮食，并协助当地武工队秘密处决了反动村长石佩怀。

恶霸村长被处死本是件大快人心的事，但由于石佩怀为阎锡山军队办事，他的死招来了阎锡山军队和当地地主武装的疯狂报复。1947 年 1 月 8 日，阎锡山军队对云周西村发动突然袭击，把村里的地下交通员石三槐、民兵石六儿、前农会秘书石五则等人抓走了。石五则禁受不住敌人的严刑拷打叛变了革命，把村里的革命干部和党组织成员供了出来，形势十分危急。1947 年 1 月 11 日深夜，刘胡兰接到上级通知，让她赶紧上山，可是刘胡兰还没来得及撤离，她所在的村子就被阎锡山军队封锁了，转移已不可能。

1947 年 1 月 12 日拂晓，北风呼啸、天寒地冻，敌人鸣锣召集全村群众到村南的观音庙前开会。刘胡兰为了不连累大家，随着人群向观音庙走去。当刘胡兰来到观音庙前场地时，当地地主武装"复仇自卫队"队员金川子认出了刘胡兰，让她去"自白"。刘胡兰明白一场严峻的考验就在眼前，她轻轻脱下戒指，又从口袋里掏出小手巾和一个万金油空盒子。戒指是奶奶临终前给她戴上的，小手巾是一个解放军连长临别赠给她的，万金油盒子是她的入党介绍人石世芳送给她的。虽然万金油早就用完了，可她舍不得把空盒子扔掉。这三件小东西虽然不值钱，但却是刘胡兰宝贵的纪念品。她把戒指和万金油盒子用小手巾包成一个小包，交给了继母胡文秀。金川子带着两个端枪的阎军扑进人群，把刘胡兰抓出来，推进庙里。审问刘胡兰的是阎军指导员大胡子张全宝，张全宝让刘胡兰"自白"，诱哄她只要说实话就可以放了她，刘胡兰严词拒绝。

敌人把刘胡兰拉到庙门口的广场上，当着她和乡亲们的面，铡死了石三槐、石六儿等六人。每铡死一人，就恐吓刘胡兰一次，让她"自白"，刘胡兰不为所动。最后，铡刀旁只剩下刘胡兰一个人。这时，铡刀的座子已经被鲜血染红了，铡刀的刀刃已经崩卷了。敌人指着血淋淋的铡刀问她害不害怕，投不投降，得到的却是"我怕什么？我死也不屈服，决不投降！"的回答，恼羞成怒的敌人最终用铡刀杀害了刘胡兰。

刘胡兰烈士为革命献出了宝贵生命，她牺牲了，但她的精神活在人们心中。刘胡兰牺牲后的第二十四天，也就是 1947 年 2 月 6 日，《晋绥日报》刊登了刘胡兰英勇就义的详细报道，号召全体共产党员和解放区军民向刘胡兰学习。1947 年 3 月下旬，毛泽东率中共中央机关转战陕北途中，中共中央书记处书记任弼时向他汇报了刘胡兰烈士的英勇事迹，毛泽东深受感动，挥毫写下了"生的伟大，死的光荣"八个大字。1947 年 8 月 1 日，中共中央晋绥分局作出决定，追认她为中共正式党员。

新中国成立后，参与杀害刘胡兰的"刽子手"张全宝以及叛徒石五则等都被缉拿归案，受到法律严惩。1956 年，文水县建起了刘胡兰纪念馆，并修建了刘胡兰烈士陵园。1971 年，云周西村更名为刘胡兰村。她的事迹被写成书，改编成戏剧、电影、电视剧，全国人民都以她为榜样，向她学习。

为了中国人民的解放事业，刘胡兰献出了年仅 15 岁的宝贵生命，她表现出了一个共产党员大无畏的崇高气概，也铸就了激励后人、光照千秋的"胡兰精神"。

（尹静）

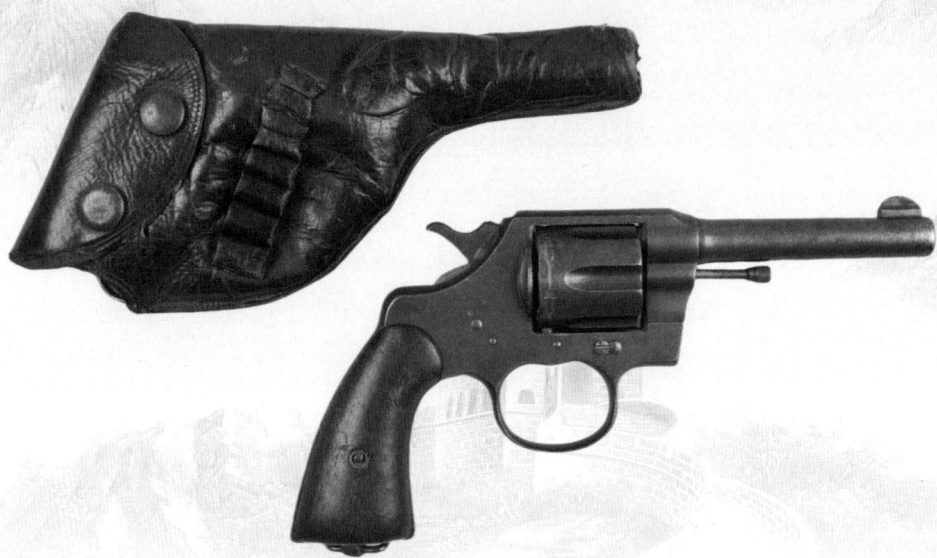

★ 罗炳辉长征前后使用过的左轮手枪

质地：金属质
尺寸：26厘米×14厘米

见证将军传奇经历的左轮手枪

——罗炳辉

罗炳辉（1897—1946），原名罗德富，云南彝良人，著名革命家、军事家。1929年加入红军，历任第十二、第二十二军军长、第九军团军团长、第三十二军军长。抗战爆发后，去武汉从事统战工作以及开辟皖东抗日根据地。解放战争爆发后，任新四军第二副军长兼山东军区第二副司令员，领导枣庄战役。1946年6月21日在山东临沂病逝，时年49岁。1989年被中央军委确定为33位军事家之一。2009年，罗炳辉被评为"100位为新中国成立作出突出贡献的英雄模范人物"。

> 人生最快慰的事是真正勇敢地牺牲个人的一切利益，最热诚努力地为民族独立、自由解放而斗争。
>
> ——罗炳辉

　　这把美制左轮手枪长 23 厘米，是红九军团军团长罗炳辉使用过的。这把手枪伴随罗炳辉团长走过五次反"围剿"战争，走过漫漫长征路，见证了这位将军的传奇经历。

　　红九军团于 1933 年 12 月 30 日成立，由红军第三、第十四师等部队组成，隶属于红一方面军，罗炳辉任军团长，政治委员是蔡树藩。红九军团组建后立即投入第五次反"围剿"战争。在反"围剿"作战中，红九军团曾多次单独执行作战任务，时而长驱直入敌军中心，时而绕到敌军背后攻其不备。在第五次反"围剿"广昌保卫战中，红九军团担负保护全军右翼的任务，伤亡很大，后经扩充扩编，长征出发前人员达 1.1 万人。

　　第五次反"围剿"失败后，中央红军于 1934 年 10 月被迫进行长征。长征开始后，红一、三军团担任开路先锋，红九军团担任左翼掩护任务，掩护中央纵队（中央机关）前进。在突破敌人四道封锁线时，红九军团闯关夺险，负责抢占要点，组织追击和侧击敌人，掩护中央纵队通过。抢渡湘江时，红九、红一军团在右翼堵截敌军，配合左翼的红三、红八军团，掩护中央纵队过江。战斗整整打了两天两夜，硬是没让敌军越雷池一步。在顺利掩护中央纵队和红一、红三、红八军团渡过湘江后，罗炳辉才率领红九军团从容地过江退走。

　　遵义会议后，红九军团奉命留在乌江以北执行诱敌任务，以掩护主力红军南渡乌江。1935 年 3 月，红九军团奉令在马鬃岭诱敌北上，以掩护主力红军秘密南下。罗炳辉率部在马鬃岭西北路上摆放红标语，路侧放烟火扮炊烟，广散消息，伪装红军主力北上的假象，成功迷惑了敌军。等敌军发觉上当时，主力红军已迅速向南转移渡过了乌江。

　　然而，当红九军团完成诱敌任务，连夜赶到乌江边准备抢渡乌江追赶主力红军时，国民党军队已经封锁了乌江渡口，红九军团被阻在乌江北岸。前面是滔滔江水，后面是敌军重兵围追，红九军团陷入绝境。罗炳辉等军团领导决定先向东北方向转移，摆脱敌人，然后再南渡乌江，追赶主力红军。红九军团昼夜兼程赶到金沙县的老木孔，此时黔军也追到这里。罗炳辉等军团领导研究后认为，黔军是身背烟枪的"双枪兵"，战斗力差，装备落后，可以利用有利地形进行打击。在战斗打响前，罗炳辉在敌人援兵必经的鸡爪山布下迷魂阵，大小红旗插遍山头，号声此起彼伏，让敌人认为红军主力在此，不敢上前。成功迷惑住敌人后，罗炳辉率部在老木孔镇菜子坳，利用有利地形，设下埋伏圈，引敌人入瓮，打了一个漂亮的伏击战。此战痛击黔军，俘获敌人1800多人，毙敌200多人，缴枪千余支，子弹2万余发，创造了以少胜多、孤军获胜的经典战例。这次战斗使附近的敌军退缩不敢上前，红九军团得以摆脱敌人，行动更加自由。这次战斗打得漂亮，充分显示了罗炳辉团长"智勇兼全"的战略智慧。

老木孔一役后，红九军团奉命继续单独执行作战任务，相继挺进宣威，吸引敌军，掩护中央红军渡金沙江。1935年4月，红九军团攻克宣威、会泽等地。宣威、会泽一带靠近罗炳辉的家乡彝良县，罗炳辉对这里的风土人情较为熟悉，他筹款、招募新兵、侦察敌情、找向导等，都得到了当地老乡的热情帮助。战士们亲切地称呼罗炳辉为"云南将军"，说我们的"云南将军"回老家来了。

1935年5月上旬，在掩护红军主力渡江后，罗炳辉也率部渡过金沙江，进入了四川境内，在凉山地区袭扰、牵制敌人。那时，大小凉山地区的彝族同胞对红军还不大了解，他们在川军的欺压下对汉族同胞深有隔阂，不准汉人军队进入这一地区。红军初达时，彝民或几十人或几百人集结在一起，手持武器，严密警戒。罗炳辉了解彝族同胞的生活情况，他和军团领导亲自出面，拜访彝族"头人"，向他们说明红军的民族政策和纪律，还送给他们优厚的礼物和枪支弹药。经过宣传解释，彝族同胞消除了顾虑，允许红军通过。当红九军团通过凉山地区时，一个"头人"见罗炳辉高大魁梧、气宇轩昂，便邀请他打靶。罗炳辉是有名的神枪手，欣然同意，只见他从容地走进靶场，屏气凝神，一枪直中靶心，惹得这位"头人"连连叫好。

红九军团一路北上到达礼州与主力红军会合，近两个月的单独行动至此结束。会合后红九军团接替红五军团担任全军后卫，掩护中央红军北上过大渡河。中央红军渡河后，红九军团守住泸定桥，从侧后掩护中央红军北上。翻越夹金山时，红九军团仍担任全军后卫，监视敌情，直到1935年6月在四川懋功地区与红四方面军会师。

红九军团在长征中参加了三个方面军的行动。1935年8月，中央红军恢复红一方面军番号，随即与红四方面军混编成左、右两路军共同北上。红九军团被编入左路军，后改编为红三十二军，罗炳辉任军长，随红四方面军主力南下。后来，罗炳辉曾率三十二军去迎接从湘西前来的红二、六军团的先头部队。1936年6月，红二、六军团与红四方面军会师。会师后，红三十二军和红二、六军团合编成红二方面军。随后，红二方面军与红四方面军共同北上。10月，红二方面军在将台堡与红一方面军会师，长征胜利结束。

长征中，罗炳辉率领红九军团"千里走单骑"，成功完成掩护主力转移的任务，被周恩来亲切地称为"战略骑兵"。罗炳辉能谋善断，指挥有方，善于运用机动灵活的游击战术，使敌人闻风丧胆，被美国记者海伦·福斯特在《续西行漫记》里称为"一个智勇双全的人物"。

这把手枪随罗炳辉走完反"围剿"战争，走过长征路，距今已有近百年历史。透过它，我们仿佛看到了英雄在战火中浴血奋战的身影。

罗炳辉将军曾说过这样一句话："人生最快慰的事是真正勇敢地牺牲个人的一切利益，最热诚努力地为民族独立、自由解放而斗争。"他用毕生的奋斗实践了这一豪迈誓言。

（尹静）

★ 郭沫若书写的"四·八"烈士祭文

质地：纸质

时间：1946 年 4 月 19 日

尺寸：37 厘米 ×156 厘米

"为和平民主献身"的祭文
——王若飞

王若飞（1896—1946），原名运生，号继仁，贵州安顺人。1922年发起成立"旅欧中国少年共产党"。1923年赴苏联学习，回国后任中共豫陕区党委书记、中共中央秘书部主任等职。1931年因叛徒出卖被捕，1937年获释。抗战爆发后，任中央华中兼华北工作委员会秘书长、八路军副参谋长等职。1945年，作为中共代表之一同国民党谈判。1946年出席在重庆召开的政治协商会议。1946年4月8日由重庆返回延安途中，因飞机失事遇难，时年50岁。2009年，王若飞被评为"100位为新中国成立作出突出贡献的英雄模范人物"。

1945年5月，王若飞（左一）、陈毅（右一）和毕德坚上校在延安。

人物链接

为人民而死，虽死犹荣。

——毛泽东

这是郭沫若书写的 1946 年 4 月 19 日在重庆举行"四·八"烈士追悼会上的祭文，文末有郭老 1962 年题记。祭文追忆了王若飞等人的"盛德大业"，追述了王若飞等人为争取和平民主奔走而遭遇飞机失事的不幸事实。王若飞作为共产主义先驱，一生都在为和平民主奔走呼号。

抗战胜利前后，中国面临内战与和平两条道路。为反对专制独裁、争取和平民主，中国共产党与国民党进行了多次谈判，王若飞作为共产党代表之一，三次参加与国民党代表的谈判斗争。

第一次是 1944 年王若飞参加在西安、重庆与国民党代表的谈判。1944 年春，为了援助侵入南洋的日军，挽救在太平洋战场上的失利，打通从中国的东北到越南大陆的交通线，日军发动了豫湘桂战役。国民党几十万大军一路溃逃，激起了全国人民的愤怒。在这种情况下，共产党派出林伯渠、王若飞与国民党代表谈判。林伯渠、王若飞先飞往西安，同国民党代表张治中、王世杰进行五轮会谈，最后达成了四项十七条内容。5 月 17 日，林伯渠、王若飞抵达重庆。22 日，林伯渠、王若飞将谈判方案交付张治中、王世杰，可他们发现国民党方没有谈判诚意，对他们的提案也是各种敷衍，谈判没有结果。因此，他们便向中共中央提出关于时局和方针的报告，建议我党一方面不把谈判的大门关死，另一方面对国民党利用谈判粉饰国内团结，抑制民主势力和党内进步力量的阴谋给予坚决的揭露。党中央肯定了他们的这一正确建议。

第二次是 1945 年王若飞参加重庆谈判，签署了"双十协定"。日本投降后，蒋介石加快了进行内战的步伐。为了掩盖内战阴谋，欺骗人民，蒋介石于 1945 年 8 月 14 日、22 日、23 日连续三次电邀毛泽东到重庆进行和平谈判。蒋介石的诡计是如果毛泽东不来谈判，就污蔑共产党不要和平与团结，将内战的责任推到共产党身上；如果毛泽东来谈判，就迫使共产党交出人民军队和解放区，即使不成，也可以为准备内战争取时间。

为了争取国内和平民主，揭露蒋介石的和平欺骗阴谋，8月28日上午，王若飞随毛泽东、周恩来在张治中、赫尔利的陪同下，飞抵重庆，同国民党进行和平谈判。29日晚，周恩来、王若飞举行茶话会，招待重庆各界人士。会上，王若飞向大家报告了《中共中央对时局宣言》的主要内容。8月31日至9月3日，周恩来、王若飞同国民党就一般性的政治、军事问题进行商谈。9月4日至10月10日，国共两方谈判代表举行了十次正式谈判会议。

毛泽东同蒋介石只作一般性的交谈，不涉及具体措施和办法，具体谈判细节则由周恩来、王若飞来完成。周恩来是中共代表团的主要发言人，王若飞配合周恩来作了多次发言。王若飞发言时从容不迫，铿锵有力，说理透彻；反驳时有理有据，直击问题要害，常常驳得对方哑口无言。王若飞的工作非常繁忙，白天要与国民党谈判，晚上还要与毛泽东、周恩来研究对策，很难好好休息。

经过43天的紧张谈判，双方于10月10日签署了《国民政府与中共代表会谈纪要》（"双十协定"），谈判结果虽然没能解决军队、解放区政权这两个根本问题，但迫使国民党同意和平建国的基本方针，承认各党派的平等合法地位和人民的某些民主权利，并同意召开政治协商会议。王若飞在谈判中坚持党的政策和原则，为争取和平民主做了很大努力。蒋介石虽然同意和平建国，但通过战争消灭解放区和人民军队的企图始终没变。

"双十协定"签订后的第三天，蒋介石就发布了进攻解放区的密令。解放区军民在共产党的领导下进行自卫还击，击退了国民党军队的进攻，蒋介石不得不再次坐下来进行谈判。1946年1月10日，国共双方正式签订了停止国内军事冲突的协议；同日，国共双方所属部队发布了停战令。

第三次是王若飞参加1946年政治协商会议的协商谈判。1945年底，国统区人民掀起了反内战、争民主运动。为了缓和人民的反抗情绪，进一步为准备内战争取时间，蒋介石同意召开政治协商会议。1946年1月10日，政治协商会议在重庆开幕。出席政协会议的有国民党、共产党、民主同盟、青年党和无党派人士的代表共38人。全体代表被分成5个小组，王若飞与国民党代表王世杰、民盟代表罗隆基等在一个小组，主要讨论政府改组问题。在小组会上，王若飞紧密地团结罗隆基，就复杂尖锐的形势进行深入分析，以博学多识赢得了罗隆基的赞赏。在大会上，他坚持党的原则立场，运用灵活机动的斗争策略，团结各民主党派，在一系列重大问题上对国民党独裁政策进行针锋相对的斗争。

政协会议历时22天，在通过政府组织案、国民大会案、和平建国纲领、军事问题案、宪法草案五项协议后于1月31日闭幕。会议期间始终充满了民主与反民主、独裁与反独裁的斗争。在中国共产党和各民主党派的共同努力下，政治协商会议达成了有利于和平建国的若干协议，这是全体政协会议代表努力的结果，王若飞在其中作出了重要贡献。

国民党看到政协协议不利于他们的独裁统治，便不打算执行。3月1日召开的国民党六届二中全会通过的决议全盘推翻了政协协议。随后，政协综合小组和宪草审议协商小组召开几次会议，商讨国民大会、宪法草案等问题，王若飞参加，但国民党代表顽固地坚持国民党六届二中全会决议，会议未达成任何协议。

4月8日，王若飞携带中共代表团就宪法、国民政府组成等问题同国民党谈判的方案，回延安向党中央请示汇报。他在机场给前来送行的周恩来留下了人生最后一句话——"一切要为人民打算"。这一天，重庆阴雨连绵，天空阴暗昏沉，王若飞等人不顾恶劣天气，于上午8时45分乘坐美国运输机飞往延安。飞机上除了王若飞，还有刚被我党营救出狱的新四军军长叶挺，以及秦邦宪、邓发、黄齐生、李少华等人。飞行途中遇雨迷航，不幸在山西省兴县黑茶山上撞山坠毁，包括王若飞在内的17名人员全部遇难。

周恩来得知王若飞遇难消息，悲痛地说："失掉了他，好像失掉一种力量，失掉一种鼓励，失掉一个帮手。"4月19日，重庆各界举行追悼"四·八"烈士大会，刘少奇、朱德、林伯渠、贺龙等参加了追悼会，郭沫若在追悼会上宣读了该祭文。同日，延安《解放日报》特辟追悼"四·八"烈士专刊，毛泽东为专刊题写了"为人民而死，虽死犹荣"的挽词。

王若飞用生命实践了他"一切要为人民打算"的诺言，他"为人民而死，虽死犹荣"。

（尹静）

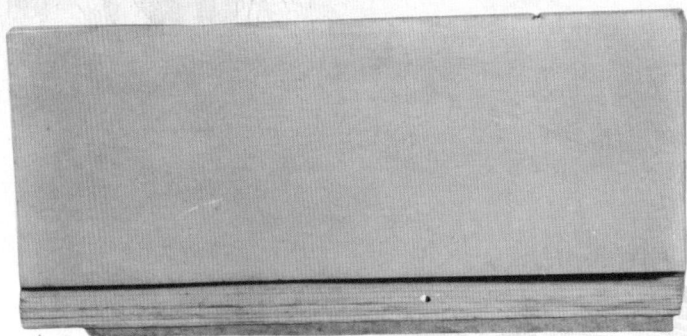

★ 李白用过的电报纸

质地：纸质

尺寸：8 厘米 ×22 厘米

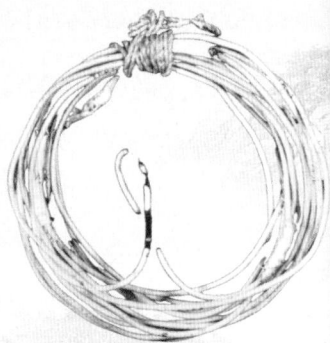

★ 李白用过的电线

质地：铜丝胶皮线

永不消逝的红色电波
——李白

李白（1910—1949），原名李华初，湖南浏阳人，中共地下情报员。1927年参加湘赣边秋收起义。1930年8月参加红军。1931年在江西学习无线电技术，后到红五军团任电台台长兼政委。1937年到上海从事秘密电台工作。1942年9月被捕入狱，次年5月获释。抗战胜利后，李白到上海继续从事秘密电台工作。1948年12月30日发电报时被国民党特务逮捕，次年5月7日被秘密杀害，时年39岁。2009年，李白被评为"100位为新中国成立作出突出贡献的英雄模范人物"。

人物链接

李白为人民解放事业战斗到最后一滴血，他的英名将永垂不朽。

——李克农

这是李白烈士从事秘密电台工作时用的电报纸和电线。李白烈士深入敌后从事秘密情报工作，他一生三次被捕，在敌人的严刑逼供下始终不吐实情，保守党的机密，直至最后为革命事业献出了宝贵生命。

李白出身贫困，只读到小学四年级就辍学打工。1930 年，李白参加了中国工农红军第四军，1931 年 6 月入瑞金红军通信学校学习无线电技术。毕业后先分配到红五军团第十三军担任无线电队政委，后又调任红五军团电台台长兼政委，并参加了长征。长征中，作为红五军团电台台长，他要求报务员要"视电台重于生命"，这也正是他自己终生矢志不移的"座右铭"。

抗日战争爆发后，延安由于敌人的封锁与外界联系不畅，为了架起上海地下党组织和延安党中央联系的"空中桥梁"，组织派李白去上海筹建秘密电台。1937 年 10 月，李白赴上海筹建秘密电台。1938 年春，秘密电台筹建完成。在日寇、汪伪特务控制严密的上海，他冒着生命危险，搜集日军情报，秘密传送给延安党中央。

为了隐蔽电台，他将电台功率从正常的 75 瓦降到 15 瓦，电台功率降下来了，它发出的电波不易被敌人探测到，但随之而来的问题是，这个电波也很难传到距离较远的延安。为了解决这个问题，李白在反复试验后选择在空中干扰少的半夜 12 点后收发电报。同时，为了不引人注意，他在收发电报时会拉上深色窗帘，将 25 瓦灯泡换成 5 瓦，在灯泡上遮一层布以避光，在电报按键下垫上一层纸以消音。就这样，每当夜深人静，在昏暗的灯光下，一封封重要情报由他的秘密电台发往延安。

说到李白就不能不提到他的妻子裘慧英同志。1939 年春，组织安排女工出身的中共地下党员裘慧英与李白假扮夫妻，掩护秘密电台工作。两人在革命工作中日久生情，次年经组织批准结为正式夫妻。

李白在收发电报时，裘慧英会在他周围担负起警戒任务。后来，李白又跟我党无线电专家涂作潮学会如何装、修电台，从而成为一名全能型无线电报务员。

地下电台的工作充满危险，只要开机工作，就有可能被敌人的无线电探测到。李白的电台曾三次被敌人发现，他三次遭敌逮捕。

第一次是1942年被日本特务逮捕。太平洋战争爆发后，日军占领了上海，疯狂镇压中国人民的抗日斗争，秘密电台的处境非常危险。为了摆脱敌人的追踪，李白经常转移电台方位，甚至把电台功率降至7瓦，但仍被狡猾的敌人探测到了。1942年9月，李白在收发报时，他的电台被日军采用定向侦察、分区停电等手段探测到了。就在日本宪兵破门而入的几秒内，李白迅速扯掉了收音机上的两根小线圈，把它们揉乱丢弃。敌人查获了李白的收音机和发报机，把李白夫妇押到日本宪兵总部，分别关押审讯。敌人用老虎凳、辣椒水、电击等酷刑逼李白交代电台来历。李白被折磨得死去活来，但他咬紧牙关，坚不吐实，一口咬定自己是个生意人，在夜里用收音机收听业内行情。敌人请来了日本无线电专家，这些专家也查不出他的收报机，没有收报机的电台无法使用，也就不能定他的罪。敌人无奈只能释放了裘慧英，但将李白转到汪伪特工总部关押，直到次年5月才获释。

那么，李白的收报机到底哪里去了呢？秘密就在那台收音机上。它接上两根小线圈就变成了收报机，拆掉线圈就又还原成收音机，狡猾的日本特务是无论如何也想不到其中玄机的。

第二次是1944年被国民党特务逮捕。出狱后，李白夫妇与党组织暂时失去联系，直到1944年才与潘汉年领导的中央华中情报局取得联系。这年秋天，组织将李白夫妇调往浙江，安排他打入国民党国际问题研究所（以下简称"国研"）做报务员。他化名李静安，往返于浙江的淳安、场口和江西的铅山之间，利用国民党的电台继续为党传送日、美、蒋方面的大量战略情报。一天，李白带着电台乘船到淳安途中，他藏在箩筐里的电台被国民党查获。李白从口袋里掏出一张"国研"电台证明，敌人借口证明已过期将他逮捕。李白判定自己的行动没有露出任何破绽，便泰然处之。第二天，在"国研"出具有效证明后，他被无罪释放。

第三次是1948年被国民党特务逮捕。抗战胜利后，李白夫妇回到上海，把电台设在黄渡路，继续从事秘密电台工作。起初，李白的公开身份仍是国民党国际问题研究所职员。该机构撤销后，李白又到复兴岛渔业管理处搞设备修理。这份工作十分辛苦，李白每天早出晚归，深夜秘密发报，不管严寒酷暑，他都及时把大量军事、政治情报秘密传送给党中央。

1948年，解放战争进入大决战阶段，李白的工作量陡增，发报时间增长，敌人出动大量特务加紧搜捕电台，对他的包围圈日益缩小。1948年12月30日凌晨，李白的住所突然被国民党特务包围，裘慧英催促正在发报的李白赶快收藏电台。李白用最快的速度发完了最后几组电文，随即将底稿撕碎扔进厕所，将天线、发报机拆了装入肥皂箱，藏在壁橱内。这时，特务们已破门而入，一阵翻箱倒柜后，他们搜出了藏在壁橱里的肥皂箱。李白再次被捕，被押到淞沪警备司令部刑讯室。敌人严刑拷打，连续审讯了30多个小时，使用各种刑具将他折磨得死去活来，还把他的妻儿抓来诱供，但这些招数都没能使李白屈服。

1949年2月，李白被押到南市蓬莱路警察局看守所。几个月后，裘慧英打听到这个看守所对面一户居民家的阳台正对着这个看守所。5月7日，裘慧英带着儿子找到那户人家，来到这户人家的阳台上，与李白见了最后一面。那时李白的双腿已被老虎凳压断了站不起来，他只能在难友的托举下爬到窗口与妻儿见面。裘慧英看他满脸是血，十分难过，他却平静地对她说："天快亮了，我所希望的也等于看到了。今后我回来当然更好，万一不能回来，你和孩子和全国人民一样，可以过自由幸福的生活！"当晚，特务头子毛森根据蒋介石亲批"坚不吐实，处以极刑"的指示，将李白押至浦东戚家庙秘密杀害。

由于李白守口如瓶，他亲手建立的备用电台在他被捕后得以继续使用，为上海的解放作出了重要贡献。

在他牺牲后的第 20 天，也就是 5 月 27 日，上海迎来解放。上海解放后，人民解放军军管会和裘慧英四处查找李白的下落，直到 6 月 20 日，才找到李白烈士的遗体。

1958 年，八一电影制片厂拍摄了以李白烈士为原型的电影《永不消逝的电波》，电影的主人公李侠就是李白的代名。1987 年，由陈云题词的"李白烈士故居"在黄渡路落成，现在已成为上海市爱国主义教育基地。

烈士虽已逝，红色电波永不消逝，李白烈士永远活在我们心中。

（尹静）

竖写原文（自右至左）：

恭录

毛主席为人民服务的

我们的共产党和共产党所领导的八路军新四军是革命的队伍我们这个队伍完全是为着解放人民的是彻底地为人民的利益工作的张思德同志就是我们这个队伍中的一个同志

一九四四年九月八日

人总是要死的但死的意义有不同中国古时候有个文学家叫做司马迁的说过人固有一死或重于泰山或轻于鸿毛为人民利益而死就比泰山还重替法西斯卖力替剥削人民和压迫人民的人去死就比鸿毛还轻张思德同志是为人民利益而死的他的死是比泰山还要重的

如果我们有缺点就不怕别人批评指出不管是什么人谁向我们指出都行只要你说得对我们就改正你说的办法对人民有好处我们就照你的办精兵简政这一条意见就是党外人士李鼎铭先生提出来的他提得好对人民有利益我们就采用了只要我们为人民的利益坚持好的为人民的利益改正错的我们这个队伍就一定会兴旺起来

我们都是来自五湖四海为了一个共同的革命目标走到一起来了我们还要和全国大多数人民走这一条路我们今天已经领导着有九千一百万人口的根据地但是还不够还要更大些才能取得全民族的解放我们的同志在困难的时候要看到成绩要看到光明要提高我们的勇气中国人民正在受难我们有责任解救他们我们要努力奋斗要奋斗就会有牺牲死人的事是经常发生的但是我们想到人民的利益想到大多数人民的痛苦我们为人民而死就是死得其所不过我们应当尽量地减少那些不必要的牺牲我们要互相爱护互相帮助

今后我们的队伍里不管死了谁不管是炊事员是战士只要他是做过一些有益的工作的我们都要给他送葬开追悼会这要成为一个制度这个方法也要介绍到老百姓那里去村上死了人开个追悼会用这样的方法寄托我们的哀思使整个人民团结起来

徐特立 一九六七年一月九十周岁

★ 徐特立抄录的毛泽东的《为人民服务》

质地：纸质
时间：1967年1月
尺寸：131厘米×66厘米

毛泽东《为人民服务》的主人公

——张思德

张思德（1915—1944），四川仪陇人，全心全意为人民服务的典范。1933 年加入红军，1935 年参加长征。1940 年任中央军委警卫营通信班班长。1942 年调入中央警备团。1943 年调入中央警备团直属警卫队，在毛泽东身边当警卫战士。1944 年 9 月

和战友一起烧炭的张思德(左)

5 日在陕北安塞烧炭时因窑洞崩塌不幸牺牲，时年 29 岁。2009 年，张思德被评为"100 位为新中国成立作出突出贡献的英雄模范人物"。

张思德同志是为人民利益而死的，他的死是比泰山还要重的。

——毛泽东

这是徐特立 1967 年 1 月抄录的毛泽东的《为人民服务》全文。《为人民服务》是根据毛泽东在张思德追悼会上的讲话整理的。毛泽东在讲话里说："人总是要死的，但死的意义有不同。""为人民利益而死，就比泰山还重；替法西斯卖力，替剥削人民和压迫人民的人去死，就比鸿毛还轻。张思德同志是为人民利益而死的，他的死是比泰山还要重的。"

张思德作为一名共产党员，一生都在全心全意为人民服务。

张思德生于四川仪陇一个贫苦农民家庭，1933 年参加红军，随红四方面军长征。一路上他机智勇敢，曾只身泅渡嘉陵江，巧夺大船，为大军开路。在川西茂州地区的战斗中，他一人缴获两挺机枪。

红军过草地时，张思德还有过"泥潭救人"之举。那天，队伍正在草地上行进，一个小战士不小心掉进了泥潭里，他在慌乱中边挣扎边喊救命，却不断往下陷。一旁急眼的班长伸手去拉，张思德连忙阻止。他拉着战友趴在烂泥潭里，让班长踩着他俩身体，一点点把小战士拉上来。这次"泥潭救人"在队伍里一时传成佳话。

在长征路上，为了战胜饥饿，走出草地，完成北上抗日的任务，党组织发出了"尝百草"的号召。茫茫草地，野草丛生，要尝出一种能吃的野菜很不容易，很可能会死亡。张思德抢着去尝野菜，找到一种能吃的，马上告诉其他战友。一天，部队在一处水草丰茂的沼泽地宿营。张思德和一个小战士去找野菜，他们在水塘边看到一簇簇青翠的野菜。小战士高兴地喊起来："野萝卜！这是野萝卜！"说着便摘下一片叶子要塞进嘴里。张思德见状，立即抢过来放进自己嘴里。他嚼了嚼，味道甜丝丝的，但不久就感到头晕恶心、全身无力，意识也逐渐模糊起来。他急忙对小战士说："这草有毒，快告诉……"没等话说完，他就失去了知觉。闻讯赶来的战友急忙把他抬到卫生队，服下解毒药物后，他才从鬼门关捡回一条命。

张思德不仅尝百草，还尝水。在草地里行军，战士们在沿途取水饮用，有些水洼里的水含有毒素，喝了会致命。有一次，一个战士喝水中了毒，师里让通讯班赶快通知各部队。那天晚上，张思德跑了大半夜，挨个部队通知，防止喝水中毒。后来，每当部队沿途休息时，张思德都先去取水饮用，自己没事了才让大家喝。

从草地往前走，到达葛曲河边。这条河是黄河上游支流，河宽水寒，张思德和几个会游泳的战士手挽着手站在河中央，保护不会游泳的战士过河，直到战士们都安全过了河，他们才到对岸去。张思德在关键时刻，总是把生的希望留给战友，把死的危险留给自己。

1936年10月红军到达陕北后，张思德到八路军荣誉军人学校学习。1940年，张思德调到中央警卫营通讯班任班长。工作中，他严格要求自己，在困难面前奋勇当先。那时的通讯班没有任何交通工具，不管路多远都要靠两条腿走过去，送件途中也会遇到许多意想不到的困难。一天，领导派张思德送一急件到王家坪中央军委总参谋部作战室，作战室离他有20多里路，张思德接过信就出发了。可是天公不作美，半路下起大雨，张思德既不想耽误送信，又担心信被雨淋湿。他站在路边着急，后来想出一个办法。他脱下鞋子，把信放进鞋子里，然后又脱下上衣将鞋子包裹严实。他把包裹夹在腋下，光背赤脚一口气跑到作战室。到了目的地后，把信取出来一看，一点都没湿，他圆满地完成了任务。

张思德班长有个"百宝箱"，里面装了针线、锥子、布头、麻绳等小零碎。别小看这些不起眼的针头线脑，平时缝缝补补可离不开它们。他的"百宝箱"在全班传着用，他也时常帮着小战士缝缝补补。

抗日战争进入相持阶段后，陕甘宁边区财政经济遭遇严重困难。

为了克服极端财政困难，陕甘宁边区军民响应毛主席"自己动手，丰衣足食"号召，开展大生产运动。1941年秋，张思德随中央警卫营开赴南泥湾去开荒。那时的南泥湾遍地沙棘、满山野草。没有住房，张思德和战友自己动手搭建。他们砍下树枝，搭起简易棚子，棚顶用茅草覆盖，地上用茅草铺垫，战士们戏称它是"战地之家"。没有开荒工具，他们就自己制造。他们披荆斩棘，春天播种，秋天收获，硬是把一座荒山变成了"米粮川"。

1942年春，延安修建大礼堂，张思德被抽调去参加施工。上大梁时，工人在木架子上搭绳，慢慢地把大梁往上拉。大梁刚拉上去，支撑大梁的木架就发出"咔嚓"的断裂声，眼看着大梁就要砸下去。当时张思德就在木架子顶上工作，他三两步奔过去，用肩顶住大梁，迅速把大梁榫头撂进墙上的榫口里，整个木架稳住了，他自己却受了伤。这一切被路过的毛泽东瞧见了，他认出了张思德，立即派人去请医生过来医治，并称赞张思德是好样的。

1942年11月，中央军委警卫营和中央教导大队合编为中央警备团，当了多年班长的他成了一名普通战士，但他愉快地服从了组织决定。1943年4月，张思德因表现出色，被调到中央警备团直属警卫队，在毛泽东身边当了一名警卫员。张思德非常高兴，把全部心思都放在毛泽东的警卫工作上，他每天把主席窑洞都打扫得干干净净；毛主席常走的路，他都修得平平整整；毛主席每次外出，他都提前把准备工作做细，争取做到万无一失。

1944年夏，为了解决中央机关和部队取暖问题，上级决定从警卫队抽人到安塞去烧木炭。由于张思德烧炭技术好，领导便让他带着四名同志去烧炭。张思德他们背上行李来到了安塞石峡峪村，这里有茂密的青冈林，非常适合烧炭。张思德选好窑址，和战友们一起砍树枝、挖窑、烧炭。在烧炭时张思德一直在窑边守着，吃住都在窑边，时刻观察烟的颜色，判断火候。奋战一个多月，他们烧制了五万多斤优质木炭。

1944年9月5日拂晓，天下着牛毛细雨，张思德决定再挖一口新窑来烧炭，但不幸的是，在挖窑时洞体突然崩塌，他被砸在了窑洞里，壮烈牺牲。

9月8日，中央机关和中央警备团一千多人在延安枣园沟口的操场上为张思德举行了追悼大会，毛泽东参加了追悼会，亲笔题写"向为人民利益而牺牲的张思德同志致敬"的挽词，并发表悼念讲话。

张思德在平凡岗位上默默奉献，用自己短暂的一生诠释了全心全意为人民服务的革命精神。张思德同志"为人民利益而死"，重于泰山！

（尹静）

鄒韜奮先生遺像

鄒韜奮先生遺囑

我自己能力薄弱，貢獻微少，二十餘年來追隨諸先進，努力於民族解放、民主政治和進步文化事業，竭盡綿薄，全力以赴，鑒顧沛流離，艱苦危難，甘之如怡。此次在敵後根據地視察研究，目睹人民的偉大鬥爭，使我更看到新中國光明的未來。我正增加百倍的勇氣和信心，鞭勉自勵，為我偉大祖國與偉大人民繼續奮鬥。但四五年來，由於環境的關係，我的行動不能自由，最近更不幸臥病纏年，呻吟床褥，竟不能起。但我心懷祖國，懷念同胞，顧以最沉痛的迫切的心情，最後一次呼籲全國同胞堅持團結抗戰，早日實行真正的民主政治，建設獨立自由幸福的新中國。我死後，希望能將遺體先行解剖，或可對醫學上有所貢獻，然後遺骸火葬，骨灰盡可能帶往延安，如其合格，請追認入黨。我一生奮鬥歷史，請追認入黨。遺囑亦望能妥送延安。我妻沈粹縝女士可參加社會工作，大兒家驊專攻機懂工程，次子家騮研習醫學，幼女家驛覺好文學，均望予以深造機會，俾可貢獻於偉大的革命事業。

★ 《邹韬奋先生遗嘱》宣传品

质地：纸质

时间：1944 年 6 月 2 日

尺寸：38 厘米 ×27 厘米

申请入党的遗嘱

——邹韬奋

邹韬奋（1895—1944），本名恩润，祖籍江西鹰潭，生于福建永安，中国新闻记者、出版家。1926年主编《生活》周刊。1932年成立生活书店。1935年创办《大众生活》周刊。1936年创办《生活日报》，同年当选为全国各界救国联合会执行委员。全面抗战爆发后，创办《抗战》三日刊、《全民抗战》。1942年到苏北根据地考察。1944年病逝于上海，时年49岁。代表作品有《韬奋漫笔》《萍踪寄语》《萍踪忆语》等。2009年，邹韬奋被评为"100位为新中国成立作出突出贡献的英雄模范人物"。

热爱人民，真诚地为人民服务，鞠躬尽瘁，死而后已，这就是邹韬奋先生的精神，这就是他之所以感动人的地方。

——毛泽东

　　这是《邹韬奋先生遗嘱》宣传品，上方刊有邹韬奋先生肖像。在遗嘱中，他自述二十余年"努力于民族解放、民主政治和进步文化事业"，呼吁全国团结抗战，早日实现民主，并表达了加入中国共产党的愿望。

　　邹韬奋作为一个民主主义战士，一位杰出的新闻工作者，一生都在为民族解放呐喊，为人民民主奔走呼号。

　　邹韬奋早年编过《职业与教育》月刊，对新闻工作产生了兴趣。1926 年，他接任《生活》周刊主编，开始了正式的新闻生涯。《生活》周刊由黄炎培于 1925 年 10 月 11 日在上海创办，是中华职业教育社的机关报。该刊物从第 2 卷起，由邹韬奋主编。邹韬奋接手后对周刊进行大胆改革，确定该刊宗旨为"暗示人生修养，唤起服务精神，力谋社会改造"。改革后刊物的趣味性增加了，文章形式也变得活泼多样起来，为了更好地贴近群众，邹韬奋还开辟了"小言论"栏目。每期"小言论"皆出自邹韬奋之手，文章短小精悍，内容贴近大众生活。

　　邹韬奋从一位民主青年到一位抗日救亡斗士的转变，始于"九一八"事变。"九一八"事变后，面对日寇的残暴、山河的破碎和国民党的不抵抗，邹韬奋骤然觉醒，积极投入抗日救亡运动。他在《生活》周刊上发表时论，痛批国民党政府不抵抗政策。"一·二八"事变爆发后，《生活》周刊报道中国军民抗日的英雄事迹，并征集军需物资供应前线。"九一八"事变以来，《生活》周刊以团结抗敌御侮为宗旨，成为全国救亡运动的舆论阵地，其发行数量也一路上升，最高达 15 万份，开创了当时杂志发行量的最高纪录。

　　由于宣传抗日、反对内战，国民党当局将《生活》周刊视为眼中钉进行打压，刊物随时可能被封。为了避免这种情况的发生，1932 年 7 月，在书报代办部基础上，邹韬奋成立了生活书店，专门编印进步书籍和刊物。有了生活书店，就有了坚实的后盾，即使《生活》周刊被封，也可以创办一个新的刊物继续出版。后来，生活书店在全国分店多达 56 家。

1933 年初，邹韬奋参加宋庆龄、鲁迅、蔡元培发起组织的中国民权保障同盟，被选为执行委员。6 月，中国民权保障同盟秘书长杨杏佛被国民党特务暗杀，邹韬奋处境危险。7 月，他被迫流亡海外，在流亡海外的两年多时间里，他考察了欧美等国，阅读了大量马列著作，世界观发生重大转变，认为只有共产党才能救中国。

1935 年 8 月邹韬奋回国，参加抗日救亡运动。他在上海、香港等地主编《大众生活》周刊、《生活日报》和《生活星期刊》，并担任全国各界救国联合会的领导工作。1936 年 11 月 23 日，因宣传抗日救亡、反对内战，国民党当局逮捕了邹韬奋、沈钧儒等 7 人，制造了"七君子事件"。在监狱里被关押的 8 个多月时间里，他笔耕不辍，写完了自传体《经历》等书。

全民族抗战后，邹韬奋获释，他到上海创办了《抗战》三日刊。上海沦陷后，他和何香凝、郭沫若等绕道前往武汉，继续主编《抗战》三日刊。"七七事变"周年时，他把自己主编的《抗战》三日刊与柳湜主编的《全民周刊》合并为《全民抗战》。武汉沦陷后，他到重庆继续主编《全民抗战》。

1937 年 12 月，邹韬奋到八路军驻汉口办事处拜访了周恩来，邹韬奋向周恩来提出加入中国共产党的请求。周恩来对他说："你现在以党外民主人士身份在国民党地区和国民党进行政治斗争，和你以一个共产党员身份所起到的作用不一样。这是党需要你这样做。"邹韬奋理解周恩来的用意，表示愿意接受。

邹韬奋在遗嘱里说："此次在敌后根据地视察研究，目睹人民伟大斗争，使我更看到新中国光明的未来。"这是邹韬奋在共产党领导的敌后根据地考察时看到的新景象。1941年"皖南事变"后，国民党当局加紧了对邹韬奋的迫害，他被迫流亡香港。在香港，他恢复了《大众生活》周刊，并与救国会留港代表茅盾等8人联名发表了《我们对于国事的主张和态度》，积极拥护党的路线政策。香港沦陷后，他在党的安排下，曾去东江游击区暂住，后来经武汉回到上海，转往苏北根据地参观访问。在苏北根据地，邹韬奋目睹了根据地军民一家、齐心抗日的新景象，这使他倍感振奋。他满怀激情投入了苏北根据地的火热生活，到处演讲宣传抗日。一次演讲时他说："我从事民族解放、民主政治和进步文化事业，虽然有了二十多年，可是真正看到的民主政治和进步文化，还是在这里。"

他在遗嘱里最后说："但四五年来，由于环境的压迫，我的行动不能自由，最近更不幸疾病经年，呻吟床褥，竟至不起。"邹韬奋患有严重耳疾，备受病痛折磨多年，直至病逝。邹韬奋在去苏北根据地的途中就发现患有耳疾，因为就医不便，当时仅用中草药进行简单治疗。在苏北根据地考察时，他耳疾恶化，疼痛难忍，新四军黄克诚师长把他的情况报告了上级，上级派来一位医生为他诊治，医生诊断后认为他患的是耳癌，要尽快手术，并进行放射治疗。这在当时医疗资源匮乏的根据地根本办不到，只能让他秘密潜回上海治疗。陈毅指示"速派同志重新护送韬奋回上海治病"，党组织还为他准备了路费和医药费。邹韬奋真切地感受到了组织的温暖，表示治好病之后一定还要回来。

回到上海后，邹韬奋接受了癌细胞切除手术，并进行了放射治疗。他对来看望他的同事徐伯昕说："希望病愈后继续和大家一块干二三十年，真正为人民大众、为人类进步事业做些事情。一是恢复生活书店；二是为失学青年办一个图书馆；三是办一份日报，以偿还此生夙愿。"在病痛中，他坚持写作《患难余生记》，后因病体难支，完成三章后，再无力终篇。

1944 年 6 月 1 日深夜，邹韬奋突然昏厥几分钟。他怕病情突变，次日就召集在上海的亲友预嘱了后事处置，并留下遗嘱。他在遗嘱里说："请中国共产党中央严格审查我一生奋斗历史，如其合格，请追认入党，遗嘱亦望能妥送延安。"1944 年 7 月 24 日，邹韬奋在弥留之际，嘱其夫人沈粹缜女士拿出遗嘱，在修改几个字后亲笔签上自己名字。当天，邹韬奋病逝。

邹韬奋逝世的消息传出后，举国哀痛。1944 年 11 月 22 日，追悼邹韬奋大会在延安边区政府大礼堂隆重举行，延安各界人士两千余人与会，隆重纪念这位杰出的新闻记者、出版家。10 月 7 日，《解放日报》发表了中共中央 9 月 28 日致其家属的唁电，追认他为中国共产党党员。

邹韬奋一生抱着追求真理、追求光明的信念，为祖国和人民的伟大事业鞠躬尽瘁、死而后已，我们永远怀念他！

（尹静）

中国国家博物馆
NATIONAL MUSEUM OF CHINA

文物里的英雄故事

Heroic Stories in Relics

中国国家博物馆◎编著

下册

新华出版社

目 录

CONTENTS

初心的方向

（新中国成立后）

★ 宗其香作油画《杨根思英雄排》

　　质地：布面油画

　　时间：1951 年

　　尺寸：通长 106 厘米，通宽 136 厘米

诠释英雄形象的经典画作

——杨根思

杨根思（1922—1950），江苏省泰兴县人，中共党员，中国人民解放军全国战斗英雄、中国人民志愿军第一位特等功臣和特级战斗英雄，中国人民志愿军第一位"朝鲜民主主义人民共和国英雄"，革命烈士。1944年2月参加新四军，1945年11月加入中国共产党，先后参加淮海战役等大小数十次战役战斗，历任班长、排长、连长，作战勇敢，擅长爆破，屡立战功，曾被评为战斗模范，荣获"爆破大王""华东一级战斗英雄""华东三级人民英雄"等称号，作为代表参加了第一次"全国战斗英雄代表会议"。1950年10月，参加中国人民志愿军赴朝作战。11月29日，在朝鲜战场阻击美军南逃的战斗任务中，杨根思用生命捍卫阵地，抱起最后的炸药包冲向敌群，与敌人同归于尽，时年28岁。2009年，杨根思被评为"100位新中国成立以来感动中国人物"。2019年，获得"最美奋斗者"荣誉。

不相信有完成不了的任务！不相信有克服不了的困难！不相信有战胜不了的敌人！

——杨根思

我国著名画家宗其香根据特级英雄杨根思牺牲时的英勇事迹创作了一幅经典油画——《杨根思英雄排》。在硝烟与战火弥漫的背景中，这位中国人民志愿军英雄双手紧抱炸药包，浑身充满坚定的力量，双眼流露出保家卫国的决心。只见他孤身从山坡奔下，奋勇冲向敌军，在他面前则是被这一景象吓得溃不成军，抱头逃窜的敌人。

这幅作品创作于 1951 年初。当时，杨根思手抱炸药包与敌人同归于尽，壮烈牺牲的事迹在国内引起巨大反响，宗其香听说后很受触动，决定为英雄的壮举创作一幅画作。于是他辗转找到了杨根思烈士生前所属连队，采访了他的战友，了解英雄成长历程，最终以充满力量的笔触，还原了这位英雄牺牲时的英勇瞬间。

英雄是什么？杨根思的形象就是最好的诠释。

在赴朝鲜作战以前，杨根思就已经是全国闻名的战斗英雄。他22岁加入新四军，先后历经抗日战争、解放战争、抗美援朝出国作战，在大大小小战役中屡建奇功，从一名作战英勇的战士，成长为人民军队优秀的作战指挥员。

1946 年 7 月，在解放军进攻山东泰安的战斗中，杨根思的脸颊被子弹击中，鲜血模糊了他的视线，他蒙着双眼投掷 2 颗手榴弹，全部精准命中目标，最终仅以 18 颗手榴弹攻下了全城的制高点——泰安天主堂。他一战成名，获得"战斗英雄"称号。后来，在鲁南郭里集战斗中，他冒着国民党军严密火力封锁，连续 3 次运送拉雷，凭着在部队中苦练的爆破技术，一举炸毁敌军前沿阵地碉堡，从此"爆破大王"的美名在部队传扬。1947 年 1 月，在鲁南战役齐村战斗中，杨根思奉命炸毁敌军碉堡。他刚冲到碉堡前，竟听到敌人正在争论是否投降。杨根思当机立断，飞身一脚踢开碉堡门，举起炸药包大喝一声"缴枪不杀！"吓得碉堡内的敌人纷纷缴了枪。杨根思俘虏敌军一个排，立了大功，被评为"华东一级战斗英雄"；后来他又在战斗中摧毁敌军暗堡群，歼敌众多，获得"华东三级人民英雄"称号。

杨根思跟随部队南征北战，屡立战功，为新中国成立作出了突出贡献。1950年9月25日，为表彰在中国革命战争中涌现出来的战斗英雄和工作模范，激励全军发扬革命英雄主义精神，在北京中南海怀仁堂召开了第一届全国战斗英雄代表会议和全国工农兵劳动模范代表会议，这是新中国成立初期召开的规模最大、规格最高的英模代表会议。出席全国战斗英雄代表会议的正式代表有350名，其中战斗英雄258名。杨根思作为华东军区暨第3野战军第9兵团第20军选出来的4名代表之一，光荣出席了这次大会，与各军区、各野战军的战斗英雄一道，受到毛泽东主席和朱德总司令的亲切接见。

不久之后，朝鲜战争爆发，为了不让祖国再次陷入危机，参加大会的战斗英雄们纷纷带头加入抗美援朝出国作战的志愿军队伍中，他们发誓要把敌人击溃。

1950年11月7日，杨根思作为中国人民志愿军第20军第58师第172团第3连连长，率领部队跨过鸭绿江奔赴朝鲜战场。当时，以美国为首的"联合国军"妄图在圣诞节前结束朝鲜战争。为了粉碎敌人的野心，中朝人民军队于11月25日发起第二次战役，杨根思所在的58师奉命前往东线参加长津湖战役。

11月27日晚，志愿军第9兵团在长津湖地区对美军陆战第1师、步兵第7师发起了强大攻势。经过一夜激战，志愿军已将长津湖地区的美军分隔阻截，形成4个大包围圈。美军陆战1师孤立无援，唯有突围南逃。此时，我军172团1营已占领长津湖南部下碣隅里东侧制高点1071.1高地，杨根思奉命带领连队扼守高地东南的小高岭阵地，阻断美军南逃退路。小高岭阵地事关美军生死，扼守部队势必会在这里经历一场血雨腥风的恶战。

杨根思领受了这个艰巨的任务后，立下军令状："人在阵地在，坚决把敌人消灭在小高岭阵地前沿，决不让敌人爬上小高岭半步！"

29 日清晨，小高岭阵地的上空，敌军飞机不停盘旋，疯狂对小高岭进行轰炸，防御工事被摧毁，阵地顿时变成一片火海，美军步兵在飞机重炮的掩护下向小高岭发起猛烈进攻。杨根思带领部队迅速抢修工事，他指挥战士们沉着应对，等敌人靠近到只有 30 米左右时，突然起身用步枪瞄准射击，干净利索地打退了第一轮攻势。美军不甘失败，紧接着组织 2 个连的兵力，在坦克的掩护下再次发起进攻。杨根思指挥部队与敌人顽强战斗，每次当敌人接近时，就让大家掷出一排手榴弹，再用机枪对敌人猛烈扫射。

战斗越来越激烈，敌军数十架飞机轮番轰炸小高岭阵地，炮火也不间断地向这里轰击。面对敌人的狂轰滥炸，战士们毅然发誓："坚决守住阵地，敌人上来一个，就消灭一个！"就这样，在杨根思的带领下，3 连战士们接连打退了敌人的 8 次进攻。敌人倒下一批又一批，然而反扑仍不停止。

此时，我军阵地上只剩下杨根思和 2 名伤员，手榴弹、子弹也快用光了。敌人发起了第 9 次冲锋，在漫天的硝烟中，成群的敌军爬近山顶。杨根思看着逼近的敌人，他命令通讯员把伤员背下阵地，自己则仍在坚守，孤身一人与敌人对峙。

他投光了手榴弹，打出了最后一颗子弹。面对着向他一步步靠近的敌人，杨根思的怒火与信念在胸中燃烧。他埋伏在高地上，当敌人快到山顶时，猛然抱起最后一个炸药包，果断拉燃导火索，大喝一声，纵身向敌群冲去……

一声巨响，震撼山川。英雄连长杨根思与 40 多个敌人同归于尽，用生命诠释了"人在阵地在"的铮铮誓言。

"英雄猛跳出战壕，一道电光裂长空，地陷进去独身挡，天塌下来只手擎！"电影《英雄儿女》的插曲《英雄赞歌》，唱出了志愿军将士英勇无畏、视死如归的英雄气概。有些战斗不容退却，如杨根思镇守小高岭，为了胜利、为了保卫祖国，即便战斗至最后一人，也要坚决斗争到底，决不放弃、决不屈服。子弹用尽了，战友牺牲了，那就将自己当作火炮，立于敌人面前。这，就是英雄的战斗！

杨根思曾有一句名言："不相信有完成不了的任务！不相信有克服不了的困难！不相信有战胜不了的敌人！"这"三个不相信"正是他一生作战坚守的信条，也是全体志愿军将士钢铁意志的展现。

杨根思是新中国第一位特等功臣和特级战斗英雄。在抗美援朝战争中，志愿军涌现出无数像杨根思这般的英雄儿女，他们为了保卫新中国，与敌人展开殊死搏斗，最终赢得了伟大的胜利。如今 70 余年过去了，杨根思在生命最后时刻所诠释的不朽英雄形象，仍然在祖国的大地上广为流传，历久弥新！

（张婧乐）

★ 黄继光牺牲时所在地堡上的横木

质地：木质

时间：1952 年 10 月 30 日

尺寸：长 79 厘米

屹立枪口前的民族脊梁
——黄继光

黄继光（1931—1952），四川省中江县人，中共党员，中国人民志愿军著名战斗英雄，革命烈士，生前为中国人民志愿军第15军45师135团2营6连通讯员。1952年10月20日，在朝鲜上甘岭战役争夺597.9高地的关键时刻，黄继光挺身而出，请求执行爆破任务。他与两名战友连续摧毁敌人多个火力点后，弹药用尽，身负重伤，毅然用自己的身躯堵住敌人猛烈扫射的枪口，为部队打通前进的道路，壮烈牺牲，年仅21岁。战后，黄继光所在部队党委追认他为中国共产党党员，追授"模范团员"。1953年，他被中国人民志愿军领导机关追记特等功，追授"特级英雄"称号，并获得朝鲜民主主义人民共和国英雄称号和金星奖章、一级国旗勋章。经中央军委批准为中国人民解放军挂像英模之一。2009年，黄继光被评为"100位新中国成立以来感动中国人物"。2019年，获得"最美奋斗者"荣誉。

坚决完成上级交给的一切任务，争取立功当英雄，争取入党。

——1952年10月，在上甘岭战役中黄继光的决心书

这根横木通长不足 1 米，两头已烧焦，整体枝干因失去水分而多处开裂。1952 年 10 月 20 日，清晨的阳光照射在朝鲜上甘岭的土地上，将这里密集的弹坑、残垣断壁以及泥土中的鲜血映射得格外深沉。这根横木矗立在战场的一隅，它经历了几天几夜战火的摧残，见证了上甘岭上那场至为惨烈的战斗，见证了英雄黄继光为了让部队继续前进，毅然用自己的胸膛堵住敌人枪口的壮烈时刻。

位于朝鲜中部江原道金化郡五圣山南麓的上甘岭地区，是朝鲜战场上志愿军和朝鲜人民军中部战线的大门。1952 年 10 月 14 日，以美军为首的"联合国军"为破坏我军的战略反击，开始在朝鲜中部战线发动"金化攻势"，对上甘岭 597.9 高地和 537.7 北山高地实施进攻。在不到 4 平方公里的高地上，敌军先后动用 2 个师的兵力，发射炮弹 190 余万发，投掷炸弹 5000 余枚，将高地上的山石都炸成了粉末。志愿军在上甘岭地区担负防御任务的部队为第 3 兵团指挥的第 15 军，2 个高地分别由第 45 师第 135 团 2 个加强连防守。志愿军将士依托坑道工事，顶住枪林弹雨，顽强抗击"联合国军"的进攻。

10 月 19 日，上甘岭战役打响后的第 6 天，表面阵地经过双方激烈争夺，志愿军第 45 师逐次投入十几个连的部队已所剩无几，2 处高地再度被敌人占领，志愿军被迫退守坑道。下午 5 时，志愿军部队决定对被占领的 597.9 高地实施反击，但遭到了敌军山顶上火力点的强烈压制。当晚的战斗极为激烈，负责进攻的 6 连将士苦战大半夜，付出巨大牺牲，终于在凌晨时分攻下了第 6、第 5、第 4 号阵地，接下来就是继续攻打最坚固的 0 号阵地。然而此时，6 连算上连长万福来也只剩下 16 个人，面对敌人居高临下的射击，处境极为艰难。

此时，营参谋长张广生已来到 6 连作战前线，与他一同前来的还有 21 岁的通讯员黄继光。黄继光个头不高，但身子骨很结实。他的家乡在四川省中江县，是贫苦农民家的孩子。1951 年 3 月，黄继光积极响应"抗美援朝、保家卫国"的号召，报名参加志愿军；但因为他身材瘦小，不够条件，还一度被接兵部队拒绝。后来，在一同报名参军的同乡好友肖登良的帮助下再三恳求，才被允许加入志愿军队伍。参军后，黄继光和肖登良一起被分到 2 营 6 连当通信员，7 月随部队跨过鸭绿江赴朝作战，他作战勇敢，曾荣立三等功。由于黄继光机灵好学，踏实能干，很快被调到营部任通讯员，此刻他跟随营参谋长再次回到了曾经一起战斗、生活过的 6 连。

连长万福来正指挥部队作战，为攻克 0 号阵地，他决定将剩余的 9 名战士编为 3 个爆破小组，对高地上的火力点实施强行爆破。然而，面对敌人密集的火力攻势，9 名战士接连倒下。按照作战计划，0 号阵地必须在天亮前攻克，否则等天一亮，敌人又可以发挥空中火力优势，我军必将遭受更大伤亡，一夜血战夺回的阵地也会再度失守。眼下距离天亮只剩 1 个多小时了，万福来焦急万分。

正在这时，在他身旁的通讯员黄继光勇敢地站出来，响亮地说道："连长，让我上吧！保证完成爆破任务！"万福来回头看着黄继光，只见他双眼露出坚定的眼神，浑身释放出义无反顾的力量。这时，6 连通信员肖登良和吴三羊也前来请求与黄继光同去，万福来当即任命黄继光为 6 连 6 班班长，肖登良和吴三羊为 6 班战士，由他们去执行最后的爆破任务。

黄继光和战友们提起手雷与炸药，越过坑道，向敌人的火力点匍匐前进。阵地上几个地堡的机枪子弹打得密不透风，他们交替掩护，利用弹坑和敌人射击间隙隐蔽着向前跃进，一路顺利炸掉了阵地前沿的 2 个地堡，来到离敌军火力点只有几十米的位置，这时敌人的攻击更加疯狂。吴三羊不幸中弹，当场牺牲，在他身旁的肖登良也身负重伤。

黄继光强忍战友伤亡的悲痛，继续向前挺进。突然，一颗子弹射穿了黄继光的左臂，顿时血流如注。然而，剧烈的疼痛挡不住坚定的意志，他很清楚 0 号阵地对我军此次战斗的重要意义，他出发前曾保证过一定完成爆破任务……黄继光咬紧牙关，拼尽全力向敌军火力点爬行。

最终的火力点，是敌人用沙包搭起来的机枪掩体，远距离炮弹很难摧毁，要炸掉它就必须贴至近前，直接把手雷从掩体空隙扔进去。在距敌军火力点不到 10 米的时候，黄继光举起右手，将最后一颗威力较大的手雷投了出去，然而手雷只炸毁了地堡半边，没能消灭敌人。很快，未被炸毁的机枪又从射击孔伸出来，拼命扫射，黄继光再次倒在火光之中。

天边已泛起鱼肚白，在黄继光身后掩护的 6 连战友心已提到了嗓子眼，空气仿佛在这一刻凝固了。就在他们以为任务将告失败时，只见在一片硝烟中，黄继光又顽强地站了起来！

此时，黄继光身边已无弹药，身体也多处受伤。他看着眼前吐着火舌的机枪，心中所念皆是战斗的胜利，他拼尽最后的力气，顽强地向火力点爬去，在敌人还没反应过来的瞬间，奋力跃起，张开双臂，用自己的胸膛抵住了敌人的枪口……

机枪的扫射暂停了，四周的声音仿佛都安静下来。志愿军众将士看到黄继光如此英勇无畏的壮举，顿时士气高昂，抓住这生命换来的战机，迅速发起冲锋，一举消灭了残敌，胜利攻占了 0 号阵地。

清晨，随着太阳升起，志愿军第 135 团第 2 营第 6 连与第 134 团第 3 营第 8 连在主峰会合，597.9 高地被我军全部夺回。

后来，当战友们看到黄继光的遗体时，只见他双臂高举，两手牢牢抓住地堡的麻包，他的胸口被完全打穿，留下一个碗口大的窟窿，干结的血块将棉衣紧紧地贴在身上，身后留下一条长长的血迹。然而，他依然保持着挺立的姿势，在战场上挺立起中华民族的精神脊梁。

黄继光用血肉之躯阻断了敌人的射击，用自己年轻的生命开辟了部队胜利前进的道路。如今，黄继光"铁胸堵枪眼"的故事在我国早已家喻户晓，他牺牲后，前所在班被命名为"黄继光班"，前所在连被授予"黄继光英雄连"，他的家乡四川省中江县通山区石马乡也被更名为"继光乡"。抗美援朝战争中，黄继光英勇战斗、奋不顾身的精神激励和教育了几代人，他的英雄事迹将永远被人们传颂。

（张婧乐）

★ 邱少云烈士用过的粗瓷饭碗

质地：瓷质
尺寸：直径 15 厘米

烈火锻造的"国之重器"
——邱少云

人物链接

邱少云（1926—1952），四川省铜梁县（今属重庆市）人，中共党员，革命烈士，生前为中国人民志愿军第15军29师87团9连3班战士。1952年10月12日，邱少云在执行进攻金化以西391高地的潜伏任务中，敌军发射的燃烧弹落在潜伏点附近，火势蔓延到他全身。为了不暴露潜伏部队，他强忍剧痛一动不动，直至壮烈牺牲，年仅26岁。战后，邱少云所在部队党委追认他为中国共产党党员，追授"模范团员"。1952年11月6日，中国人民志愿军领导机关为邱少云追记特等功。1953年，他被追授"一级英雄"称号，并获得"朝鲜民主主义人民共和国英雄"称号和金星奖章、一级国旗勋章。经中央军委批准为中国人民解放军挂像英模之一。2009年，邱少云被评为"100位新中国成立以来感动中国人物"。2019年，获得"最美奋斗者"荣誉。

在半个多世纪前的朝鲜战场上，这位四川籍战士用最坚忍的潜伏，完成了中国士兵最勇猛的突击。

——电视纪录片《感动中国——共和国100人物志》解说词

这是一件粗糙的瓷碗，它用普通黏土烧成，涂着不均匀的釉色，边缘布满大小不一磕掉的缺口，碗面上呈现出斑驳的痕迹。虽然它看起来再普通不过，但却有着珍贵的历史意义，因为它是中国人民志愿军一级英雄邱少云烈士为数不多的遗物之一，承载着这位年轻英雄最坚忍顽强的意志。

邱少云出生于一个普通的贫苦农民家庭，像那个时代许多青年一样，他从小经历了生活的艰辛。在他年幼之时，父亲就被迫害致死，不久母亲也因贫困交加离世。迫于生计，13岁的邱少云便早早担负起生活的重担，到处给人做杂工。家里的农活也大多是邱少云来干，为了给弟弟多吃点，他宁可自己饿肚子。他与家人所用过的碗、筷，表面已布满伤痕和污迹，这就是我国最普通民众在那段艰苦岁月中的生活写照。

后来，人民解放军节节胜利，邱少云被国民党军队抓了壮丁，从此就再没回过家。直到1949年12月，解放军进军大西南，川军土崩瓦解，邱少云成为了一名光荣的解放军战士。他跟随解放军参加了四川内江地区剿匪作战，在高梁镇战斗中带病参战，奋勇当先，深入匪巢，战绩斐然。

1951年3月，邱少云的部队被编进中国人民志愿军第三兵团，开赴朝鲜战场。这时的邱少云25岁了，个子虽不算高，但身体壮实，具备一名优秀军人的素质。他平时不爱说话，只有开班会的时候才会站起来说几句。他为人谦和，做事也很卖力气，连队里有了什么事，他总是主动要求去做。进入朝鲜后，邱少云对各种苏式装备掌握得很快，是他们排的标兵。部队开赴前线途中，他还曾冒着美军飞机的扫射轰炸，从燃烧的居民房里救出了一名朝鲜儿童。

1952年9月，抗美援朝出国作战正进行得如火如荼。为歼灭"联合国军"有生力量，改善我军防御态势，争取在朝鲜战场停战谈判中取得更主动的地位，中朝两军决定对敌人开展全线性的战术反击作战。

10 月，上甘岭战役开始。当时，如果想取得战役的胜利，必须先炸毁"联合国军"增援必经之路康平桥。为达到这个战略目的，就必须先攻下对方占领的 391 高地，将战线向南推进。

391 高地位于平康和金化之间，是"联合国军"的前哨阵地，战略位置非常重要。敌人派重兵防守，不仅安排了装备各种轻重武器的加强排，还构筑了大量坚固的地下碉堡。更重要的是，391 高地与我军阵地之间，足足有 3000 米的开阔地带，周围几乎没有掩体，每一米都是敌人炮火的封锁区域。如果部队强攻，难度非常大，很可能会提前暴露战略意图。

我军部队详细分析了形势。为缩短进攻距离，便于突然发动攻击，我军决定于 10 月 11 日夜晚，组织部队 500 余人秘密潜入敌人阵地前沿埋伏，在主力部队发起冲锋后，承担排除障碍的爆破任务。邱少云正是潜伏在 391 高地前的 500 名战士之一。

当天夜里，四周安静得出奇。邱少云跟随所属部队——第 29 师第 87 团第 9 连，依托地表的地形和植被，在芦草间匍匐前进 3 个多小时，潜伏到距离敌人阵地仅仅 60 米的地方。一旦潜伏部队被发现，不仅会立刻暴露在敌军的枪口前，还会使整个突袭行动遭遇失败。作为突击队尖兵，邱少云处于志愿军潜伏部队的最前方。他为了不让自己发出声音，把蒿草塞进嘴里。邱少云和战友们都万分小心，趴在草丛中一动不动，就这样保持了潜伏姿势一天一夜。

然而，敌人似乎察觉到一丝异样，又无法确认情况，于是他们开始对阵地前方区域投掷大量炮弹，不少埋伏的战士当场牺牲。12 日下午 2 点，敌人又打出数十枚燃烧弹，其中一枚正好掉落在邱少云身旁，燃烧弹引燃枯草，流火瞬间爬上邱少云的左腿，顺着棉衣迅速向上蔓延，火焰很快就将邱少云的全身覆盖。

烈火焚身的剧痛，哪是常人能够忍受的！由于离敌人最近，邱少云只要稍微一动，将暴露整个部队的行踪。在这样的痛苦下，邱少云展现出惊人的意志力，没有发出一丝声响，没有挪动一分一毫，任凭烈火在他身上肆意燃烧。

他身旁的战友眼看着熊熊烈火一寸一寸地将这位年轻战士吞噬，看到他痛苦扭曲的脸庞，看到他双手的手指深深地抓进土里……他们眼含着泪水，紧紧咬住嘴唇，希望能帮战友分担一分痛苦。时间一分一秒地过去，空气中弥漫起了烧焦的气味，每一秒都像过了一个世纪般漫长。

大火足足烧了2个多小时，下午5点，志愿军后方指挥部发出进攻信号，埋伏了一天一夜的战士们一跃而起，发起进攻，把满腔怒火压进射向敌人的炮弹中，仅用了二三十分钟便一举攻克阵地。

究竟是多么强大坚忍的意志和精神，才能让一个人在全身被烈火焚烧的情况下，支撑至死都不出一声、不动一下？邱少云突破了普通人所能承受的痛苦极限，用燃烧的生命照亮了战友通往胜利的道路。他是中、朝两国人民心目中的英雄，他烈火焚身而不动一毫的坚强意志，更成为人民军队中的传奇。

邱少云的经历与无数中国人民志愿军将士一样，平凡而又伟大。他与那些在战场上浴血奋战，献出宝贵生命的英雄儿女们有着相似的童年，相似的经历，相似的人生。一直以来，他都默默履行着自己的责任，这个责任，在他的心中早已超过了生命。当面临生死考验的时候，当烈焰在他的背上肆虐，疼痛席卷全身的那一刻，他背负起了500名潜伏将士的性命，背负起整个作战的成败，也背负起了祖国人民的和平生活。因此他心中信念无比坚定，突破了生理的极限，年轻生命燃烧的火焰照亮了整个历史的天空。

革命意志坚如钢铁，烈火焚身纹丝不动。烈火虽吞噬了一位普通的战士，却锻造出承载着新中国最伟大意志的"国之重器"。在人民军队的历史上，邱少云这个名字和他的战斗精神将永远铭刻，影响并鼓舞一代又一代的中国军人。

如今，在邱少云牺牲的金化西面的391高地石壁上，赫然刻着"为整体、为胜利而自我牺牲的伟大战士邱少云同志永垂不朽！"这是他的战友们、中朝两国人民为铭记这段历史，传承邱少云崇高的集体主义精神和坚强的革命意志所立下的最宏伟的丰碑。

（张婧乐）

★ 周恩来关于重视基础科学和理论研究等事致张文裕并转朱光亚的信

质地：纸质
时间：1972 年 9 月 11 日
尺寸：21.6 厘米 ×15.6 厘米

新中国科技事业的"规划书"
——朱光亚

朱光亚（1924—2011），湖北武汉人，核物理学家，中国科学院院士，中国工程院院士，中国核科学事业的主要开拓者之一，原子弹、氢弹科技攻关组织领导者之一。曾任核武器研究所（院）副所（院）长，国防科委副主任，总装备部科技委主任，中国科学技术协会主席，中国工程院首任院长，全国政协副主席。负责并组织领导中国原子弹、氢弹的研究、设计、制造与试验工作，参与领导了国家高技术研究发展计划的制定与实施、国防科学技术发展战略研究，组织领导了禁核试条件下中国核武器技术持续发展研究、军备控制研究及我军武器装备发展战略研究等工作。1985年获国家科技进步奖特等奖。1999年被授予"两弹一星"功勋奖章。

核武器事业是集体的事业，所有的一切荣誉都是集体的，我仅仅是其中的一员，是一个代表。

——朱光亚

　　这是一封在我国科学技术史上具有重要战略指导意义的信件。"文革"期间，我国基础科学和理论研究受到一定程度的阻碍，周恩来总理多次在不同场合提醒，要重视基础科学的教学与科研工作。1972 年 8 月 18 日，中国科学院原子能研究所原副所长张文裕等 18 位科学家联名写信给周恩来总理，提出发展高能物理必须建造高能加速器，建议建立我国自己的粒子物理实验基地。周恩来总理回复了这封信，在信中作出了重要指示："这件事不能再延迟了。科学院必须把基础科学和理论研究抓起来，同时又要把理论研究与科学实验结合起来。高能物理研究和高能加速器的预制研究，应该成为科学院要抓的主要项目之一。" 这是一封在我国科学技术史上具有重要战略指导意义的信件。这封信由张文裕转交给时任国防科学技术委员会副主任的朱光亚。

　　说到朱光亚，许多人对他了解得并不多。他是我国 23 位"两弹一星"元勋之一，在我国当年的核武器科研人员中，他还是少有的"科技帅才"。他参与领导了我国第一颗原子弹、氢弹的研制试验，而且很多向中央报告的重要文稿和研究规划都出自他手。后来他又参与组建我国第一座核电站——秦山核电站，组织起草"863 计划"，筹建中国工程院并担任首任院长等，因此朱光亚也被誉为"中国科技的众帅之帅"。

　　二十世纪五六十年代，我国面临着严峻的国际形势。为了保卫国家安全，打破核垄断，我国作出了独立自主研制核武器的战略决策。大批优秀科学家怀着对祖国的无比热爱，响应党和国家的召唤，义无反顾投身于这项伟大事业中来。新设立的核武器研制机构急需一位科学技术领导人。当时担任原子能研究所中子物理实验室副主任的朱光亚，由于具备较高的科研水平，以及较强的团结与组织能力，且性格沉着果断，有较强的判断力，得到了二机部副部长钱三强的郑重推荐。那时，朱光亚只有 35 岁，在科技界还属于中青年，资历没有那么深，但年富力强，精力充沛。1959 年，朱光亚被任命为第二机械工业部核武器研究所副所长，作为技术总负责人，他负责全面组织核武器研究、设计、试验中的科学技术工作，参与领导并指导了核武器研制的任务规划，确定主要科学问题和科学技术，设立重要攻关课题等。后来的实践证明，朱光亚很好地完成了任务，挑起了我国国防科学技术组织研究的大梁。

到了 1962 年，核武器研究所已经拥有了大批科学研究和工程技术专家，在他们的艰苦努力下，核武器的研究、实验、材料生产等均已取得较大进展，西北的核武器研制基地与核爆试验场等也即将建设完成。然而此时，我国却遭受核大国威胁，又处于经济困难时期，能否快速研制出自己的核武器就成为一个极为关键的问题。

于是，二机部在经过了详细调研之后，部长刘杰等领导果断提出了"两年规划"，即争取在 1964 年，最迟在 1965 年上半年爆炸我国第一颗原子弹。这是一个重大决策，为进一步论证分析，由朱光亚组织编写了载入中国核武器研制史册的 2 个纲领性文件——《原子弹装置科研、设计、制造与实验计划纲要及必须解决的关键问题》与《原子弹装置国家试验项目与准备工作的初步建议与原子弹装置塔上爆炸试验大纲》。前者是对我国核武器研制进展的阶段性总结分析报告，后者则是对下一步研制工作的全面部署，明确论证了核试验的"两步走"战略，即第一步以塔爆方式进行，第二步再以空投方式推进。在我国当时科学和工业基础都比较薄弱的情况下，这一大纲对我国原子弹研制和实验起到了重要作用。毛泽东对"两年规划"作出了重要批示："很好，照办。要大力协同做好这件工作。"

  这两个文件正式提交专委会审议，周恩来总理在中南海专门听取了汇报。作为组织编写者，朱光亚列席了会议，并对具体内容作了补充汇报。他思路清晰，对规划中的内容分析得非常透彻，给周恩来总理留下了很深刻的印象。周总理赞赏地说："讲得很好！核武器研究所的同志们做了艰苦的努力，党和人民是清楚的。"

  1963 年 7 月，为了限制其他国家发展核武器，美、英、苏三国准备在莫斯科签订《关于禁止在大气层、外层空间和水下进行核武器试验条约》，我国核武器研制环境愈发严峻。在条约签订前，周恩来总理委派刘杰部长征求科技人员意见，于是这份重任又落在朱光亚身上。他立即组织人员讨论研究，并亲自起草意见，提出了将核试验转入地下进行，并组织相关核心技术攻坚，使我国核武器研制工作顺利推进。终于在 1964 年 10 月 16 日，我国第一颗原子弹在新疆罗布泊成功爆炸。

  在我国第一颗原子弹、氢弹试制成功后，朱光亚还提出了许多战略性、前瞻性的重要建议。他参与组织并指挥了我国首次地下核试验，推动潜艇核动力、核材料技术的研究，组织并领导了多次国防科技和武器装备发展战略的制定等。1986 年，中共中央、国务院组织全国 200 多位著名专家研究部署我国高技术发展战略，制定了重要的《高技术研究发展计划纲要》，即"863 计划"，朱光亚正是"863 计划"的总负责人。

  朱光亚处于我国科技发展高层决策中心，同时他又经常亲临一线指挥，认真负责、沉着果断，是同志们的坚强后盾。当第一颗原子弹爆炸成功后，科研人员需要对爆炸灰样品进行检测，在当时的条件下，设备装备能否抵御如此高剂量的辐射，谁也说不准。但是在检测当天，朱光亚亲自来到实验室，始终默默地站在工作人员身后，一同承担着被辐射的风险。在进行地下核试验时，朱光亚还亲自钻进坑道进行实地观察，对每一个细节都仔细询问，获取大量一手试验资料。

一次，飞机核弹空投试验出现意外，飞行员多次尝试都没有成功投掷，眼看飞机燃料即将耗尽，必须尽快降落。现场最高领导朱光亚见此情况，立即按照预案，组织大家进入防空洞，自己则留下来，与几位同志指示飞行员带弹返航，最终他的沉着果断与专业能力化解了这场危机。

朱光亚虽然一直担任领导职务，但他从不宣扬自己，作风极为低调。他说："我这一辈子主要做的就这一件事——搞中国的核武器。""我个人只是集体中的一员，做了一些工作。"每当媒体想要采访他或出版社计划为他撰写国防科技学者传记时，朱光亚都尽量婉拒了，总是说"先写别人吧，我的以后再说。"

朱光亚被誉为"一位真正的战略科学家"，他出谋划策，组织协调，在研究方向的确定、技术路线的选择、科技力量的调度、工作进度的安排等方面做了大量细致的工作，不愧为"中国核事业的领航人"。他深厚的学术造诣、卓越的组织才能以及优秀的人品，在我国科技史上闪耀着光辉。

（张婧乐）

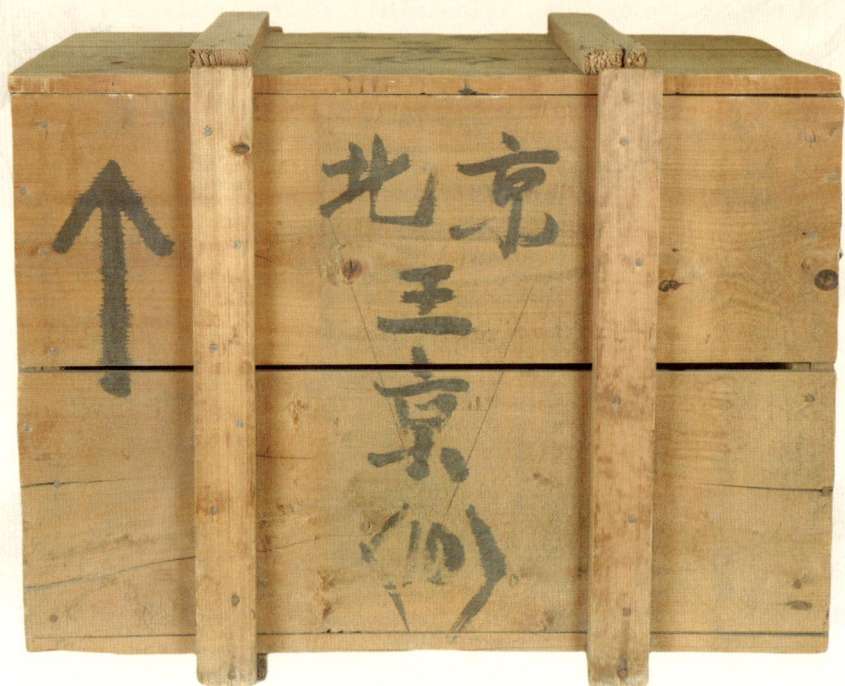

★ 王淦昌秘密从事核武器研制工作时装资料用的木箱

质地：木质

时间：1970 年后期

尺寸：57.4 厘米 ×67 厘米 ×51.3 厘米

我国核武器研制的"秘密宝箱"
——王淦昌

人物链接

王淦昌（1907—1998），江苏常熟人，核物理学家，中国科学院院士，中国核武器研制的主要科学技术领导人之一，世界激光惯性约束核聚变理论和研究的创始人之一。曾任中国原子能科学研究院院长，二机部九院副院长，二机部副部长兼原子能研究所所长，中国科学技术协会副主席，第三、四、五、六届全国人大常委会委员。他指导并参加了我国原子弹、氢弹的研制工作，指导了中国第一次地下核试验，领导并组织了中国第二、三次地下核试验。1964年独立提出激光惯性约束核聚变的设想，积极促成建立了高功率激光物理联合实验室并一直指导惯性约束核聚变的研究。1982年获国家自然科学奖一等奖。1985年获两项国家科技进步奖特等奖。1999年被追授"两弹一星"功勋奖章。

我愿以身许国。

——王淦昌

这是一只古旧的木箱，木板经过时间的洗礼已多处开裂，木箱正面清晰写着 "北京王京（10）"几个大字。这只看似普通的木箱，实际上是非常珍贵的历史文物，它记录了中国核武器研究的艰难发展历程，承载了一位世界顶级科学家为了祖国的核事业隐姓埋名、无私奉献、坚守国家秘密的真实故事。

这个木箱的主人"王京"究竟是谁？

1961 年初，一封电报由北京发往莫斯科，等级是绝密，要求正在苏联杜布纳联合原子核研究所的我国核物理学家王淦昌"停止手中的工作，马上回国受领新的任务"。

三年前，王淦昌作为中国代表，到杜布纳联合原子核研究所从事基本粒子研究，并担任副所长。在这三年中，王淦昌带领的研究小组首次发现了"反西格玛负超子"，这是人类观察微观物质世界的一项重大突破，凭此成就，王淦昌团队拿下诺贝尔物理学奖不成问题。然而就在此时，国际局势发生剧变，苏联撕毁协议撤走专家，导致我国核研究团队遭到架空。王淦昌接到来自国内的紧急指令，毅然回国。

第二机械工业部部长刘杰向王淦昌传达了党中央的决定——请他参与领导我国核武器研制。王淦昌虽然长期从事核物理研究，但研制核武器对他来说也是一个新的领域。刘杰部长进一步说道："有人说，离开苏联援助，咱们十年、二十年也造不出原子弹，但我们就是要造出来看看！只不过，这项工作是最高机密，你在世界上太有名了，接受这份工作要换一个假名，在国内过隐姓埋名的生活，还必须跟你原来在外国的师友断绝一切往来。你要想清楚。"

王淦昌明白，接受这项工作，就意味着自己以前取得的成就，以及这几年在苏联原子核研究所取得的突破都将画上休止符。但是，面对祖国的号召，面对为祖国研制核武器这项意义更加重大的任务，王淦昌没有犹豫。他郑重地说："我愿以身许国！"

他思考了一下："那我就叫王京吧，北京的京，代表我的祖国。"就这样，一位公认的天才科学家王淦昌的名字，自此从学术活动和公众视野中消失了，而化名"王京"的科研工作者，则随着军车，来到了祖国西北荒漠深处的核武器研制基地，开始了自主研制原子弹的艰苦历程。

当时，赴戈壁滩原子弹试验基地的科学家中，50多岁的王淦昌是年龄最大的一位。试验基地环境恶劣、条件艰苦，他克服各种困难，常常不顾疲倦工作到深夜。每次试验他都亲自到现场，还深入一线工人和官兵之中，给他们鼓劲，久而久之，大家都开玩笑叫他"王老头"。

这位"王老头"对试验研究的每项技术、每个数据都严格把关，一丝不苟。在某次地下核试验前，王淦昌作为现场技术负责人，坚持进洞做最后一次现场检查。当时，洞内回填工作已经进行，许多地方只能爬着进去，而且里面的光线非常暗，王淦昌还是坚持爬进洞内，逐个查看每一个部件，仔细询问存疑事项，直到把试验装置的收尾工作都检查完毕才算放心。

从1961年到1963年，王淦昌领导了上千次原子弹起爆装置的炸药爆轰试验。原子弹爆炸成功后，他又秘密参与了我国第一颗氢弹的研制，后来又主持了多次地下核试验。据和王淦昌一起共事过的科学家回忆，当年中国核武器研制团队中对外使用化名的，似乎只有王淦昌一人，多半是因为王淦昌在国际上名气太大了。

1925年，王淦昌成为清华大学第一届本科生，毕业后考取了江苏省官办留学生，前往德国柏林大学，师从世界核物理学先驱迈特纳女士。在德国留学期间，二十多岁的王淦昌就展现出了非凡的物理学天赋。在一次学术报告会后，他对报告中的物理现象和结论产生了质疑，并希望通过实验证明自己的推论。然而可惜的是，他的导师并没有同意他的实验申请。两年之后，英国物理学家查德威克采用了当年王淦昌设想的方法发现了中子，获得了当年的诺贝尔物理学奖，这是他第一次与该奖项擦肩而过。

在德国取得博士学位后，27 岁的王淦昌选择了回国，先后在山东大学、浙江大学担任教授。在抗日战争期间，浙江大学迁往内地，王淦昌也举家向西迁移。他把自己家里的积蓄，以及妻子的首饰，悉数捐给了抗战军队，而自己竟去放羊补贴家用。即便如此，王淦昌也没有放下自己的物理学研究，他唯一视若珍宝的，是他不远万里用铅盒带回来的一块"镭"。每当空袭警报响起，别人都是急急忙忙去拿家里的贵重物品，而王淦昌则是第一时间去拿装着镭的小铅盒。

在这样的条件下，王淦昌坚持研究，将自己的核物理理论整理发表。1942 年 1 月，美国著名杂志《物理评论》刊登了王淦昌的论文《关于探测中微子的建议》，论文一经发表就引起了全世界轰动。后来美国科学家阿伦按照此建议做了中微子验证的测量，因此，这个方法后来被称为"王－阿伦方法"。这是世界上第一个比较确切地验证中微子存在的著名实验。王淦昌曾说，谁能发现中微子，谁就能获得诺贝尔奖。然而当时中国正遭受战火，王淦昌生活颠沛流离，不具备实验和研究的条件。直到 1956 年，美国物理学家莱茵斯才在核反应堆中首次探测到中微子，也因此获得 1995 年诺贝尔物理学奖，他使用的方法，正是"王－阿伦方法"。

王淦昌三次错失诺奖，前两次是因为条件不够，第三次却是为了祖国的核武器事业做出的选择。直至 1978 年，王淦昌终于告别了"王京"的身份，回到北京，任核工业部副部长兼原子能研究所所长。人们这时才发现，核武器研究基地的那个"王京"研究员，竟然就是曾经大名鼎鼎的王淦昌。

二十世纪八十年代后，随着世界上掀起新技术革命的浪潮，欧美、苏联、日本等经济发达国家纷纷调整科技发展战略，在高新技术领域展开激烈竞争。王淦昌始终清晰地看到世界科技发展形势，认为我国也应积极应对国际新技术发展挑战。1986 年 3 月，王淦昌、王大珩、陈芳允、杨嘉墀 4 位科学家，经过反复严密的研究和讨论，联名向中央提出了《关于跟踪研究外国战略性高技术发展的建议》，这一建议马上得到了邓小平同志的支持，批示"此事宜速决断，不可拖延。"很快，经中共中央政治局、国务院批准，正式下发了具有深远指导意义的《高技术研究发展计划纲要》（简称"863 计划"），为中国高新技术发展开创了新局面。

晚年的王淦昌也一刻不肯离开实验室，带领团队全力进行受控核聚变的研究，一直到他去世前从未间断。

王淦昌是走在世界物理学前沿的科学家，是中国物理学界的泰斗，他为中国核武器事业隐姓埋名 17 年，用一生践行了"我愿以身许国"的誓言。"王京"这个化名也停留在历史的片段中，与祖国命运紧紧联系在一起。

（张婧乐）

★ 邓稼先穿过的制服

质地：化纤
尺寸：衣长 82 厘米、裤长 110 厘米

核武器理论研究的朴实战衣
——邓稼先

邓稼先(1924—1986),安徽省怀宁县人,核物理学家,中国科学院院士,中国核武器研制与发展的主要组织者、领导者,中国核武器理论研究工作的奠基者之一。曾任二机部第九研究所理论部主任、第九研究院副院长、院长,国防科工委科技委副主任,核工业部科技委副主任。他领导完成了中国第一颗原子弹的理论方案,参与指导核试验前的爆轰模拟试验,后又领导并参与了中国第一颗氢弹的研制和试验工作。因在一次实验中受到核辐射,身患直肠癌,于1986年7月29日在北京逝世,终年62岁。1982年获国家自然科学奖一等奖。1985年获两项国家科技进步奖特等奖。1986年获全国劳动模范称号。1987年和1989年各获一项国家科技进步奖特等奖。1999年被追授"两弹一星"功勋奖章。2009年,邓稼先被评为"100位新中国成立以来感动中国人物"。

未来工作是一项崇高的事业,做好这件事,我这一生就过得很有意义,就是为它死了也值得。

——邓稼先

这是我国核物理学家、"两弹元勋"邓稼先曾穿过的中山装。在二十世纪五六十年代，中山装就是新中国最具标志性意义的正装。当时，国家百废待兴，人们都怀着建设祖国的美好期待，勤勤恳恳地工作，热情洋溢地生活。那时候的男士，尤其是知识分子，最喜欢穿中山装，不仅因为中山装穿起来庄重大方，也因为中山装具有中华五千年文明与近代共和精神所赋予的文化含义。我国核物理学家、"两弹元勋"邓稼先就非常喜爱中山装，在日常工作和许多重要场合都会穿上它。他为人朴实低调，为了祖国的核事业费尽半生心血，生活上却从无所求。他穿着中山装伏案演算的样子，正是新中国成立初期，那些为了祖国的富强而自觉付出与献身的老一辈科学家们勤勤恳恳、奉献一生的真实写照。

早在青少年时期，邓稼先就树立起科技强国的理想。他大学毕业于西南联大物理系，当时是中华民族最危急的时候，他目睹了日机轰炸的惨烈情景。为了能够让祖国不再受人欺压，邓稼先努力学习核物理专业。后来他到美国留学，仅用 2 年就取得了博士学位，那年他才26 岁，别人都叫他"娃娃博士"。在他博士毕业后仅仅 9 天，他就毫不迟疑地踏上了归国的轮船。有人问他带了什么回来，他还风趣地说："带了一脑袋原子核的知识。"

二十世纪五十年代末，中央决定靠自己的力量研制原子弹，成立了领导核工业建设的第二机械工业部，并组建了核武器研究所。1958 年 10 月，二机部副部长钱三强找到邓稼先，对他说："国家要放个'大炮仗'，调你去做这个工作，怎么样？"邓稼先一听说"大炮仗"，便猜到是怎么回事，他明白这项工作是必须严格保密的，如果接受，就意味着从此再也不能与亲友随意交往，也不能公开发表学术论文和做报告，甚至要与最亲近的家人保持距离。然而邓稼先没有犹豫，他的心中早已给出了答案。

他回到家，对妻子许鹿希说自己要调动工作，但调到哪儿去还不知道，做什么工作也不能说。那一晚，邓稼先再次跟妻子提起曾被日军轰炸的昆明，回想起当年中国人民毫无防空之力，任人宰割的悲惨岁月，他的眼睛湿润了。他坚定地说道："未来工作是一项崇高的事业，做好这件事，我这一生就过得很有意义，就是为它死了也值得。"

邓稼先被任命为核武器研究所理论部主任。那时候曾流传一个比喻，叫作"龙头的三次方"："核武器的龙头在二机部，二机部的龙头在核武器研究所，而研究所的龙头又在理论设计部。"邓稼先正是中国原子弹理论设计的负责人。在资料匮乏、试验条件缺乏、自然环境恶劣的情况下，邓稼先带领团队自力更生，挑起了探索原子弹理论设计的重任。他制定主攻方向，自编教材，亲自授课，带领一批年轻人刻苦钻研，一步一个脚印攀登尖端科学技术高峰。遇到疑难问题，他就带领团队共同分析解决，经常讨论研究到深夜。邓稼先经常说："一个太阳不够用啊！"

一次，他们遇到一个难题：验证制作原子弹中的一个关键参数。此前苏联专家撤走时曾留下一个核爆炸参数，为了从理论上验证这个参数的准确性，理论小组夜以继日进行了多次演算，得出的结果与苏联专家提供的参数依然相差甚远。后来他们还请了理论物理学家周光召从炸药能量利用效率角度入手进行推算，结果证明邓稼先他们的计算是正确的，是苏联专家的参数错了。这次计算解决了原子弹试验的一个关键性难题。

经过邓稼先和同事们的理论研究，原子弹的设计方案很快出台了，这让中国科学家们心里有了底。1962 年 9 月 11 日，二机部向中央汇报了"两年规划"，提出争取在 1964 年，最迟在 1965 年上半年爆炸我国第一颗原子弹的目标。果然，核武器研究所的科学家和同志们不负众望，1964年10月16日，中国研制的第一颗原子弹在新疆罗布泊试爆成功。

原子弹研制成功后，邓稼先带领的团队又马不停蹄地展开了设计氢弹的任务。氢弹和原子弹是完全不同的爆炸方式，一个是裂变，一个是聚变，氢弹无论在理论还是制作上都远比原子弹更复杂。中国的科学家不多，只好一套人马从头做起，邓稼先等科学家几乎是同时进行着原子弹和氢弹的研究，难度可想而知。周恩来总理曾提出，力争1968年进行氢弹核爆炸试验，但在科学家们的艰苦努力下，将这一时间提前了。1967年6月17日，我国第一颗氢弹试爆成功。这个速度，远远超过了美、英、苏等有核国家，在世界上引起巨大轰动。

中国的核武器研制速度创造了奇迹，这是众多邓稼先这样的科学家埋头苦干、废寝忘食、辛勤耕耘的结果。他们身处危险环境中，克服重重困难，不顾个人安危，付出的比我们想象中更多；然而令人惋惜的是，这位龙头科学家的宝贵生命，在试验的多次辐射伤害中被严重损耗了。

在1979年的一次核弹试验中，飞机空投之后降落伞没有打开，核弹从高空直接摔到了地上。为了避免更恶劣的情况的发生，必须找出核弹。正在现场指挥的邓稼先明白弹头里装的钚239的辐射有多厉害，他亲自前往核弹坠落地，终于找到了核心部件，双手捧起做了检查，好在没有出现最担心的后果，才放心地说道："幸好平安无事。"然而就是这一次碰触，即便是穿着厚厚的防护服，也难以防住那么大剂量的放射物，邓稼先的身体还是遭到了辐射的严重破坏。

1985年8月，邓稼先被确诊为直肠癌。他不顾重病缠身，忍着疼痛，依然不曾停止对祖国战略武器未来发展的思考。当时，世界上其他三个核大国已经能够在实验室用计算机模拟核弹爆炸试验了，因此他们主张禁止核试验，为的是限制他国核武器发展。面对这样的形势，中国只有达到相应水平后，才能够在停止核试验条约上签字，否则就会丧失国际政治、外交的主动权，多年来的辛苦努力就可能付之东流。邓稼先深知这一问题的重要性，在生命的最后几个月里，他查阅了大量资料，和于敏等科学家一起给中央写了一份中国核武器发展的建议书。此后的 10 年间，中国的核武器研究正是按照这份建议书进行的，终于使我国赶在世界全面禁止核试验之前达到了实验室模拟水平。

1986 年 7 月 29 日，邓稼先因全身大出血而逝世，享年 62 岁。他临终前还不忘嘱托："不要让人家把我们落得太远……"

中华民族之所以能够自立于世界民族之林，同人民对这个民族的热爱以及自觉付出与献身是密不可分的。邓稼先是最具有朴实气质的科学家，他对祖国的热爱纯粹而深沉，为了国防科研事业的发展，他无私地付出了全部的智慧与生命。他的这种高尚而朴实无华的人格感染了一代又一代研究者，无论何时都充满了力量。

（张婧乐）

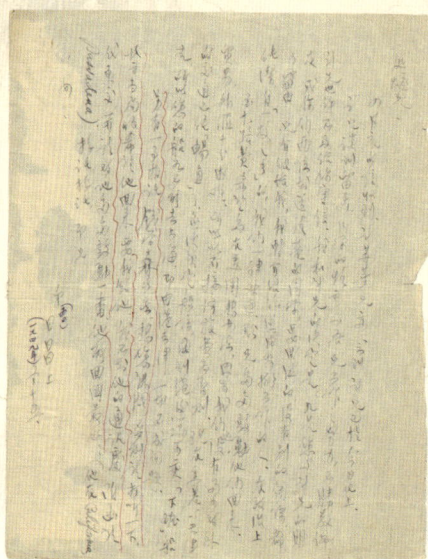

★ 曹日昌（香港大学教授）为"北方当局"转达很希望钱学森等留美学者回国事宜给葛庭燧（留美中国科学工作者协会美中区负责人）的信

质地：纸质
时间：1949 年 5 月 15 日
尺寸：25.3 厘米 ×20.2 厘米

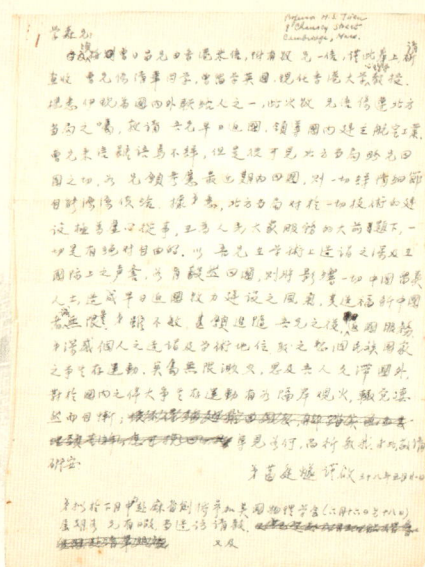

★ 葛庭燧随之附上的请钱学森回国领导国内建立航空工业的信

质地：纸质
时间：1949 年 5 月 21 日
尺寸：27.7 厘米 ×21.6 厘米

以爱国之情响应祖国的召唤
——钱学森

人物链接

钱学森（1911—2009），浙江杭州人，世界著名科学家，空气动力学家，中国载人航天奠基人，"两弹一星"功勋奖章获得者。1934年毕业于交通大学。1936年至1939年，他先后在美国麻省理工和加州理工大学获得研究生及博士学位，并留校任教。1955年，在中国政府的帮助下，钱学森和家人回到祖国。此后，他先后担任中国科技大学近代力学系主任、中国科学院力学研究所所长、国防科工委副主任及科协名誉主席等职务。钱学森组建了中国第一个火箭、导弹研究所——国防部第五研究院并担任首任院长，将中国导弹、原子弹的发射向前推进了至少20年，被誉为"中国导弹之父""火箭之王"。

我的事业在中国，我的成就在中国，我的归宿在中国。

——钱学森

　　这两份收藏于中国国家博物馆的文物分别是曹日昌（香港大学教授）为"北方当局"转达很希望钱学森等留美学者回国事宜给葛庭燧（留美中国科学工作者协会美中区负责人）的信以及葛庭燧随信附上请钱学森回国领导国内建立航空工业的信。曹日昌在信中写道："全国解放在即，东北、华北早已安定下来了，正在积极地恢复建立各种工业，航空工业也在着手。北方工业主管人久仰您的大名……如果您在美国的工作能够离开，很希望您能很快地回到国内来，在东北或华北领导航空工业的建立。"1949 年 5 月，当葛庭燧将信转交钱学森时，还附上了一封自己的亲笔信："以吾兄在学术上造诣之深及在国际上之声誉，如肯毅然回国，将影响一切中国留美人士，造成早日返国致力建设之风气，其造福新中国者诚无限量。弟虽不敏，甚愿追随吾兄之后，返国服务。"

　　钱学森收到信后，立刻打开阅读，虽然他长期在大洋彼岸，但时刻关注着国内的形势，他知道曹日昌信中的"北方工业主管人"代表的是中国共产党。葛庭燧的信也让钱学森再次意识到自己应积极响应祖国的号召，带领海外科学家和知识分子回归祖国，投入到新中国的科学建设中。

　　不久之后，钱学森还收到了其父钱均夫的亲笔信："生命仰有根系，犹如树木，离不开养育它的一方水土……儿生命之根，当是养育汝之祖国。叶落归根，是报效养育之恩的典喻，望儿三思。"其实，不必父亲提醒，盼望着报效祖国的钱学森已经不动声色地辞去了美国海军研究顾问的职务，为回国做着准备。从当初远赴重洋踏上漫漫求学路开始，他一直等待这一刻的到来，祖国母亲的殷切召唤，让他看到了家国振兴的曙光，坚定了回国的信念。钱学森毫不犹豫地放弃了赴美之后最好的科研和物质条件，决心返回故土，投入到新中国的建设。然而，令他想不到的是回国之路是如此漫长和曲折。

新中国成立和朝鲜战争爆发，使美国掀起了以麦卡锡为首的反共排外运动。1950 年 6 月，钱学森被无端地猜疑是中国共产党地下党成员，并告知不允许参与美国军方相关的军事计划，这等同于剥夺了他工作的权利。钱学森秉性高傲，不屑向当局申辩，只想可以早点回到自己的祖国。

同年 8 月，将要回国的钱学森前往华盛顿与时任美国海军部次长丹尼尔·金贝尔见面。钱学森以为金贝尔是他的好友，就坦诚地告诉金贝尔自己的回国决定。与此同时，钱学森的家人也将打包好的 8 个大箱子送往海运。在钱学森离开后，金贝尔立即向美方建议阻止钱学森回国，并说："钱学森抵得上五个师的兵力，掌握着火箭武器的重大机密，绝对不能让他回国。"回到洛杉矶后，钱学森收到了移民局限制出境的公文，并得知全家的行李都被美方非法扣留，其原因是美方认为行李中私藏军事机密。此刻，钱学森与家人都清楚地知道，他们无法顺利回国了，可接下来发生的事情更让全家措手不及。

1950 年 9 月，移民局派两名特工到钱学森家中，毫无理由地要求带走钱学森。钱学森从房间里平静地走了出来，对夫人蒋英说："我跟他们走，这事终会有水落石出的一天。"但令所有人没有想到的是美方竟将这位著名的科学家拘留在警备森严的特米诺岛监狱。阴暗潮湿的牢房里，钱学森被禁止和任何人交谈，就连导师——冯·卡门的电话都不能接听。牢房的看守每 15 分钟亮一次灯，还敲击金属栏杆，使钱学森无法休息。经多方营救，被关押 10 多天的钱学森终于得到保释，保释金高达 15000 美金。当蒋英见到钱学森时，他面色苍白，整个人十分消瘦，短短十几天，钱学森竟瘦了 13 斤。蒋英轻轻地对他说："可以回家了，孩子们都好，你放心吧。"而此刻的钱学森竟连一个"好"字都说不出来，只默默地点了点头，这让蒋英意识到此刻的丈夫已经被折磨到近乎失语了。没有人知道这位性格刚毅的科学家经历了怎样的痛苦与折磨，但回到祖国的信念激励着他战胜一切的困难。

保释后，钱学森重新回到加州理工大学继续工作，但美方监控的"阴云"一直笼罩着他和家人的生活。他每个月要到移民局报到，同时自己的活动范围也受到了严格的限制，电话骚扰、信箱被翻等情况时常发生。软禁的生活长达 5 年之久，每一天对钱学森都是屈辱，然而，现实的困境却没有阻止他的学术研究。1954 年，钱学森完成了40 万字的《工程控制论》，这部著作是那段不平凡岁月中他最大的慰藉。同时，尽快回国的信念也一直在支撑着他。

终于，机会意外地降临了。1955 年，一个中国餐馆的伙计给钱学森家送菜，伙计离开后，钱学森发现菜篮子里有一本《中国画报》，其中的一张照片引起了他的注意。钱学森在照片中看到了父亲的老师——时任全国人大常委会副委员长陈叔通，照片中，陈叔通同毛泽东等其他领导人一起站在天安门城楼上。钱学森赶忙对蒋英说："陈叔叔和毛主席在一起，我要立刻给他写信，告诉他我们的境况，请求中国政府与美国政府交涉，救我们回国。"按捺不住激动心情的钱学森立即动笔写信，信中写道："我被美国政府拘禁，今已经五年了，无一日一时一刻不思归国，参加伟大的建设。"为了躲避美方的监视，蒋英特意仿照孩子的笔迹在信封上写了一个比利时的地址，还把信投进距自家很远的黑人邮箱中，希望居住在比利时的亲戚可以将这封信转寄给钱学森的父亲。

收到来信的钱均夫一刻都不敢耽误，他通过陈叔通把信送进中南海，放在了时任国务院总理周恩来的办公桌上。1955 年 8 月 1 日，中美两国在日内瓦就两国侨民问题进行商谈。在中国作出巨大让步的前提下，美国仍以"人权民主自由"为借口，拒绝释放钱学森回国，此刻，中方代表拿出了钱学森的亲笔信。最终，美方被迫妥协并同意释放钱学森及家人回国。

1955年9月17日，钱学森与家人登上了"克利夫兰总统号"轮船。经过一个多月的海上颠簸，1955年10月，这位被美国软禁了5年之久的科学家终于回到了祖国。当钱学森与家人穿过香港与深圳之间的罗湖桥，踏上祖国的土地，看到鲜艳的五星红旗的那一刻，他流下了激动的泪水。

从回到祖国的那刻起，钱学森时刻为祖国科技事业的发展殚精竭力。1956年，他被任命为国防部第五研究院院长，此后，他长期致力于导弹、原子弹和航天事业。我国第一颗人造卫星"东方红一号"发射成功后，钱学森就提出"我们也要搞载人航天"。如今，中国已在太空中建立了自己的空间站。

钱学森以他的睿智、学识和奉献精神，铸就了中华民族文明传承征途中的"精神丰碑"。他不仅以严谨的科学态度为中国航天的发展作出了卓越的贡献，更以淡泊名利的人生态度，诠释了一位科学家的崇高品格。

（赵梦阳）

★ 李四光被任命为中国科学院副院长的任命书

质地：纸质
时间：1949 年 10 月 19 日
尺寸：17 厘米 ×31.6 厘米

用生命肩负国家的信任
——李四光

李四光（1889—1971），原名李仲揆，我国著名的地质学家、教育家、社会活动家。曾任全国政协副主席、中国地质部部长、中科院副院长等职务。李四光是中国地质力学的创立者，提出了中国东部第四纪冰川的存在，建立了新的边缘学科"地质力学"和"构造体系"概念，创建了地质力学学派等。2009 年，李四光被评为"100 位新中国成立以来感动中国人物"。

真理，哪怕是见到一线，我们也不能让它的光辉变得暗淡。

——李四光

在中国国家博物馆"复兴之路"的展厅中，陈列着一份李四光被任命为中国科学院副院长的任命书。它的背后记录着这位科学家坎坷的回国路，承载着他终其一生为祖国无私奉献的决心。

新中国成立前夕，郭沫若率领中国代表团参加维护世界和平大会，其中的一个任务是将周总理的信带给当时旅居英国的地质学家李四光。当李四光读到"请李四光早日返国"时，激动不已，祖国的召唤让他立刻订了由马赛前往香港的船票，但当时英国到远东的船很少，只能等半年后才启程，这让李四光的回国之路笼上了一层"乌云"。

1949 年 9 月 21 日，中国人民政治协商会议在北平召开，国内报纸刊登了参加会议的代表名单，李四光列入其中，这引起了国民党的注意。几天后，李四光的好友秘密地告诉他，国民党给郑天锡（当时的英国大使）发了一封密令，其内容是要求李四光发表拒绝接受新中国政协委员职务的声明，否则将予以扣留。突发的状况让李四光意识到事态紧急，与许淑彬（李四光夫人）商量后，秘密离开英国，独自前往法国。临行前，他给郑天锡写了一封亲笔信，表达出他不发表声明且坚决回国的决心。很快，国民党驻英大使派人到李四光住所，许淑彬以李四光外出搞地质调查为由将"访客"拒之门外。两周后，许淑彬收到了李四光从巴塞尔（瑞士西北与德国交界的城市）寄来的信，便立即带着女儿前往巴塞尔与丈夫会合。

同年 12 月，李四光同家人秘密从热那亚启程回国，与此同时，国民党对各地的特务机构已下达指令，要求一旦发现返回大陆的"投共"知名人士，就立刻采取"处理措施"，这让周恩来十分担心李四光及家人的安危，特意委托叶剑英（时任华南军政委员会主席）提前到香港部署接应人员，以确保李四光和家人能安全返回。

从轮船启航的那天起，随着离祖国越来越近，李四光的心情也一天比一天兴奋。当他踏上祖国领土的那一刻起，他知道等待自己的是新中国的人民政府，为祖国贡献力量的多年愿望即将实现。回国后，除了担任中国科学院副院长外，他还担任了全国科联主席、地质部部长等要职。

刚刚成立的新中国百废待兴，作为工业"血液"的石油是工业和国防建设的"命脉"，而早期西方提出的"中国贫油"理论，成为了新中国发展建设的重要阻碍之一，为此毛泽东、周恩来等中央领导人特意请刚刚回国的李四光到中南海商量此事。毛主席见到李四光后，热情地与他握手并说："要开展工业建设，石油是不可缺少的。天上飞的，地上跑的，没有石油都转不动。外国人说中国贫油，你对这个问题怎么看？如果中国真的贫油，要不要走人工合成石油的道路？"这一连串的问题让李四光意识到，自己所学多年的地质理论终于可以学以致用了。他坚定地向毛主席和周总理回答："我认为外国人的那套理论是行不通的。石油的问题不在陆相或海相，而在于是否有石油和储油的条件。"接着，他依据新华夏构造体系①的观点分析了我国的地质条件并说："中国地域辽阔，天然石油资源的蕴藏量应是相当丰富的，关键是要抓紧在全国范围内开展石油勘探工作。"说到这里，周总理微笑着说："我们的地质部部长很乐观，我很拥护你。"毛主席也紧接着说："我们都拥护你啊。"

1954 年，地质部组织多家单位在全国范围内开展大规模石油普查勘探工作，身为地质部部长的李四光凭借着丰富的理论知识和实践

---

① 简称新华夏系，是亚洲东部濒太平洋地区特有的，中生代形成并持续活动的一个巨型多字型构造体系。它由一系列北北东方向的大型隆起带和沉降带构成，并有斜交的扭断裂和直交的张断裂相伴生。

经验，提出了"先找油区，再找油田"的指导方法，再分析了含油远景区的地质构造特点，并最终选定华北平原、东北平原、四川盆地等地域作为首选勘探区域。方针刚确定，就有人以日本早年在东北勘探石油无收获为由质疑李四光。面对疑虑，他毫无退却，坚定自己对中国有油田的判断。

1955 年，李四光亲自率领石油普查队员们向着祖国四面八方的普查区进发。石油普查区域是一望无际的草原，那里人烟荒无，杂草丛生，随处可见野生动物的足迹，这些都给普查工作带来了艰巨的挑战。时间一点点流逝，普查队竟连一个大产量油田都没有发现，此刻，质疑的声音再次出现，甚至有人提出尽快开展人工合成石油。面对尖锐的批评，李四光又一次顶住了压力，但这时的李四光年事已高，且患有严重的肾病，已不能实地勘查，只能靠着写信指导全国各地的普查工作，这对勘探工作来说无疑是雪上加霜。

经过 4 年多锲而不舍地坚持与付出，1959 年 9 月 26 日，黑龙江省安达县大同镇松基 3 号井首次钻探出工业流油。李四光得知后兴奋不已，并对松辽石油普查队的负责人说："松辽出油，别开生面，现在出油地区站住了。"李四光的话语，鼓舞着每一位普查队员。之后，石油工人们以松基 3 号井为标志，勘探发现了大庆油田，一举甩掉了我国贫油落后的帽子。周恩来总理在第三届全国人民代表大会上说："大庆油田是根据我国地质专家独创的石油理论进行勘探和发掘的。李四光是一面旗帜，他对社会主义现代化建设作出了很大的贡献。"

当祖国石油滚滚而出的时候，李四光却因繁重的工作，身体越来越差，1965 年他被确诊腹部动脉瘤。生命对这位老人开启了倒计时，他深知自己还有很多科学事业未完成，必须分秒必争地把最后的时间奉献给国家。1971 年 4 月 24 日，李四光突发高烧，随即被送进了北京医院。当他见到前来会诊的医生时说："请你们坦率地告诉我，我究竟还有多少时间？只要再给我半年的时间，地震预报的探索工作就会看到结果的。"但仅 5 天后，他腹部动脉瘤破裂，随即昏迷，虽然医务人员竭尽全力抢救，但他的心脏还是停止了跳动，李四光带着无尽的遗憾溘然长逝。

在李四光的追悼会上，周恩来含泪宣读了老人的遗嘱。文中所谈皆是他生前未完成的地震预测、地热力学等方面的研究。他的文字中流露出对科学工作的不舍，对祖国的热爱，拳拳之心令在场的所有人为之动容。

李四光曾说："真理，哪怕是见到一线，我们也不能让它的光辉变得暗淡。"李四光的一生，经世救国，以投身实践为己任，把坚持科学真理的热情投身于民族复兴的建设中，用科学之光谱写出一曲生命的赞歌。李四光奋斗的一生，给我们留下了深刻的启示，他就像一面旗帜，引领着一代又一代科学工作者，在实现民族强盛、国家复兴的伟大征程上不断奋力前行。

（赵梦阳）

中國科學院數學研究所專刊

第 1 號

堆壘素数论

華 羅 庚

中國科學院數學研究所編輯
科學出版社出版

★ 《堆垒素数论》

质地：纸质
时间：1957 年
尺寸：26.5 厘米 ×19 厘米 ×1.3 厘米

靠自学完成的数学著作
——华罗庚

华罗庚（1910—1985），江苏金坛人。毕业于剑桥大学，中国科学院院士，美国国家科学院外籍院士，中国解析数论创始人和开拓者，被誉为"中国现代数学之父"，是中国在世界上最有影响

1950年，数学家华罗庚从美国归国。图为华罗庚（右一）回国前与物理学家张文裕（左一）等合影。

的数学家之一。国际上"华氏定理""华氏不等式"等数学科研成果均是以华罗庚姓氏命名的。

天才在于积累，聪明在于勤奋。

——华罗庚

　　这本《堆垒素数论》现陈列于国家博物馆的"复兴之路"展厅。它创作于抗战时期，华罗庚仅用了 8 个月，就完成了人生中的第一部数学著作。虽然书中所谈内容皆是与数学相关，但它的背后承载了华罗庚求学之路的艰辛，与对数学孜孜不倦的探索精神。

　　华罗庚 12 岁时，进入了金坛县中学读书。那时的他十分顽皮，听讲不认真，作业字迹潦草，被语文老师批评是"家常便饭"。但数学老师王维克从华罗庚的数学作业本发现，涂改处并非计算错误，而是新的解题思路，这让王维克意识到华罗庚在数学方面的天赋和才华。于是，从那时起，他开始用心地引导和栽培华罗庚。

　　在王维克的培养下，华罗庚对数学的兴趣越来越浓厚，除了在课堂上学习知识，他还利用业余时间研究更深奥的数学问题。一次，华罗庚非常得意地对王维克说："老师，我证明了'福尔玛最后定理'，这是我写的论文，请您指导。"王维克看后说："求证'福尔玛最后定理'不是一件轻而易举的事情。"这句话如同一盆凉水泼向了正满怀欣喜地华罗庚。王维克严肃地说："你使用的论证是不能直接成立的。'福尔玛最后定理'是许多著名数学家都一直在攻破的难题，若被你用如此简单的公式就证明了，岂非奇迹？"听完老师的教诲，华罗庚脸上的笑容逐渐退去，惭愧地低下了头。王维克见华罗庚已知道错了，便语重心长地对他说："做研究是不能急于求成的，但我希望你不要灰心。未来，用你的智慧与勤奋，攀登数学的高峰。"恩师王维克的谆谆教导使华罗庚铭记于心。

　　华罗庚高中时，因家境清寒，被迫辍学，只能一边帮忙照看家中的杂货铺，一边自学数学。虽然华罗庚在自家杂货铺帮忙，但他的心思都在学习上。每天晚上，他都将书中的数学演算过程在脑海中再推导一遍。就这样，他自学完了一本本深奥的数学书。1930 年，华罗庚在《科学》杂志上发表了论文《苏家驹之代数的五次方程式解法不能成立之理由》，这篇文章很快轰动了国内数学界。当时清华大学数学系教授熊庆来阅读后，惊叹作者的数学才华与严谨的学术能力，他还向同事们打听华罗庚，但大家也都从未听说。几经周折后，熊庆来才知道这篇论文的作者仅有初中学历，求贤若渴的他立刻邀请华罗庚到清华来学习。

进入清华后，华罗庚就一头扎进了学校的图书馆，日夜兼程地刻苦学习，仅一年半的时间，他就读完了数学系的全部课程，并通过自学英语，发表了英文的学术论文。华罗庚在学术上取得的成绩，不但使他破格成为清华大学的助教，还因此获得了剑桥大学深造的机会。

华罗庚到剑桥时，当时的剑桥数学系主任哈代正在美国参加会议，未能与华罗庚见面。但临行前，哈代特意了解了这位从中国来的数学家，并对其同事说："请你转告东方来的华某，获得剑桥博士学位，其他人需要用四年的时间，而他仅需两年就可以毕业。"华罗庚听到转述后，不卑不亢地说："我来剑桥学习，不是为了获得博士学位，而是希望学习丰富的理论知识，加深对数论理论的研究，写出优秀的论文。"为实现自己的目标，在剑桥期间，华罗庚参加了由多名数学家组成的数论小组，潜心研究与堆垒素数论相关的内容，发表了多篇学术论文，其中包括"华林问题""他利问题""奇数的哥德巴赫猜想"等。有数学家曾评价，华罗庚在剑桥发表的每一篇论文，都值得一个博士学位。

然而战争打破了世界的和平，也改变了华罗庚继续留英学习的计划。1937 年 7 月，日军开始全面侵华，消息很快传到英国，这令华罗庚气愤不已，他果断放弃当下优越的学习和生活环境，毅然回国与同胞共患难。

　　回国后，华罗庚成为了西南联大的教授，与家人共同生活在云南郊区的小村子里。这段时间，他用微薄的薪水维持着一家的生计。白天，华罗庚拖着病腿进城给孩子们上课；晚上，他在临时搭建的家中继续钻研心爱的数学。除了生活上的艰辛，华罗庚与家人还要随时躲避敌机轰炸，因而在防空洞里躲警报成了日常生活中的一部分。每次躲警报前，华罗庚都会带着书和笔在防空洞里学习，避免浪费时间。很多次，敌人丢下的炸弹，震得防空洞里的土落在华罗庚的身上和书上，而他只是轻轻地抖一抖土，继续做他的研究。

　　在昆明的第三年，华罗庚完成了人生的第一部数学著作《堆垒素数论》。他将书稿寄出后，一直都杳无音信，几经询问，才得知因战乱等原因，原稿已经丢失。华罗庚没有一句怨言，将第二份书稿寄给了苏联数学家维诺格拉多夫。《堆垒素数论》1947 年在苏联以俄文出版，该部著作系统地总结和改进了早期某些数学理论，华罗庚也因此在世界数学界奠定了自己的地位。1953 年，中文版《堆垒素数论》发行，此后，它又被翻译成多国语言。时至今日，《堆垒素数论》的主要结论仍处于世界数学领域研究的前沿地位。

　　虽然华罗庚仅有初中文凭，但他凭借着勤奋与努力，成为了蜚声中外的数学家；虽然华罗庚因病导致左腿残疾，但他将所学的知识传播在中国广袤的土地上。他持之以恒的科学态度、顽强的意志和为祖国奉献一生的深厚情怀，使他获得了"人民的数学家"称号。

（赵梦阳）

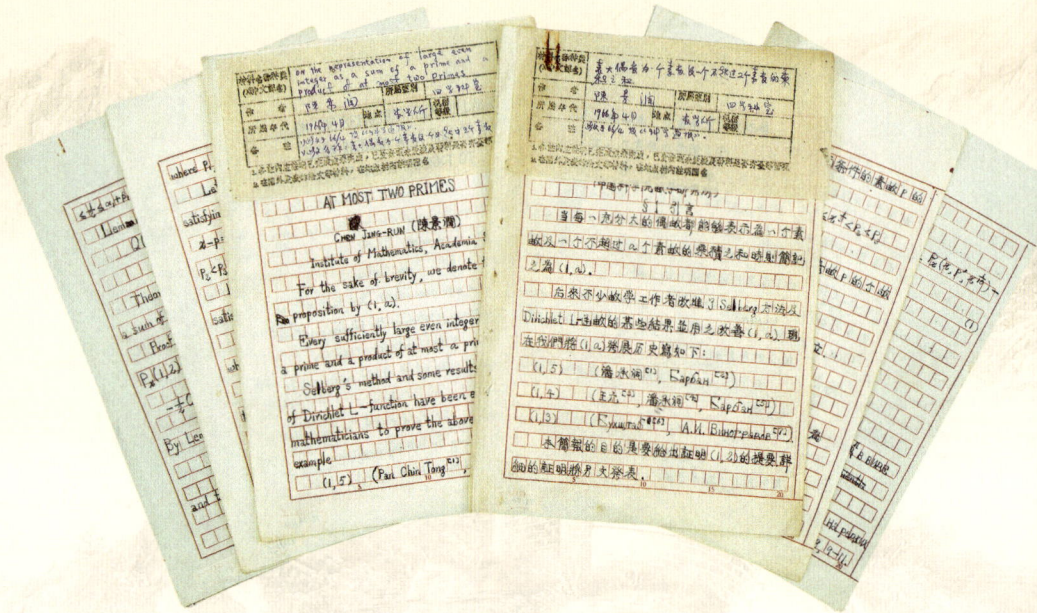

★ **陈景润关于哥德巴赫猜想的中英文论文手稿**

质地：纸质
时间：1966 年 5 月
尺寸：26.5 厘米 × 18.9 厘米

享誉数学界的"陈氏定理"
——陈景润

人物链接

陈景润（1933—1996），数学家，中国科学院院士。主要研究解析数论，改进了高斯圆内格点、球内格点、塔里问题与华林问题，深入研究筛法及其有关重要问题。1966年证明了"1+2"命题。1973年发表了"1+2"的详细证明，这一结果被国际上誉为"陈氏定理"，被公认为是对哥德巴赫猜想研究的重大贡献。1982年获国家自然科学奖一等奖。

花掉一天，等于浪费24小时。

——陈景润

这份哥德巴赫猜想论文手稿的中文和英文版，即《表大偶数为一个素数及一个不超过两个素数的乘积之和》，现收藏于中国国家博物馆。该篇论文的作者是著名的数学家陈景润。他运用筛法证明并简化了"1+2"论证，进一步推进了哥德巴赫猜想的研究成果，被数学界誉为"陈氏定理"。

1957年，陈景润在恩师华罗庚的极力举荐下，从厦门调到北京，进入中科院数学研究所工作。此后，陈景润的数学才华得到极大展现，他先后优化了中外数学家关于"圆内整点""华林"等问题的论证，在数学方面展现出天赋与实力，并向着数学皇冠上的明珠哥德巴赫猜想进发。

中科院的图书馆是一幢旧式小楼，一排排书架上摆满了数学著作，陈景润在这里查阅资料，梳理笔记，常常忘记时间。一次，工作人员着急下班，站在门口问了几声："还有人吗？"陈景润由于研究得太投入，没有听到，工作人员见无人应答，便匆忙锁门下班了。待光线暗淡时，陈景润才意识到天色已晚，走到出口处，发现自己竟被反锁在图书馆里了。他没有着急，反而打开图书馆的灯，回到座位上继续做研究。从这以后，每到闭馆时间，图书馆的同志们都要细心地巡查一遍，喊一声"陈景润同志，图书馆下班啦"，以免"反锁事件"再次重演。

除了中文书籍外，图书馆内还藏有许多外文版的数学著作。陈景润知道国际的数学理论对于自己的研究是非常重要的，于是他制订并开启了外语学习的计划。为了收听中央人民广播电台的英语广播，陈景润买了一台收音机。这台仅15元的收音机，外表与普通收音机毫无差别，但内部已完全损坏，连声音都没有，同事们嘲笑陈景润抠门，还断言他修不好收音机。可陈景润却不以为然，他从图书馆借了一本《电子管原理》，参照书中的内容边学边捣鼓，不一会儿，就将它变废为宝。当收音机里传来清晰的英语声时，陈景润喜出望外，开心地说："这台收音机买得太值了，它既能帮助我学习，还使我掌握了修理的技能。"

为了专注数学研究，陈景润还申请从集体宿舍搬到独立"宿舍"。他的这间宿舍仅有 6 平方米，除了一张床，其余一件家具都没有。一次，他的好友到"家"中做客，环顾一圈，疑惑地对陈景润说："这里连一张书桌和一把椅子都没有，你怎么搞研究啊？"陈景润走到木板床前，朝地上一坐，将手搭在木板床上，对朋友说："这张床就是我的书桌！"到了冬季，这间简陋的宿舍如同冰窖。由于房间内一件取暖设施都没有，陈景润在房间里都要戴着帽子，穿着棉鞋。双手要冻僵时，他就将手放在灯泡上烤一烤，借助灯泡上的温度取暖。但在陈景润心中，这间宿舍是他的"陋室"，为他障蔽外界的喧嚣。他日复一日地在稿纸上算了又算，改了又改，饿了就吃从食堂打的 5 分钱的菜，苦心孤诣向着哥德巴赫猜想冲刺。

经过多年的耕耘，1966 年，陈景润终于完成了 200 多页的关于哥德巴赫猜想的论文，即"1+2"论证。他证明了：任何一个充分大的偶数，都可以表示成为两个数之和，其中一个是素数，另一个为两个素数的乘积。

为了论证其准确性，陈景润邀请数学教授闵嗣鹤为其审定。当时，闵嗣鹤的身体较为虚弱，审阅这篇论文需要消耗大量的精力和体力，但闵嗣鹤知道若这篇论文无误，将在世界数学领域取得举世瞩目的成就。为此，闵嗣鹤竭尽所能，在最短的时间内，对 200 多页的论文逐一复查，确认无误后，工工整整地在审读意见表上写道："命题的证明是正确的，但论文篇幅过长，建议加以简化。"3 个月高强度的工作使闵嗣鹤的身体更加虚弱了，一次，他对陈景润开玩笑地说："为了这篇论文，我少活三年啊！"陈景润听后，眼圈湿润了，真诚地对闵嗣鹤说："谢谢闵老师，您辛苦了！"可没过多久，这句玩笑话却变成了事实，闵嗣鹤与世长辞，这让陈景润感到万分悲痛，他知道这篇论文的背后，同样凝结着闵嗣鹤的心血与寄托。

同年，陈景润的"1+2"论证，即《大偶数表为一个素数及一个不超过两个素数的乘积之和》发表在《科学通报》上。由于《科学通报》仅发表了论文摘要，没有对论证做详细的阐述，因而不被国际认可，外国数学家也都不相信中国人能够摘得这颗数学"明珠"。与此同时，受"文化大革命"的影响，数学研究所的工作进入全面暂停阶段，没有人再关注"1+2"论证了，但陈景润并没有就此停止研究的脚步。他按照闵嗣鹤的批改意见，继续修改论证过程，又一次孤独地在数学领域前行。

其实，陈景润的体质一直很差，加之长期过度劳累和巨大的精神压力，使他患上了严重的肺结核和腹膜炎等多种疾病。一次，他腹部疼痛，昏倒在地，同志们急忙将他送进医院。醒来后，大夫严肃地对他说："陈景润同志，你现在的身体已经非常虚弱了。这一次，你必须要在医院里好好治疗，不能再想着做研究了。"他边点头边说："大夫，我一定听您的。"可大夫刚刚走出病房，他就赶忙从衣服里掏出草稿纸和笔，继续优化数学论证。

陈景润凭借着坚持不懈的毅力和对科学严谨的态度，通过不断地改进计算方法，最终，不但完整地证明了哥德巴赫猜想，还将原有 200 多页的论证压缩至 100 页。1973 年，《中国科学》杂志正式发表了陈景润的论文，即《大偶数表为一个素数及一个不超过两个素数的乘积之和》，虽然与之前发表论文的题目相同，但内容焕然一新，逻辑清晰，证明过程令人赞叹不已，轰动了整个数学界。华罗庚看完后，抑制不住内心的激动说："在我学生的工作中，最让我感动的是陈景润的'1+2'的论证。"许多外国数学家也被这篇论文征服，如世界著名数学家哈贝斯特坦就将陈景润的"1+2"论证写进其数学专著中。

有人说陈景润像个"呆子"，而熟悉他的朋友们都知道，他不是"呆"而是"痴"。他痴迷于数学理论的研究，在问鼎科学的高峰上执着前行，就如他所说："攀登科学高峰，就像登山运动员攀登珠穆朗玛峰一样，要克服无数的艰难险阻。懦夫和懒汉是不可能享受到胜利的喜悦和幸福的。"

（赵梦阳）

党 费 收 据

№ 0002160

吴大观同志自愿一次多交党费计

人民币 肆 仟 元 叁 角 叁 分

特此证明

中国共产党中央委员会
中共中央组织部
二〇〇五年 月 26 日

★ 中共中央组织部发给吴大观的党费收据证书

质地：纸质
时间：2005 年 1 月 26 日
尺寸：21 厘米 ×27.7 厘米

一张党费收据里的"中国心"

——吴大观

吴大观（1916—2009），江苏镇江人，原名吴蔚升，我国航空发动机事业的开拓者和奠基人之一，被誉为"中国航空发动机之父"。他创造了新中国航空发动机事业的多个"第一"：组建了新中国第一个航空发动机设计机构，领导研制了我国第一个喷气发动机型号，创建了我国航空史上第一个发动机试验基地，主持建立了航空发动机研制第一套有效的规章制度，建立起了新中国第一支航空动力设计研制队伍，主持编制了我国第一部航空发动机研制通用规范。2009年7月，吴大观被追授"全国优秀共产党员"称号，并入选"100位新中国成立以来感动中国人物"。

我们一定要走出一条中国自主研制航空发动机的道路，否则，战机就会永远没有中国心！

——吴大观

　　中国国家博物馆里收藏着一张中共中央组织部发给航空发动机专家吴大观的党费收据证书，上面写着"吴大观同志自愿一次多交党费计人民币肆仟元"，时间是 2005 年 1 月 26 日。这张收据里饱含了吴大观对党和国家的热爱。这位一生奋斗在祖国航空工业战线上功勋卓著的"老兵"，有着一颗永远跟党走的坚定决心。

　　二十世纪五十年代，普通工人的月工资不到 30 元，而已是国家二级专家的吴大观月薪为 273 元。不论是从国家政策规定的角度，还是就吴大观的资历和贡献来论，这样的工资标准都是合情合理的。可吴大观的心里总是不安，他多次向组织打报告，要求降低自己的工资标准，然而他的申请一次都没有被批准。怎么办呢？他想了一个办法——在每月缴纳党费时，多交上一部分，把自己觉得"受之有愧"的钱交给党。从 1963 年开始，吴大观每月都会多缴纳 100 元党费。这 100 元在当时，已经比支部其他同志的党费加起来还要多了。即使到了后来，随着收入水平的普遍提高，他的工资收入在整个社会中都已经处于中下水平了，他却依然延续着多交党费的习惯。从 1994 年开始，吴大观每年多缴纳的党费已达四、五千元。甚至在人生的最后一刻，他还用自己一生节俭攒下来的 10 万元积蓄缴纳了最后一次党费。

　　可这样一位交起党费来"大手大脚"的大专家，在女儿的眼中却有着一颗朴素之心。吴大观的女儿吴晓云曾在一篇名为《精神遗产是父亲留给我的最大财富》的报告中讲述："在父亲衣柜中，最好的衣服就是一件蓝灰色的涤卡中山装。衣服是六十年代买的，涤卡衣服非常耐穿，也是当时上好的料子，父亲一直很钟爱。每逢重要的场合，比如去人大、政协开会，到集团公司总部去讲党课，父亲都会穿上它，一穿就是 40 年，洗得发白了都舍不得扔。"在一次采访中，为了对记者表示尊重，吴大观向女婿借了一身西服。家人想要为他买一身新的，却被阻止。最后，吴大观就是穿着这身借来的西服走完了人生旅程；而没能为父亲买一身新西服，也成了女儿吴晓云的终生遗憾。女儿看到这件蓝色的中山装，忆起的是父亲的慈祥笑容，而我们看到的是吴大观朴素而又伟大的一生。

吴大观的一生中，有68年的时间与我国的航空发动机事业紧密相连，有着一颗为国产飞机"根治心脏病"的恒心。吴大观的青年时期，国家战火纷飞。抗日战争期间，他随学校一起迁到昆明，1938年9月28日，日军飞机第一次轰炸昆明，正在和同学们散步的吴大观突然听到刺耳的警报声，紧接着看到百姓们四散而逃。敌军的战机呼啸而过，炸弹从天而降，顿时火光四起、满目疮痍，到处都是血肉模糊的同胞，耳边都是凄惨的哭喊声。而因为中国缺少战机，也只能眼睁睁看着敌人扬长而去。当时已是西南联大机械系四年级学生的吴大观，毅然决定申请转航空系。毕业时，班上多数同学都因航空发动机研究的艰难而改行，吴大观却矢志不渝，坚定地踏上了中国航空发动机事业的筑梦之途。

吴大观用一生"熔铸"了中国航空发动机事业上的多个第一。为了实现航空报国的理想，在研究的道路上，他一直保持着一颗"活到老学到老"的学习之心。

自转入航空系开始，连航空发动机长什么样都不知道的吴大观，开始在老师的带领下，关注和阅读一些科学技术方面有影响力的刊物，以便随时了解和掌握国外科学技术的发展状况。毕业之后，吴大观来到贵州大山中一个名叫"乌鸦洞"的山洞里，加入了中国历史上建立的第一个航空发动机厂。在那里，他主要负责接收从美国运来的工艺规程、技术图纸等资料。求知若渴的他，时时刻刻都扑在资料的研究和学习之中。良好的学习习惯一坚持便是一生，直至晚年，已经荣誉满身的吴大观，也不曾有一刻放松学习，90岁高龄还依然坚持阅读《人民日报》《求是》等报纸杂志，并把重要的内容和心得体会记录到笔记本上。除了关心时事政治，吴大观一生还坚持学习党的理论，撰写心得笔记，定期汇报思想。92岁时，他向党组织递交了最后一份数千字的思想汇报，阐述了自己对科学发展观的理解和思考。

吴大观作为我国航空发动机事业的开拓者和奠基人之一，为我国航空发动机事业作出了卓越的贡献，被誉为"中国航空发动机之父"。曾经，90岁高龄的吴大观写下肺腑之言："在我这个中国老航空人心中，为中国制造的飞机装上中国制造的、具有先进水平的'心脏'——航空发动机，是我最大的心愿！老骥伏枥，壮心不已。我愿在自己有生之年，继续为我们的航空工业尽心尽力，为今生航空报国夙愿，奉献一颗赤诚之心！"

吴大观用航空报国的赤子之心，一生跟党走的坚定决心，只为国家强大不为自身荣华的朴素之心，60多年坚持为祖国战机根治"心脏病"的恒心，以及"活到老学到老"的学习之心，为祖国的战机，更为中华民族的飞天梦安上了永不停歇的"中国心"！

（刘京）

★ 北平军事调处执行部发给马海德的身份证

时间：1946 年 6 月 2 日
尺寸：11.2 厘米 × 16.3 厘米

"洋医生"的中国身份证
——马海德

马海德（1910—1988），原名乔治·海德姆，出生于美国，祖籍黎巴嫩，是新中国卫生事业的先驱、著名医学专家、杰出的国际主义者。1933年来到中国，接触到旧中国苦难深重的底层大众后，投身中国革命。1937年加入中国共产党，是首位加入中国共产党的西方人，也是新中国成立后第一位加入中国国籍的外籍公民。1950年，被任命为卫生部顾问，为新中国医药卫生事业，尤其是性病和麻风病的防治工作作出了重要贡献。1988年，卫生部授予马海德"新中国卫生事业的先驱"荣誉称号。2009年，入选"100位新中国成立以来感动中国人物"。2019年，获新中国成立70周年"最美奋斗者"个人荣誉称号。

从此，我能够以主人翁的身份，而不是作为一个客人置身于这场伟大的解放事业之中，我感到极大的愉快。

——马海德（1937年2月，马海德因为工作成绩突出，被光荣地吸收为中国共产党党员）

这是一张 1946 年由北平军事调处执行部颁发的身份证，证件照片上的人深目高鼻，但却写着一个中国名字——马海德。来到中国以前，他可是地地道道的"外国人"，是一位毕业于日内瓦大学的美国医学博士，原名乔治·海德姆（George Hatem），马海德是他的中国名字。他出生于美国的炼钢工人家庭，家境贫寒。家庭出身对马海德产生了深刻的影响，在他的内心里逐渐萌发了被压迫者寻求解放的意识。

1933 年，23 岁的马海德来到中国，怀揣医者的人道情怀，目睹了旧中国社会正在经历的苦难。他的人生道路也从此改变，与中国结下了不解之缘。他在中国生活了 55 年，虽然这张身份证上只有"马海德"一个名字，但这个名字背后却藏着很多身份与称谓——"新中国卫生事业的先驱""最美奋斗者""模范工作者""万能博士""窑洞外交家""首长保健专家""消除麻风病之父"等等。但他自己最中意的，还是在开国大典前夕获得的新身份——中国人！

1936 年，马海德经宋庆龄介绍，与美国记者埃德加·斯诺一起前往陕北考察苏区情况，了解中共的抗日主张。马海德与斯诺是最早来到陕北苏区的外国友人，受到了最热烈的欢迎。中共中央军事委员会主席毛泽东很快会见了他们，并一连几晚都和他们谈话。周恩来副主席亲自为他们安排在苏区的参观访问行程。在这个过程中，身经百战的红军战士，富有传奇色彩的革命故事，勤劳勇敢的陕北民众，都给他们留下了难忘的经历。1936 年 10 月，斯诺结束访问离开苏区，并根据这次经历撰写了轰动世界的《西行漫记》。而马海德则留了下来，随红军第一方面军南下，同走出草地结束长征的红军第二、四方面军胜利会师，成了"唯一参加红军三大主力会师的外国人"。

1937 年 1 月，马海德随部队来到延安，过往的亲身经历让他坚定了投身中国革命事业的决心。一个月之后，便在延安加入了中国共产党，成为"第一个加入中国共产党的外国人"。

在延安，马海德又得到了一个新的身份——"万能博士"。初到延安，没有医院、诊所，也没有医疗设备，马海德就每天骑着马，背着腰包奔波在治病救人的路途上。小孩子都知道，这位"洋大夫"会打针，又快又稳。遇到被毒虫咬伤的战士，马海德用嘴一口一口地吸出毒液，战士感动得热泪盈眶。他看病从不论身份高低，从毛主席、朱总司令等中央首长，到村里大娘都喜欢找他看病。他还学上了中医，有时也给病人号号脉，开点中药，成为一名"洋中医"。他还是一名"修理工"，钢笔、眼镜、手表、打火机……样样都能修。此外，他也是"播音员"。1937年，马海德和一位中国同事创立了新华社的英文部。每天夜里，在新华社第一档对外英语广播节目里，马海德向全世界广播八路军和新四军英勇抗日的事迹。他还是一位出色的"窑洞外交家"。外国医疗队、记者、外交官来到抗日根据地，他总能热情接待，将自己的亲身经历娓娓道来，让更多的外国友人对中国抗日军民有了更深刻的了解。

1940年的春天，马海德成为"中国洋女婿"。彼时的马海德，俨然是一个满口陕北腔的"当红军的哥哥"。组织上关心他的个人生活，便特地把他派到才子佳人聚集的鲁迅艺术学院当校医。在这里，他遇到了一生挚爱，当时的"鲁艺校花"——周苏菲。得到组织的批准后，21岁的周苏菲和30岁的马海德，到边区政府正式登记，领到了结婚证书，并于1940年3月3日举办了一个简单的婚礼，毛泽东、王稼祥等应邀出席。两人的美满姻缘一直持续了半个世纪。

1949年，临近开国大典，马海德几经周转找到了周恩来总理，想请他兑现早在延安时期就许下的承诺——新中国成立那天，就批准马海德的新中国国籍。于是，在开国大典前夕，周恩来签署了马海德的中华人民共和国国籍证明书。马海德多年的愿望得以实现，成为新中国第一位拥有外国血统的中国公民。毛泽东听说此事后，特地派车将马海德一家接进中南海过周末，并高兴地对马海德说："祝贺你啊！原来，你算是中国女婿，现在你入籍了，算是完全的中国人了！"

成为中国人后的马海德，于 1950 年被任命为卫生部顾问，开始投入新中国医药卫生事业的建设工作中。二十世纪五十至六十年代，他带领医疗队跋山涉水，走遍了祖国各地，终于在全国范围内基本消灭了性病。此后不久，年迈多病的他，又出现在防治麻风病的第一线，奔走于世界各国之间，争取国际援助。1981 年，年逾古稀的马海德提出二十世纪末在我国"基本消灭麻风病"的目标。经过他和广大医务工作者的不懈努力，目标得以实现，中国在麻风病防治工作中取得了震惊世界的成就。

1988 年，卫生部为表彰马海德半个多世纪以来为中国人民解放事业和社会主义建设事业作出的卓越贡献，授予他"新中国卫生事业的先驱"称号。具有国际主义精神和奉献精神的马海德医生，成为我国卫生战线几代人的楷模。就连埃德加·斯诺也曾在临终时对马海德说："乔治，我热爱中国，我特别羡慕你选择的是中国革命。遗憾的是，我只是旁观者，你是主人。"中国人民和国际进步人士都不会忘记马海德为中国的革命和建设事业，以及为人类进步作出的贡献！

（刘京）

★ 《中国工人阶级的先锋战士——铁人王进喜》纪念邮票

质地：纸质

时间：1972 年 12 月 25 日

印在邮票上的石油工人
——王进喜

王进喜（1923—1970），甘肃玉门人，曾是大庆油田1205钻井队队长、钻井指挥部副指挥。他率领1205钻井队"没有条件，创造条件也要上"，打出了大庆第一口油井，并创造了年进尺10万米的世界钻井纪录。王进喜以"宁可少活二十年，拼命也要拿下大油田"的干劲和拼搏精神为新中国石油事业作出了突出的贡献，被人们称作"铁人"。1959年，王进喜在全国"群英会"上被授予"全国先进生产者"称号。2009年，王进喜被评为"100位新中国成立以来感动中国人物"。2019年被评选为"最美奋斗者"。

人物链接

宁可少活二十年，拼命也要拿下大油田！

——王进喜

这是一张 1972 年 12 月 25 日，由交通部邮票发行局发行的《中国工人阶级的先锋战士——铁人王进喜》纪念邮票。票面是根据王进喜的工作场景创作的，画面中王进喜身着棉袄，手握刹把，傲然挺立在寒风凛冽的井台上。他的口袋里装着毛泽东的《实践论》和《矛盾论》，背景云霞满天，还可以看到繁忙的石油工地。王进喜也是第一位出现在邮票上的石油工人，并且先后出现过 4 次之多。

邮票生动的画面不禁让人想起经典老歌《我为祖国献石油》，时光也仿佛回到从前，回到铁人王进喜的故事里。

1949 年 9 月 25 日，对于玉门来说，是一个大日子。解放军来到玉门，结束了这里的国民党反动统治。道路上、山坡上、房顶上到处都是欢庆的人。玉门油矿也随之迎来了新的曙光——恢复石油生产。

27 岁的王进喜高兴地说："我要报考钻井工！"

考场上，王进喜对待每一个科目都非常认真、卖力，他过硬的技术让考官们频频点头；但因为文化科目不过关，王进喜没有通过考试。可他没有放弃，找到考官再三恳求，得到一次补考的机会。最终，因为技术过硬，主考官破格宣布："王进喜，你被录用了。"这个在旧社会要过饭，给人放过牛，当过黑油娃的年轻人欣喜万分，面对生活困难从来都没有哭过的他，此时落泪了。因为从此，他当上了国家的主人。他心想，未来一定要让机器转得更快，打更多的井，钻更多的油！

对于王进喜来说，能够考上钻工不容易。第一次考试时，因为文化不过关而落选的经历也在时刻鞭策着他进行文化"补课"。对于学习文化，王进喜曾这样比喻："我学会一个字，就像搬掉一座山，我要翻山越岭去见毛主席。"这样的话从铁人口中说出来，不免让人忍俊不禁。

在生产过程中，因工人们缺乏思想理论知识，出现了很多困难和矛盾。为了帮助大家解决矛盾和主要问题，石油工业部特地买来了毛泽东的《实践论》和《矛盾论》，但这样的哲学著作对于识字不多的王进喜来说，简直就是天书。就在这时，指挥部给队里分来几个实习的大学生，王进喜如获至宝，让他们给大家做辅导员。在工作之余，大家伙就会围在篝火旁共同学习、讨论。

王进喜一生都没有停止过"识字搬山"，学习和思考让他在思想上产生了蜕变，也看到了人生奋斗的方向。这或许也是邮票画面中，王进喜口袋里装着"两论"的原因吧！

1959 年 9 月，当选省劳动模范的王进喜被推举为国庆十周年观礼代表，并且被推选到北京出席"全国工交群英会"。

来到北京，站在长安街边的王进喜目不暇接。他注意到穿梭的汽车和公交车都背着一个大包，便询问身边的参会代表："汽车上背的是啥？"

"那是煤气包，里面储存的煤气是汽车的燃料。"代表回答道。

王进喜觉得奇怪，问道："为啥不烧汽油呢？"

代表叹气说："咱国家缺油啊！"

王进喜的心里狠狠地揪了一把：连北京的汽车都没有油烧，那其他地方呢？解放军的坦克、飞机、战舰呢？"缺油"成了堵在他心里的一块大石头。在他看来，首都汽车背个大大的煤气包，就是石油工人的耻辱！

回到宾馆房间，同住的代表老林问闷闷不乐的王进喜："你怎么了？"

王进喜说："国家缺油，我们石油工人有愧啊！"

老林拍了一把王进喜，说："告诉你一个好消息——东北发现一个大油田。"

王进喜激动得全身发抖，他暗下决心：一定要到东北去参加这场石油会战！

在新中国成立初期，石油的匮乏极大地制约了国家工业、农业的发展，甚至一度威胁到国家安全。自民国初年以来，中国一直受到"贫油论"的困扰，但中国人民始终没有放弃在国内寻找石油的信心和决心。为了使国家摆脱缺少石油的困境，中国的石油人跑遍祖国山河寻找石油。大庆油田的发现，在我国石油勘探历史上具有突破性的意义。为了加快石油勘探和开采，石油工业部党组决定从各处抽调十几支优秀的队伍，一鼓作气拿下大庆油田。王进喜和他所在的队伍，就这样来到大庆，并在这里树立起了新中国石油开采的"铁人"丰碑。

"铁人"这个称谓说来很有意思。刚到大庆的王进喜和几名队员被安排住在一位普通的农村妇女赵大娘家中。原本想热情招待石油工人的赵大娘发现，王进喜只在炕上睡了一晚就不见踪影。赵大娘来到工地上打算一探究竟，钻工许万明把她带到发电机旁边。只见王进喜躺在泥浆槽里，身下只垫着一些羊草和一条破被子，身上盖着老羊皮袄，头枕着一个铁疙瘩——牙轮钻头。

赵大娘不禁对身旁的许万明叹道："你们王队长可真是个铁人呀！"

这一声充满心疼和敬佩的"铁人"，后来成为王进喜的独有称谓。这是来自普通百姓的呼唤，也是祖国的呼唤！

1960 年 4 月 29 日，大庆油田会战万人誓师大会上，王进喜走上讲台，他摘下帽子，高高举过头顶，大声说："宁可少活二十年，拼命也要拿下大油田！"这句誓言如今被写在铁人王进喜纪念馆的墙壁上。

在一次井喷事件中，带着腿伤的王进喜一声怒吼，扔掉拐杖，带领现场工人一起跳进水泥池，充当"人体搅拌机"。从水泥里出来以后，他腿上的伤口被碱性极强的泥浆烧得血肉模糊。当时如果井喷压制失败，大家和 60 多吨重的钻机都会漏到 700 米深的地下，然而王进喜却毫不犹豫。他正是在践行誓师大会上的誓言——"拼命也要拿下大油田"！

目光回到邮票的画面上，仿佛王进喜又站在钻井上，振臂高呼"石油工人一声吼，地球也要抖三抖！"以他为代表的新中国石油工人，顽强奋斗，把我国石油工业落后的帽子扔到了太平洋里；他们手拉肩扛，土坑当床；他们学技术、练本领、补文化，树立了工人阶级的光辉形象！

（刘京）

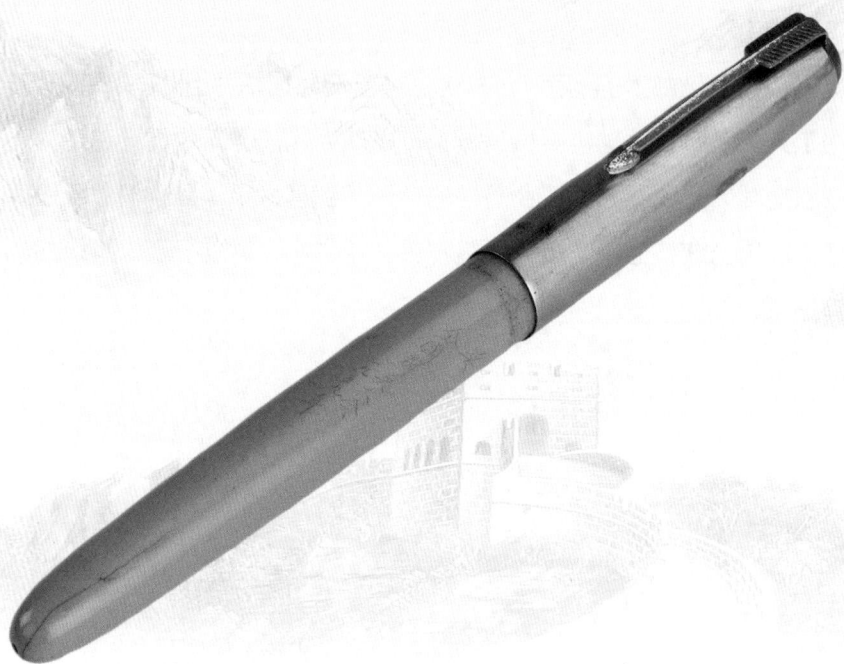

★ 1959年全国群英大会奖给时传祥的英雄牌钢笔

时间：1959年
尺寸：长13.9厘米

平凡而伟大的英雄之笔
——时传祥

时传祥（1915—1975），山东齐河人，出生于贫苦农民家庭，因逃难来到北京当起了掏粪工。新中国成立后，时传祥感受到了平等社会的温暖，他提出"工作无贵贱，行业无尊卑；宁肯一人脏，换来万家洁"的口号，带领环卫工人为市民服务，一干就是几十年。1959年，在全国群英会上，时传祥受到国家主席刘少奇的接见，并获得"全国先进生产者"称号。1964年当选为第三届全国人大代表。2019年9月，入选"最美奋斗者"名单。他是新中国第一代劳动模范，中国工人阶级的杰出代表。

宁肯一人脏，换来万家洁。

——时传祥

这是 1959 年全国群英大会奖给时传祥的一支英雄牌钢笔，上面刻有"奖全国群英大会一九五九"字样。它的主人正如钢笔一样平凡，却又当得起"英雄"的伟大。时传祥以身作"笔"，谱写了新中国第一代劳动模范的时代精神之歌。

走上掏粪的道路，原本是迫于生活的无奈，但苦难从未折断这支"英雄之笔"。出生于山东一个贫困家庭的时传祥，年少时逃难至北平，当上了掏粪工，在粪霸和伪警察的压迫欺凌下讨生活。新中国成立后，人民当家作主，工人阶级找回了尊严，时传祥的生活也有了很大改变。1949 年 2 月 3 日，农历正月初六，天气非常寒冷，但北平城在喧嚣的锣鼓声和鞭炮声中沸腾着。人们的脸上都洋溢着笑容，大家都在庆祝北平回到了人民的怀抱。时传祥也带着儿子时纯庭出门看热闹，他的心里暖暖的。看完回到家中，时传祥高兴地唱起了《屎壳郎》。

儿子好奇地问："爹爹，啥叫屎壳郎啊？是推粪球的屎壳郎吗？"

妻子赶忙捂住儿子的嘴，叫他别瞎说。

时传祥开心地抱起儿子，对他说："爹爹是要把屎壳郎给唱跑了，打这以后啊，再也没有屎壳郎了。"

看儿子疑惑，时传祥解释道："以后爹爹不再是粪花子了，是新中国的清洁工人！"

1952 年，加入北京崇文区（现东城区）清洁队的时传祥，继续从事城市清洁工作，并被推选为"粪业工人工会"委员。北京市人民政府为了体现对清洁工人劳动的尊重，为他们定下了高于其他行业的工资标准，还不断改善工人们的清洁装备。有了这份尊重与认可，在时传祥的心中，"掏粪"不再是养家糊口的艰难工作，而是一份光荣的使命。在他看来，掏粪也是社会主义建设事业的一部分，而自己是城市的主人，做好清洁工作是分内之事，一刻也不能懈怠。虽然清洁队的装备改善了，大家的待遇也提高了，但时传祥却丝毫没有减轻自己身上的"担子"，他积极研究、改进工作方法，挖掘潜力，提高效率，心里一直在琢磨如何才能更好地服务群众。

时传祥对自己负责的清洁区域里的每家每户都尽职尽责。这一天他来到东斜街一户人家门口，还不等敲门，门就自己打开了。白发苍苍的蔡大娘探出头来，拉住时传祥，帮他把粪桶放到地上，说："门都开了，粪桶撂下，进屋喝口水歇歇，不进屋咋成？"

盛情难却，时传祥来到蔡大娘家中，看到家中乱成一团，他心里很不是滋味。蔡大娘已近 80 岁了，无儿无女，能自己吃上一口饭都不容易。

时传祥说："大娘，等我把活儿忙完了，就好好给您收拾一下这屋子。"

"你这工作够累的了，哪儿能再麻烦你啊，时师傅。"蔡大娘摆摆手道。

为了让大娘安心，时传祥恳切地说："大娘，不止我一个人，我们全班同志呢！正好明天我们休息，过来帮您一会儿就干完了。"

第二天，时传祥召集了歇班的工友，一起来到蔡大娘家。大家分工协作，该洗的洗，该拆的拆，该晒的晒。墙壁粉刷一新，窗户玻璃擦得锃亮，屋里的地面用砖铺得平平整整，衣服、被褥洗干净晒了一院子。蔡大娘看着大家伙儿，泪水不自觉地流下来。

时传祥就是这样默不作声、任劳任怨地为居民服务，在平凡的岗位上做最好的自己。他的敬业和奉献精神赢得了群众和社会的认可与尊重。"宁肯一人脏，换来万家洁"也成了广为流传的"时传祥精神"。

1956 年，时传祥加入中国共产党。1959 年 10 月，他作为全国先进生产者代表，参加在北京召开的全国"群英会"。在人民大会堂里，国家主席刘少奇亲切地握着时传祥的手说："你掏大粪是人民勤务员，我当主席也是人民勤务员，这只是革命分工不同。"时传祥内心的激动无以言表，化作了一句"我要永远听党的话，当一辈子掏粪工。"

刘少奇问起清洁工人的学习情况，时传祥汇报自己识字还不多，但也能看报了。刘少奇一边叮嘱他要继续努力提高文化水平，一边从上衣口袋里掏出自己使用的英雄牌钢笔送给时传祥，并对他说："阳历年的时候给我写封信吧。"

英雄钢笔赠英雄。"时传祥精神"也被无数支笔写成故事和新闻报道传遍大江南北。"工作无贵贱，劳动最光荣"被这位普通的淘粪工人以身作"笔"，写成鼓舞全国人民的金句。

时传祥知道，只把自己的一生投入环卫事业是远远不够的。为了实现环卫事业的持续发展，时传祥以身作则，悉心培养队伍里的青年工人。他还主动邀请青年工人的家属一同关心与促进青年工人的成长与进步。他把每一位青年工人当作自己的亲人，在他的带领下，一批思想坚定、业务一流的行业先锋成长了起来，成为新中国环卫事业发展的新生力量，甚至到了自己病危弥留之际，他还叫来 4 个子女，向他们布置了最后的任务：一定要接好新中国环卫事业的班！时传祥走后，儿女们继承父志，4 人都投身环卫事业，在平凡的岗位上将父亲的精神践行、传承。

"宁肯脏一人，换来万家洁；工作无贵贱，劳动最光荣"是时传祥的人生格言，他把自己化作一支看不见的"笔"，把这句格言写在人民的心里，写在新中国的历史长卷上。他对祖国的热爱，对事业的认真，对社会的负责，对人民的关怀，成为闪耀着万丈光芒、感动中国的"时传祥精神"。

（刘京）

★ 河北宣化龙烟钢铁公司庞家堡铁矿"马万水小组"献给毛主席的铁矿石

时间：1959 年
尺寸：10.7 厘米 ×17.7 厘米 ×6.7 厘米

铁矿石里的掘进之路
——马万水

马万水（1923—1961），河北深县人，第一、二届全国人大代表。曾担任河北龙烟铁矿"马万水小组"组长，东采矿部副主任，龙烟钢铁公司井巷工程公司副经理。1950年，马万水和他带领的队伍不怕苦、肯奋斗，用铁锤、钢钎的手工操作，月掘进石英岩巷道23.7米，首创黑色金属矿山掘进全国纪录，这支队伍也被正式命名为"马万水小组"。马万水善于钻研、积极探索，推出一整套矿山快速掘进经验，为新中国冶金矿山建设事业作出了卓越贡献。他是新中国第一批全国劳动模范之一，被评为"100位新中国成立以来感动中国人物""时代领跑者——新中国成立以来最具影响的劳动模范"。

人物链接

干劲加技术，石头变豆腐！

——马万水

　　这是一块"倔强"的铁矿石，它被河北宣化龙烟钢铁公司庞家堡铁矿"马万水小组"献给了毛泽东主席。它的"倔强"还要从矿山铁汉马万水的"掘进"人生说起。

　　在新中国成立初期，国民经济百废待兴，工业基础薄弱，钢铁冶炼成为生产发展的关键一环。为了寻找和开采铁矿，国家付出了巨大的努力，一批行业模范也在这个过程中涌现出来。就在新中国成立的这一年，一个叫马万水的小伙子因为技术突出，被安排到河北龙烟铁矿掘进五组担任组长。他的队伍里一共有 18 位工人，负责开凿岩石非常坚硬的 30 号石巷。工人们都来自农村，多数是短、长工出身，不懂技术，钢钎凿在石英岩上，凿得火花迸射却不进眼儿。马万水以身作则，手把手地教大家凿岩技术。有时，技能生疏的工友不小心跑了锤，打伤了马万水的手，他也不在乎，笑着说："不疼，继续打！"工人们在他的带领下不仅学会了技术，干劲也更足了。

　　经过一段时间的观察，马万水发现，掘进的总体速度仍然很慢。第一个月，巷道总共只向前推进了 1.7 米。十几个工人挤在一起干，有劲也使不上，24 小时才能完成一次放炮。总结之后，他认为主要原因在于施工中存在着劳动组织不合理、人员安排不妥当等问题。为此，马万水想出了一套解决方案。他鼓励工友们说："咱们分班干活，班与班之间进行竞赛。"在马万水的带动下，庞家堡矿有了第一个分班干活和开展爱国红旗劳动竞赛的小组。工人的热情和干劲被激发出来，分班干活的效果十分显著。

　　工地上的条件极为艰苦，物资匮乏。有一天，正在大家紧张施工的时候，巷道的工作面出现了大量涌水，给施工造成了极大的困难。马万水从食堂借来 3 条麻袋，分给大家当雨衣用。上有淋头水，下有稀泥浆，麻袋还不够分，工人们轮流披着麻袋奋力掘进。后来，领导调来了几件雨衣和 6 双胶鞋，但人多物少不够分，马万水自己不穿也不用。他在鞋子里垫上草来代替胶鞋，坚持工作。党的关怀和马万水艰苦奋斗的精神深深地鼓舞和感动着大家。工作方法不断改进，掘进效率也在大家伙儿的共同努力下不断提高，挖掘速度从月进 1.7 米提升至 6 米多。1950 年 6 月，在条件异常艰苦的情况下，马万水带领的掘进五组创造了全手工操作、独头掘进，月进 23.7 米的黑色金属①矿山掘进全国新纪录。为此，该组被正式命名为"马万水小组"，马万水被评为全国劳动模范，也是在这一年的 8 月，马万水光荣地加入了中国共产党。

同年 9 月，马万水代表全组到北京参加了全国工农兵劳动模范代表大会。回到矿区后，马万水向大家传达了毛主席的指示：劳模要起带头、骨干、桥梁三大作用。全组的工友们也纷纷表示，不能满足于现有的成绩，以后要永远听党的话，保持荣誉、再接再厉、继续前进。

为了进一步提高生产效率，马万水的那股子倔劲儿又上来了。他想方设法研究新技术、新方法。他在废料堆里找到一台坏了的风钻，想修好以后让工人们摆脱手工打眼儿的笨重体力劳动，加快生产速度；但他不懂修理，就去找电机老工人请教，一边修理一边练习操作。刚开始，由于操作不熟练，马万水抱着风钻打了一会儿，震得全身发麻，头晕耳鸣，但他一直坚持练习，自己先学会了又把方法教给工友。很快，工人们打眼的效率就变得高多了。

紧接着马万水又发现，开凿下来的岩石碎块要靠工人们一块一块

---

① 黑色金属一般指铁、锰、铬及以铁为主的合金等。铁矿资源是我国重要的大宗矿产资源，是经济社会发展的基本原料和重要保障，也是我国固体金属矿产中使用量最大的矿种。

地装车，既慢又累人，尤其是随着打眼儿、放炮的效率提高了，碎块也就更多了。要是再用老方法搬运，效率可能跟不上。马万水思来想去，从建筑工人在铁板上拌水泥的方式里得到了启发。他想，如果让岩石碎块崩到铁板上，再从铁板上装车，一定又快又省劲。于是，他找来铁板试验。没想到，第一次试验，铁板炸跑了；第二次试验，铁板炸卷了。有人觉得不但效率没提高，还影响了装车进度，但马万水没有放弃，他不断试验和研究爆破规律，调整铁板的安置位置，终于取得成功，工作流程中又有一环提高了效率。马万水就是这样，一环扣一环，逐步完善掘进工作中的每一个环节。

1953 年，新中国开始了发展国民经济的第一个五年计划。"马万水小组"也迎来了一个新的挑战——开凿庞家堡第一平峒的艰巨任务。结合当地的实际情况，经过反复思量，马万水提出"大规格一勺成"的掘进方法。也就是不再按照以前的小规格打出巷道，再改成大规格方式进行掘进。部分领导认为风险大，持反对态度；但马万水却胸有成竹，他的小组也没有被"从来没有人这样搞过"的说法难住，他们积极开展试验，困难源源不断，他们就一个一个克服。为了提高碎岩的运输效率，马万水和大家一起研究把平峒单轨运输改为双轨。没有电机车运输，就用骡子拉矿车的办法解决。就这样，"马万水小组"于 1955 年攀上月进 128.5 米的高峰；1957 年又两次摘取月进150.1 米和 170.1 米的桂冠。

1958 年初，"马万水小组"又遇到了前所未有的挑战——罕见的坚硬岩石——大白石英岩。原来 10 分钟就能打成的炮眼，用半小时也难打成。为了完成攻坚任务，队员们发扬马万水提出的"干劲加技术，石头变豆腐"的精神，反复研究，终于创造了"中间楔形掏槽法"等多种先进施工方法与工艺。仅在这一年中，"马万水小组"就接连多次刷新全国冶金矿山掘进纪录，成为全国黑色冶金矿山乃至全国冶金战线学习的榜样。

这条掘进道路上的困难说不完、道不尽，但不论遇到怎样的境况，马万水的意志都好似最坚硬的岩石，没有他克服不了的困难，也没有他拿不下的矿山。

马万水送给毛主席的那块铁矿看似平平无奇，但可以说比金矿还要珍贵，他代表了马万水和他的掘进小组的工作精神。正是有了像他们一样不断进取、攻坚克难的掘矿工人，新中国的工业建设才能在短时间内实现从无到有、从有到强的历史性成就。"一把大锤，两根钢钎，三条麻袋轮着披，六双胶鞋换着穿，手抡大锤拼命干。"不忘初心，牢记使命，马万水掘进之路上的故事鼓舞了成千上万的劳动者，一代又一代的中国人民奋发进取、阔步向前。

（刘京）

★ 张秉贵佩戴的"劳动模范"胸章

质地：丝质
时间：1979—1987 年

授予

模范称号

同志全国劳动

国务院

国务院决定
授予张秉贵同志
全国劳动模范称
号

第 00369 号

中华人民共和国国务院

1979 年 12 月

★ 国务院授予张秉贵的全国劳动模范奖章及证书

质地：金属、纸
时间：1983 年

胸章中闪耀的"一团火"
——张秉贵

张秉贵（1918—1987），北京市人。1955年11月到北京市百货大楼柜台工作，30多年接待顾客数百万人，练就称糖"一抓准"、算账"一口清"的绝技。1957年，被评为北京市劳动模范。1958年加入共产党后，多次被授予优秀共产党员称号，当选为党的十一大代表，第五、第六届全国人大代表。1979年被国务院授予全国劳动模范称号。1982年将自己的柜台服务经验编写成《张秉贵柜台服务艺术》一书。2009年，张秉贵被评为"100位新中国成立以来感动中国人物"。2019年9月，获得"最美奋斗者"荣誉。

"一团火"精神，光耀神州。

——陈云

1978 年的夏天，北京王府井百货大楼糖果柜台总是被围得水泄不通，顾客排起长龙，人们都被张秉贵麻利又准确的"一把抓"和"一口清"的技能所震惊，此景更被称为"燕京第九景"，来到北京的游客都会专门来这儿看看。

1979 年张秉贵被评为全国劳动模范，这是他佩戴的劳动模范胸章。其实本来有一枚商业部授予他的奖章，但天天戴奖章上班并不实际，所以当时单位特地给他做了一个红色布料的全国劳动模范胸章，方便他在上班的时候佩戴。虽然胸章的红色已有些泛白，但他在柜台上用一生坚守为人民服务的"一团火精神"，却依然闪耀。

张秉贵在做百货大楼售货员之前，曾在旧商号里工作了 20 年，对于售卖商品很有经验。其实在百货大楼正式开业前的招聘中，张秉贵只是因对国营单位的向往，本着碰碰运气的想法去应聘，毕竟他当时已超出了招聘年龄 10 余岁，招聘者中又有很多年轻人，因此他并没有抱太大希望。但令他没想到的是，自己竟然被录取了。站在宽敞的售货大厅，看着崭新的柜台和琳琅满目的货架，张秉贵心里充满了自豪感，自己是以"有着丰富经验的特殊人才"的理由被招进来的，一定要全力以赴对待这份工作，在柜台里服务好每一个顾客，不辜负党和国家对他的信任。

张秉贵刚开始是糕点组的售货员，他热情饱满的服务态度和过硬的技能让糕点柜台成为了百货大楼最受欢迎的柜台之一，他本人还评上了北京市劳动模范。正当张秉贵在糕点组做得风生水起时，他被调到了人流量巨大、总是排长队的糖果组。作为劳动模范，他知道这种调动是正常的，虽然"隔行如隔山"，但他丝毫没有打退堂鼓的想法，他决心要在新的岗位上从头学起，下苦功夫，让每个顾客都能乘兴而归。去糖果组没多久，他发现柜台总排长队有一个很重要的原因：售货员称糖是需要时间的，抓少了添糖，抓多了又要减秤，且糖果货架非常多，这样来回几次，自然就耽误了很多时间。张秉贵觉得，来到这里买糖果的很多都是外地游客，如果把时间都花在了排队买糖果上，那可就得不偿失了。于是他决定先解决这个问题，减少称量的时间，苦练"一把抓"的技能。张秉贵利用下班时间把石块削成跟糖果大小重量差不多的样子，反复去称量。琢磨不同斤两大抵应该是几块糖果，不同块形、不同种类的糖果在同样斤数的情况下，数量又该是多少。他早来晚走，每天就是抓了称，称了抓，日复一日地苦练。功夫不负有心人，他最后凭手感就能做到只抓一把就接近准确，被誉为"眼是天平，手是秤"。

　　虽然张秉贵在称量的速度上已经快了许多，但是他认为售卖的速度还可以更快。一是他察觉到糖果的种类多，价格不同。售货时如果没有记准价格，每回头看一次货架上的价签，都会耽误时间。二是有一次他听到一位顾客说："他用算盘算账有点慢。"所以他立刻想到，如果能做到牢记各种糖果的价格，售货时不回头，再加上熟练心算的能力，做到"一口清"的话，每天就又能多接待不少顾客。张秉贵做好这个打算后，每天下班一回到宿舍，就把各种糖果售卖的价格写在表格上，先是心算，然后再用算盘检查，误差越来越小，终于丢掉了算盘。有一次，一位顾客来到柜台找张秉贵买糖果，他非常熟练地指着货架说："买一斤糖果！两块二一斤的双喜奶糖二两二、一块一毛五一斤的脆口香三两七、三块四一斤的迎宾奶糖二两八、一块六一斤的广州水果糖一两三。"张秉贵根据他的要求快速麻利地逐一称好，然后微笑着继续问道："您还需要点什么？""不要别的了。你不是一口清吗？多少钱？"张秉贵立即回答："两块零七分。"边说着还边把旁边的算盘递给这位顾客："您买的数量零一点，我是心算的，请您再复核一下好吗？"这位顾客一吐舌头说："您往这儿瞧，我早算好啦！"只见这位顾客摊开自己左边的手掌心，上面还留着圆珠笔的字迹，赫然就是二元零七分。他又接着说道："咱们是同行，我是副食店的，看了报纸上夸你'一口清'有些不信，所以特地慕名而来试一试。您真不简单，我算服啦！"渐渐地，"一把抓"和"一口清"成为了张秉贵的看家本领，不仅为顾客节省了宝贵的时间，更是受到了业界的赞誉。

此时张秉贵已经凭借精湛的技艺让糖果柜台的售卖速度大大提升，但他并没有满足于此。有一次，一位操着东北口音的顾客询问道："上海糖果好还是北京糖果好？"张秉贵应声答道："都不错，各有所长。""各有什么所长呢？有什么区别？"张秉贵被这个问题难住了，只好各拿出几种样品给顾客看，耽误了好半天，顾客依旧不满意。事后，张秉贵就琢磨着应该还会有顾客有着相同的疑惑，以后再遇到的话，什么样的回答能让顾客满意呢？于是他揣着这个问题请教老员工，老员工立刻游刃有余地回道："如果让我回答，我就说上海的米老鼠奶糖好，北京的酥糖好。米老鼠奶糖包装精美，块型和色泽都好，入口易融化，吃起来奶味浓、细腻、不粘牙。北京酥糖皮薄、馅细，吃起来酥、脆、香、甜，口感好、不塞牙。"张秉贵接着问："你怎么知道得那么清楚？""这两种糖我都品尝过。"张秉贵听后决心自己购买糖果来品尝。光是自己尝还不够，毕竟一个人的口味不全面，他还邀请同事朋友们一同品尝后再做出评价。他前后品尝过 200 多个不同种类的糖果，逐渐对各种糖果的口味了如指掌。此后，他再介绍商品和回答顾客询问时更准确了，不仅不会再耽误售货时间，还让顾客的体验得到了升级。

张秉贵几十年来一直以精益求精的高标准要求自己，踏实地钻研业务技术，就是这样全心全意为人民服务的态度温暖了来自五湖四海的顾客的心，这让他在 1979 年获得了全国劳动模范的荣誉。此后他在售货工作中就一直佩戴着这枚胸章，这枚胸章也见证了张秉贵始终如一的"一团火"精神。

张秉贵一生身居三尺柜台，在平凡的岗位上精益求精，打磨专业技能，孜孜不倦坚守这份"甜蜜的事业"，用拳拳匠心坚持为人民服务，成为了新中国商业战线上的一面旗帜。

（江昀润）

★ 杨怀远为乘客挑行李用的扁担

　　质地：竹质
　　时间：1986 年

"为人民服务到白头"的小扁担

——杨怀远

人物链接

杨怀远，1937 年出生，安徽省庐江县人。1956 年入伍，1958 年加入中国共产党。1960 年转业至原交通部上海海运局，成为一名海员。先后在船舶上任生火工和服务员等职。二十世纪七十年代被任命为船舶政委后主动辞去领导职务继续担当一名服务员，直至 1997 年退休。38 年来，他始终发扬不怕苦、不怕累、不怕脏的精神，坚持做旅客的挑夫，以全心全意为人民服务的"小扁担"精神闻名全国。1985 年，获得"全国劳动模范"荣誉称号。退休以后，他担任客运服务顾问，培养出一批青年服务标兵。同时积极参加志愿活动，以宣讲、报告等方式让"小扁担"精神代代相传。2009 年，杨怀远获评"100 位新中国成立以来感动中国人物"。2019 年，获得"最美奋斗者"荣誉。2021 年，获评全国优秀共产党员。

小小扁担不算长，服务旅客当桥梁。

——杨怀远

"扁担虽短情意长，时刻伴我在身旁；乐为旅客挑重担，春夏秋冬一个样。"这是杨怀远把 38 年来与自己做伴的小扁担编成了顺口溜来激励自己。"雷锋魂""扁担精神永放光芒"，这一根浸透汗水的小小扁担上题满的字，镌刻着杨怀远爱岗敬业、恪尽职守的担当，见证了他不畏艰苦始终为人民服务的劳模精神。

23 岁的杨怀远从部队复员后被分配到客轮上去做服务员时，对这份工作是很有看法的。他想，自己在部队里大小还是个班长，一米八几的个头，身强力壮的，现在却去做这些婆婆妈妈伺候人的工作，完全就是出力受气不讨好，既不光彩又没前途。尤其是当他看到和他一起转业到上海的战友做了客轮的乘警，找到了自己理想的岗位，心里就愈加难受。领导察觉到他情绪的波动后对他进行了安慰和鼓励，让他觉得非常温暖，再加上这时杨怀远想起了自己以前在部队学过的《为人民服务》这篇文章，翻出来重新阅读后，越想越惭愧，觉得自己受到了陈腐观念的影响，于是下定决心扎根在服务员岗位上，响应"向雷锋学习"的号召，做一个全心全意为人民服务的雷锋式客运服务员。

杨怀原以为自己人高劲大，做起服务员来肯定是得心应手，然而实际工作干起来远比他想得复杂太多。旅客问的问题他一概答不上来，旅客被海水浇湿的被子被他烘了个大洞，连端碗他都比别人慢很多。面对这些情况，杨怀远虽然产生了畏难情绪，但是他想起自己励志做服务员的誓言，又鼓起勇气坚持下去。他想自己不能把"为人民服务"仅当作一句口号，更要掌握为人民服务的本领。于是他开始主动学习和思考，再遇到旅客的问题答不上来就记下来回去查询，烘衣间蒸汽温度过高，就把自己的旧衣服套在外面保证不会烘坏，端碗叠毯子速度慢、花样少就主动向老师傅们请教方法。就这样，杨怀远通过自己的努力和大家的帮助逐渐成为了一个称职的客轮服务员。

有一天杨怀远工作时，看到有旅客大包小包拿了许多件行李，上、下船极不方便。虽然他立即跑去帮助旅客拎行李，但是就算肩扛手提能拿的件数也非常有限，其余的行李还需折返两次。事后他觉得自己累倒没什么，而旅客上岸后转车会非常不方便。于是想到如果自己用扁担挑，不就既方便又帮旅客解难了吗？想到此，他打定主意，自己家中有根扁担闲着，正好拿来派上用场，他要让这条小扁担同他一道为人民服务。从此，这不起眼的小扁担，成就了杨怀远"为人民服务到白头"的大事业。

杨怀远的第一根小扁担是从部队带回来的。决定复员后，他想留下根扁担，就请求组织批准"带走小扁担，当作传家宝"的要求，批准后他就带着扁担挑着行李回家了。此后30余年，他与扁担结下了不解之缘。不论严寒酷暑他都在为旅客挑担子，日复一日的过程中他一共挑断了40根扁担。他用扁担为旅客服务的好事做了千千万，也一直被人们口口相传。

那是三月的一天，船从青岛出发开往上海，随着目的地越来越近，此时轮船上一位60多岁的山东大娘却满脸愁容，眉头越皱越紧，还喃喃低语："怎么办呢？怎么办呢？"同舱的旅客见状便询问其原因，得知大娘是从上海回到老家山东探亲，好久不见的侄女、侄孙分外热情，送了她整整四大包土特产，光青岛啤酒就有10瓶。她告诉大家："32年没回老家了，她们硬要送东西给我，我说这么多东西我怎么拿呀，他们说送你上船，船是送上了，可我下船怎么下呀！真急死人了。"这事儿很快就传到了杨怀远的耳中，他来到老大娘的面前，亲切地说："大娘，你别着急，包在我身上，我帮你拿下去。"老大娘瞅着这位服务员虽然身形高大，但想到自己那又多又沉的包裹，还是忍不住开口问道："我有四大包哩，你搬得动吗？"杨怀远笑着说："不用搬，我有扁担，可以挑，一次就挑走了。"老大娘还是不放心地问了一句："真的？""真的。"杨怀远目光诚恳地对着老大娘说。

话刚说完，老大娘就边掏钱边对他说道："那我给你钱。"杨怀远急忙阻止她，坚决不肯收钱。大娘过意不去，又从包里拿出黄豆、花生要送给他。杨怀远笑笑说："大娘，您别客气，我是服务员，帮旅客解决困难是我应尽的责任，黄豆、花生你送亲戚朋友吧。"船到了上海后，杨怀远利索地把四大包行李挑下船，并一直送老大娘出港。

这样的事情对杨怀远来说只不过是平常工作里发生的最为普通的事。"情愿自己多辛苦，不愿旅客一时难"是他对自己的要求。除了甘当人民的挑夫外，他还会帮怀抱婴儿的妇女洗尿布，背行动不便的老人上下船等，被旅客赞誉为"孩子的保姆""老人的拐杖"。他炙热的为民服务之心温暖了许多旅客，表扬信从四面八方寄来感谢他热情周到的服务。杨怀远看着这些表扬信内心非常激动，他没想到做这点小事会引起那么大的反响。这让他更加坚定，虽然身处平凡岗位，做的是平凡小事，但人民群众有需要他就要一直干下去。此后的时间里，他肩挑小扁担穿梭于旅客之中，挑上挑下为旅客服务，就算汗水浸透衣服也不觉得辛苦，因为他心中有着满足感，有着为人民服务到白头的崇高理念。

杨怀远的工作获得了旅客的赞誉，也得到了上级领导的肯定，他一度被任命为货轮的政委，但他当上领导干部后，还是坚持为旅客挑扁担。一段时间以后，有人开始提出意见："当政委的挑扁担，像什么样子？""政委挑扁担，不务正业！"杨怀远听了心里不好受，但他并没有在意这些言论，坚持挑扁担，后来他主动向领导提出要求，想回到船舱重新做服务员，而且特意要求去了最底层的客舱。因为他知道这个客舱面积大，人多面杂，服务难度最大。他说："心里装着旅客，我就有一种强烈的责任感。旅客的需求，就是我的服务方向；

旅客没想到的，我要想到；旅客想到的，我就要做到。"

  在杨怀远工作的 37 年里，他不追求金钱和职位，一心扎根于服务员这个岗位。他制定了 120 多项便民措施，自制了多种方便旅客的用具，建立了装有多种物品的方便箱。杨怀远以平凡的劳动创造了不平凡的业绩，以不畏艰苦的卓越劳动、爱岗敬业的无私奉献将雷锋精神延续，塑造了影响一代代工作者的"小扁担"精神。

（江昀润）

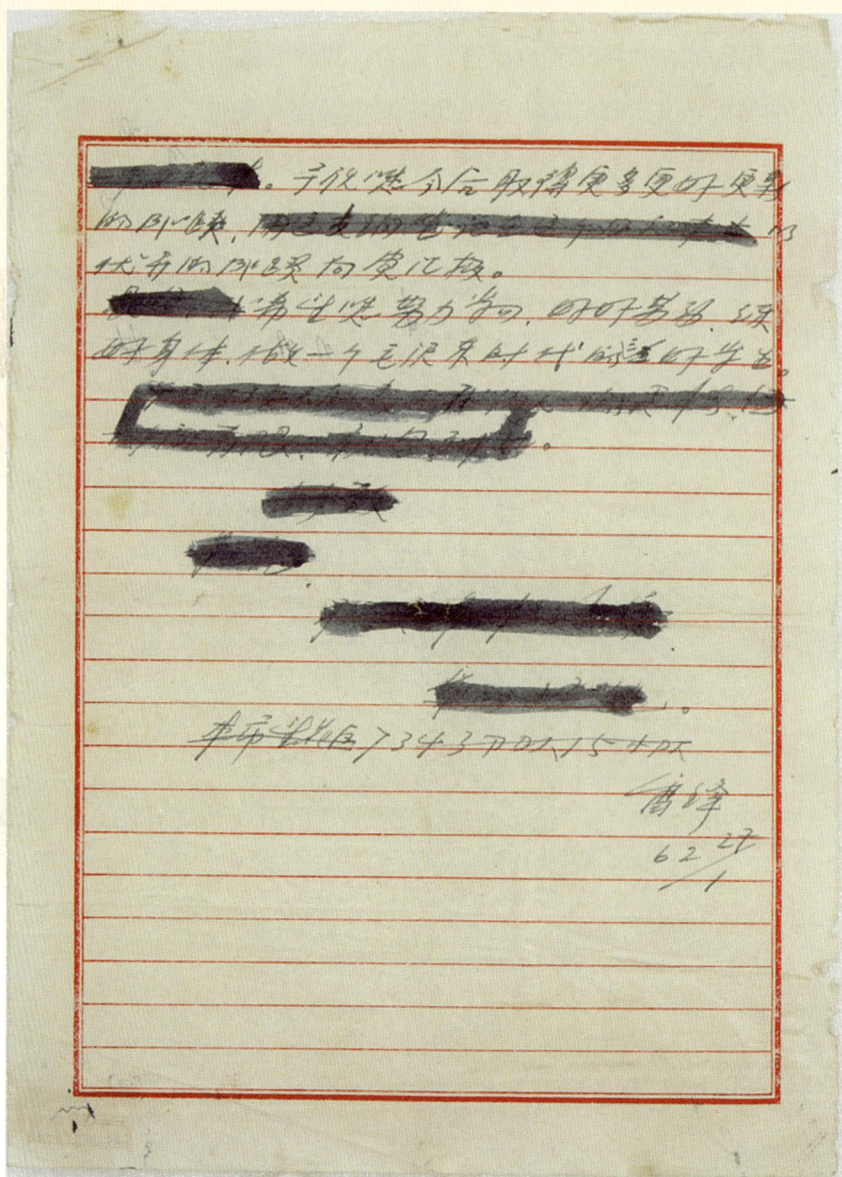

★ 雷锋写给张玄同学的亲笔信

质地：纸质
时间：1962 年 1 月 27 日
尺寸：26.5 厘米 ×19.1 厘米

一封被珍藏的回信

——雷锋

人物链接

雷锋（1940—1962），湖南长沙人，原名雷正兴，中国人民解放军战士，共产主义战士。1960年参加中国人民解放军，同年11月加入中国共产党，11月23日，沈阳军区工程兵党委作出授予雷锋"模范共青团员"称号的决定。1960年11月27日，雷锋荣立二等功，作为立功代表在全团授奖大会上发言，此后，雷锋又多次立功受奖。1962年8月15日，因公殉职，年仅22岁。同年毛泽东主席为他亲笔题词："向雷锋同志学习。"雷锋对后世影响最大的是以其名字命名的"雷锋精神"，勇于奉献和甘当螺丝钉的敬业精神影响了一代代中国人。2019年9月25日，雷锋被评选为"最美奋斗者"。2021年9月，党中央批准了中央宣传部梳理的第一批纳入中国共产党人精神谱系的伟大精神，"雷锋精神"被纳入其中。

向雷锋同志学习。

——毛泽东

 1962 年 1 月的一天，抚顺会元堡小学的一名 11 岁学生张玄收到了一封信，令她惊喜又感动。原来，1960 年 12 月 11 日，《抚顺日报》发表了雷锋的先进事迹后，张玄的母亲就将这篇报道推荐给了张玄。张玄读后被雷锋的可贵精神和不屈意志所打动，认真给雷锋写了一封信。由于不知道通信地址，她只是把信交给了抚顺日报社麻烦报社帮她转交。但她没有想到的是时隔 2 年后她竟然收到了雷锋的回信，这封情真意切的信笺被她珍藏了 41 个年头。

 这件珍贵的书信现在能够被大众知晓，还要说到雷锋图文资料收藏者褚士奇。2000 年的春天，当褚士奇翻看自己的收藏时，发现 1962 年 4 月 13 日《抚顺日报》第三版 "读者来信" 栏目中刊登着《向雷锋叔叔学习》和《愿你努力学习》两篇信稿，这是雷锋生前第一次在报纸上回读者问，这理应是一篇重要报道，然而他却没有在任何纪念馆和博物馆看到过相关信件，这让他产生了很大的疑惑。不仅如此，这篇报道的回信中明确写有 "最后，我送给你一张照片和一点小小的礼物作为纪念" 这句话，雷锋这一辈子赠送给别人的礼物并不多，那么这份礼物现在又在何处呢？褚士奇想搞清楚这件事的来龙去脉，带着种种疑惑，他开始寻找张玄。

 此时的张玄已是抚顺市新抚区教师进修学院中教部主任，她回忆起这段往事依旧非常感慨。在她 11 岁读到雷锋事迹时就深受鼓舞，当时还是学习委员的张玄决心不仅自己要努力学习，还要帮助其他同学，做一个拥有高贵品质的人，长大后一定要做国家的栋梁之材。还是小学生的她并不知道如何把这封信送到雷锋叔叔的手里，于是就把信寄给了《抚顺日报》。令张玄没想到的是这封信辗转 2 年才送到雷锋手里，雷锋收到信后很感动，但是时间已经过了很久，他怕孩子看不到，就把回信刊登在了《抚顺日报》上。

那是 1962 年的一天，张玄的母亲接到一个电话，叫张玄到报社去取东西。除了一封给张玄的回信外，还有一个用红领巾包着的包裹，这正是雷锋回信中提到的那一份礼物。包裹里面装着一个笔记本、一支国产透明塑料钢笔和单人照片。笔记本的扉页和照片背面分别有雷锋写给她的赠言："希望你努力学习，好好劳动，练好身体，做毛主席的好学生！"以及"让我们携起手，互相帮助，互相学习，共同进步。"真挚诚恳的言语传递出的温暖力量在年幼的张玄心中种下了梦的种子："我也要发奋学习，勤奋工作，做一个能帮助他人的人。"更令她没想到的是，雷锋后来在铁岭出差途中还特意来会元堡小学看望她，虽然当时雷锋身上肩负任务来去匆匆，见面的时间仅有短短 10 分钟，但这次会面却让张玄终生难忘，让她对雷锋的印象不仅仅停留在纸面之上，一个阳光、可信且充满力量的战士形象在她的心中烙下了深刻的印记。

至于为何张玄一直没有就这封书信发表过信息，她解释说雷锋是一位甘当"螺丝钉"的人，她只想矢志不渝地踏着雷锋的脚印前行，默默地为社会作贡献，所以从未张扬过曾同雷锋相互通信这件事情。她想珍藏这封信和礼物，珍惜这份关爱和真情。虽然记忆会愈来愈模糊，而雷锋精神却永远扎根在她内心深处。张玄也确实一直都在践行雷锋精神，作为一名教育工作者，她的表现异常出色，曾荣获辽宁省优秀教师、抚顺市劳模等诸多荣誉。

雷锋生前一直对辅导孩子们非常上心，殉职后还被团中央追认为全国优秀少先队辅导员。雷锋有一个极为苦难的童年，父母、兄弟相继离世，年仅 7 岁时就成为孤儿，他内心深知孩子们的成长需要关怀和指导，所以他决定要尽自己最大的努力做好辅导员的工作，利用自己的空余时间来帮助学生们，盼望这些孩子们能成长为快乐的新中国好少年。他在受聘校外辅导员大会上，当校团支书给雷锋系上红领巾时，激动地哭着说："小朋友们，几年前我刚摘下红领巾，今天我又系上了红领巾，以后我就是你们的大朋友了……"此后雷锋几乎每周都去学校，给学生们讲故事，教他们唱歌、跳舞，还带领同学们到火车站打扫卫生、做好事，与学生们成为了良师益友。后来雷锋要上哪去开会或学习，学生们知道后，总是不舍地手拉手把他送到车站。

孙桂琴正是当时雷锋辅导过的学生之一，时过 60 余年，孙桂琴仍清楚地记得与雷锋交往的点点滴滴。有一次，孙桂琴上学迟到了，因为一路小跑的原因，不小心把红领巾跑掉了，于是她随手把红领巾拿在手里，刚走进校门时，发现雷锋正在和同学们一起活动。看到孙桂琴后，雷锋叫住了她，接过她手里的红领巾，帮她重新系在了脖子上，并郑重地告诉她："以后上学要系好红领巾，要爱护红领巾，因为那是国旗的一角。"直至今天，这条红领巾还珍藏在孙桂琴家中，用来时刻勉励自己。后来她成为了陆军总医院的一名军医，一生深受雷锋影响，乐善好施、勤俭节约。退休后，孙桂琴并没有停下前行的脚步，她成为了全国 100 余所高校的校外辅导员，奔走在宣传雷锋精神的路上。

虽然雷锋的生命定格在了 22 岁，但他的精神在很多人身上得以延续。时光飞逝，雷锋的教诲和辅导给曾是少年的他们留下了永恒的、美好的回忆。雷锋精神，也在这片土地上薪火相传、历久弥新，激励一代代中国人。

（江昀润）

一
九
二
二
—
一
九
六
四

党的好干部　　焦裕禄

中国邮政　CHINA　**20**分

1992-15　　　　　　　　(1-1)J

★ 邮电部邮票发行局发行的《党的好干部——焦裕禄》纪念邮票

质地：纸质
时间：1992 年 10 月 28 日
尺寸：4 厘米 ×3 厘米

邮票上的县委书记
——焦裕禄

焦裕禄（1922—1964），山东省淄博市人。1946 年入党，1953 年 6 月参加洛矿筹建，1954 年 8 月起，相继在哈尔滨工业大学、大连起重机厂机械加工车间进修。1956 年底，返回洛阳矿山机器厂，被任命为一金工车间主任、调度科长等职。在此期间，焦裕禄患上了肝病。1962 年被调到河南省兰考县担任县委书记，他身先士卒，带领全县人民治理灾害。1964 年 5 月 14 日因肝癌病逝于郑州，终年 42 岁。1966 年 2 月 1 日，河南省政府追认焦裕禄为革命烈士。2009 年 9 月，焦裕禄被评为"100 位新中国成立以来感动中国人物"。2019 年 9 月，他获"最美奋斗者"称号。

我只有一个要求，请组织上把我运回兰考，埋在沙丘上，活着我没有治好沙丘，死了也要看着兰考人民把沙丘治好。

——焦裕禄

这张纪念邮票上的照片是最广为流传的"焦裕禄形象"，照片上抓拍的正是焦裕禄看着泡桐树微笑的瞬间，也是他时任兰考县委书记时留下的屈指可数的照片之一。他双手叉腰、眺望远方、面露笑意，这朴素又坚毅的形象永远记录在了邮票上，同时也印刻在一代又一代的中国人心中，永不褪色。

1962年12月，一封任命书送到了焦裕禄手里，任命的职位是河南兰考县委书记。此时的兰考经历了严重的自然灾害，已被摧残得不成样子。风沙打毁了20万亩小麦，大雨造成的内涝淹了30多万亩庄稼，10多万亩盐碱地一片荒芜。"漫天飞黄沙，遍地不生绿"就是当时兰考的真实写照。接到任命的焦裕禄，完全可以借由自己的肝病推辞上任，然而对于焦裕禄来说，他容不得百姓受一点苦。面对家人的劝阻，他说："越是困难的地方越要去。"几天后，焦裕禄带着一定要成功治理灾害的决心启程去了兰考。让他没想到的是，刚下了火车就看到站台上、广场上，目光所及之处挤满了人，甚至还有睡在铁轨旁边的。他一问才知道，这成百上千的老百姓全都是去逃荒。只要看到来了车，不管是客车还是货车，都一窝蜂地往上挤，拉到哪儿算哪儿，下了车就讨饭。看着眼前的景象，焦裕禄意识到身上担子非常重，一定要尽最大努力改变兰考的面貌，对得起党的信任。

为了能够尽快解决兰考的灾害问题，焦裕禄开始频繁地走访调查。他跋涉了2500多里路，走遍了120多个生产大队，把全县所有的风口、沙丘、河渠一一丈量，总结出了一句话"沙丘没有林，有地不养人，有林就有粮，无林去逃荒。"要想治沙，造林必不可少。栽种泡桐，以林促农、以农养林是焦裕禄深思熟虑得出的结论。泡桐是一种生命力顽强的植物，它能耐住盐碱野蛮生长，并且几年就可以长成大树，既能挡风又能压沙，更重要的是它的树根向下扎，吸收土壤下层的水分，能够保持水土就意味着不耽误在树下种庄稼，真正地做到了以林保粮。在种植泡桐的过程中，他身体力行，永远冲在最前面，拿起工具跟群众一起挖坑种泡桐，所以焦裕禄对泡桐充满了感情。然而经常走访的焦裕禄几乎没有一张工作照，甚至连邮票上这张焦裕禄的照片都是当时兰考的通讯干事偷拍的。

　　说起来，给焦裕禄拍一张工作照片是相当的困难。虽然随行的工作人员小刘经常带着照相机用来抓拍人民群众的照片，回去做宣传用。然而每当小刘想把镜头对准焦裕禄，给他照几张照片时，他总会摇摇头或者摆摆手拒绝小刘的要求。小刘心里总惦记着要给这个一心只为老百姓服务的县委书记留下张照片。有一天，焦裕禄又跑来生产大队查看泡桐的生长状况，看到泡桐的长势喜人，他心情大好，开心地说："咱春天栽的泡桐苗都活啦。十年后，这里就会变成一片林海。"这时，小刘看到焦裕禄双手叉腰，满含希望地看着泡桐树，就赶紧拿起相机，"咔嚓"一声将这瞬间定格下来。焦裕禄这叉腰的动作看似随意，其实却另有原因。当时的他肝病疼痛已经十分严重，他认为花钱治疗不如拿来救济穷苦百姓，再加上治沙的工作还未全部完成，他没有时间去管自己的身体，于是他自创压迫止痛法，他认为"病是个欺软怕硬的东西，你压住它，它就不欺侮你了。"于是，焦裕禄的手始终抵在腰部，减缓肝病的疼痛。而照片中这棵未露全貌的泡桐现已长成一棵挺拔伟岸、亭亭如盖的参天大树，而且它还有了自己的专属名字——"焦桐"。

　　后来在拍完这张照片后，一同下乡的干部向焦裕禄建议合个影。焦裕禄却说："咱照相有啥用？"这时，小刘抓住这个机会问出了自己一直疑惑的问题："焦书记，每次跟你下乡，你都告诉我带上照相机，为什么不让我给你照相呢？"焦裕禄说："下乡让你带相机，是让你多给群众拍些照片，这对他们是鼓舞，又很有意义！你不要想着跑前跑后给领导拍照片，要想着给群众多拍照片！"小刘一听赶紧说："要是把你和群众在一起劳动的镜头拍下来，不是对他们更大的鼓舞嘛！"焦裕禄听后笑笑说："你这是找理由想给我照相呢，那今天就照一张吧。"于是焦裕禄又站到了他钟爱的泡桐树旁照下了他在兰考工作 475 天来仅存的 4 张照片中唯一的一张面对镜头的正面照片。

风沙无言，泡桐有声。50 余年后的今天，泡桐不仅仅做到了挡风压沙，更带来了可观的经济效益。用泡桐木制成的古琴、古筝等乐器畅销世界各地，让兰考成为了"民族乐器村"，2017 年 3 月兰考更是成功脱贫摘帽。如今，泡桐成为"焦裕禄精神"的象征，它就像一面旗帜，鼓舞和激励着一代又一代的兰考人，更将焦裕禄鞠躬尽瘁、无私奉献的精神镌刻成这片土地上最深厚的印记。

（江昀润）

★ 孟泰响应修复鞍钢高炉号召从废墟中收集的器材——三通水门

质地：铜质

时间：1948 年

尺寸：高 11.5 厘米、直径 4 厘米

旧零件铸就钢铁意志

——孟泰

孟泰（1898—1967），河北丰润人，原名孟瑞祥，曾用名孟宪钢。1926年来到鞍山后，进入昭和制铁所当配管学徒工。1949年8月加入中国共产党，成为鞍山解放后第一批发展的产业工人党员之一。新中国成立前后，为保证鞍钢复工复产，他以身作则带领工人群众收集各种废旧物资，建立了闻名全国的孟泰仓库。1950年出席全国战斗英雄代表会议和劳动模范会议，被授予全国劳动模范称号。先后担任鞍钢炼铁厂配管组组长、技术员、副技师、设备修理场场长、炼铁厂副厂长、鞍钢工会副主席等职务，连续当选一、二、三届全国人大代表。2009年，孟泰当选"100位新中国成立以来感动中国人物"。2019年9月，被授予"最美奋斗者"称号。

只要信念坚定了，没有做不到的事！

——孟泰

这件普通的旧零件叫作三通水门，虽然现在它被广泛应用于化工和石油等多个方面，但对于当时物资紧张的新中国来说是非常宝贵的。孟泰走遍高炉废墟中的每一个角落，收集了一批批的废旧器材，用这些器材和零件造就的"孟泰仓库"做到了真正的变废为宝，为后续高炉的修复作出了重大贡献。

钢铁代表着一个国家的工业实力，在共和国发展的历史中，第一炉铁水就在鞍钢这个新中国的钢铁摇篮里诞生。回望过去几十年，鞍钢的一炉炉红色铁水里沉淀着一代代钢铁工人炽烈的家国情怀，孟泰作为一名工人代表，怀揣着满腔热血，凭借着钻研精神与苦干精神为恢复和发展钢铁生产作出了重大贡献，他的干劲、闯劲、钻劲至今仍鼓舞着广大工人群众，成为了他们无惧风雨、向上奋进的强大精神动力。

1948 年 11 月 2 日，随着战争隆隆炮声的逝去，在东北全境解放后，鞍钢重新回到了人民的手中。崭新的鞍山钢铁公司成立后，由于孟泰工作经验丰富又拥有高超的技艺，于是请他重新回到了鞍钢炼铁厂的修理厂担任配管组长。此时的鞍钢经历了日本侵略者和国民党军队的多次掠夺和洗劫，早已千疮百孔、形同废墟，恢复生产钢铁的任务变得难上加难。

东倒西歪的瓦斯管道、生锈裂缝的车床、破烂不堪的高炉，孟泰站在杂草丛生的钢铁厂中看到的就是如此满目疮痍的景象。看到往日年产量数百万吨的钢铁厂变成了这个模样，他的心中满是失落。此时，一些还未回国的日本工程师断言"就算用 20 年，你们也恢复不了生产。不如把高炉拆掉种高粱。"孟泰听闻后心里不服气，想到了自己重回工厂上班的第一天领导对他说过的话："从现在开始，鞍钢就属于像你这样的普通工人。从今天开始，鞍钢生产的每一吨钢，都是为了建设一个属于咱们自己的国家。"作为一个将钢铁情结融在骨子里的工人，孟泰默默下定决心要拿出志气，一定要把钢铁炼出来，要让自己工作了十几年的老工厂重新从这一片废墟中活过来，要让急需恢复建设的中国重燃炉火，再出铁水。

　　既然要恢复钢铁生产，那设备的修复就是天字一号任务，然而在解放初期各项零件极为欠缺，甚至有钱都不一定能买到。面对重重苦难，一些工友不免生出一些丧气情绪，认为就算回到工厂也只能割割杂草而已。但是孟泰深知钢铁意味着什么，从战火硝烟中走出来的中国需要钢铁，人民过上好日子也需要钢铁。自己身为一个钢铁工人生产不出钢铁，这还能算是工人阶级吗？孟泰心急如焚，开始在炼铁厂周围转了起来。就当他在炼铁厂西边的一个长满蒿草的小山包里深一脚浅一脚地打转时，不知道踩到了什么东西，差点绊倒，他弯腰在地上寻找，捡起来一看发现是一个三通水门。别看这个零件不显眼，但却是高炉里必不可少的一分子，于是他马上又在周围的草丛里摸索起来，接连发现了好几个高炉上的零部件。原来在日本侵略者和国民党统治时期，工人们不满他们的剥削与压榨，采取"磨工"等方法故意捣乱，用扔、藏零件的办法来对付。孟泰此刻意识到鞍钢其实遍地都是宝，哪怕是一个螺丝钉那都是宝。

　　当时的东北正值大雪严寒，风声像是扯开喉咙咆哮的怪物，鹅毛大雪漫天纷飞。孟泰想到还未开工的厂区，就觉得一刻也耽搁不得。"需要做的事情太多了，在这个时候，我怎么能守在家里面呢？"于是披着袄子就往外走。在零下十几度的东北，孟泰顶着凛冽的寒风跑遍整个厂区，在风雪中搜寻废旧材料和零部件。凡是能够捡回来的，不论是埋在地里面的、扔在水塘中的，还是藏在顶棚上的。只要是他能看到的，他就想尽一切办法收集起来。工友们并不理解孟泰到底在做什么，连孟泰的亲弟弟也感到诧异，他问道"哥，你捡那个玩意儿到底干啥？起什么作用？"孟泰为了解答工友们的困惑，把大伙儿召集到一起开会，告诉大家如何把这些废旧零件和器具的能力发挥到极致并号召工友们一起搜集，攻破设备短缺的难关，早日完成高炉的恢复。

在短短几个月的时间内，孟泰集结全厂工人的力量一起收集了上千种材料和上万种零部件。看着越垒越多，堆成小山一样的零件，孟泰喜悦之外又有一些犯愁，这些零件要放到哪里呢？思前想后，他把高炉脚下原本存放工具的小铁房归置收拾了一番，焊了一个铁架子，铺上木板，把零件分门别类整齐地放在架子上，方便日后寻找和使用，这间矮小又不显眼的铁房正是后来闻名全国的"孟泰仓库"。

零件虽然有了地方摆放，但孟泰又发现了新的问题。这些废旧品大都布满油污或锈迹，如果要投入使用，就必须得用机油清洗。然而对于家底不厚的鞍钢来说，没有工具来进行零件的维护。这时，孟泰又做出了一个惊人的举动。他打碎玻璃研磨成粉，用玻璃粉来擦拭和清洗零部件。由于当时条件有限，并没有手套一类的保护工具，孟泰的手总是布满伤口，又红又肿；但他并不介意自己的伤口，每天早早来到厂里，一头扎进铁房子里，一干就是一天。看着一件件锈迹斑斑的零部件变得锃光瓦亮，孟泰就觉得所有的辛苦都是值得的。

孟泰和工友的事迹被报道后，唤起了每个鞍山人民的爱国热情，一场轰轰烈烈的献交器材运动开始了。人们肩扛、担挑、车推，从鞍山的四面八方涌向厂区，把家中能找到的各种零部件和器材全部献交。立山区仅用了3天的时间就献交了300多台马达。新华区一次献交的电器材，当即就可缩短鞍钢电气修复计划一个月。在这场献交器材运动中，鞍钢全市居民共献交炼钢器材21万多件，为高炉的修复作出了重大贡献，可谓是当时的一大壮举。

1949 年 6 月 27 日，鞍山钢铁厂炼出了解放后的第一炉铁水。望着奔腾的金红色铁水，不少人流下了激动的泪水。做到第一是很难的，而鞍钢突破了这个第一，打破了外国专家"鞍钢只能种高粱"的断言。不仅如此，孟泰的坚韧与执着没有白费，修复 2 号高炉没有花费国家一分钱，所以这一炉铁也被人们称为"争气铁"。

孟泰一生中获得过无数荣誉，但他认为这不仅是一种荣耀，更多的是一份责任。不论行走多远，他始终秉持着对钢铁行业的尊重与执着，铭记工业报国的初心，牢记国家的使命。正是这一代代钢铁工人的坚守，让中国钢铁行业有了走向强大的自信与底气。

（江昀润）

★ 徐虎为居民安装的"特约服务箱"

质地：木质
时间：1985 年
尺 寸：42.1 厘 米 ×28.3 厘 米
×7.3 厘米

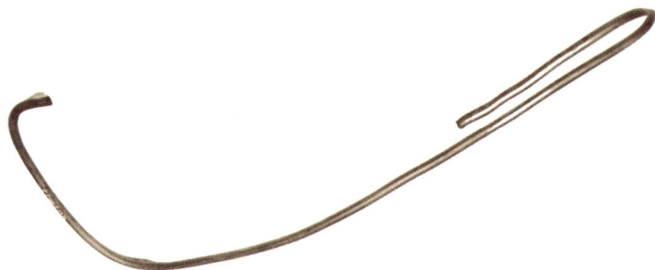

★ 徐虎自制的钩子工具

质地：铁质
尺寸：26 厘米 × 10 厘米

"特约服务箱"里的温情
——徐虎

徐虎，1950年生，上海市人。1969年12月参加工作，1975年5月被分配到普陀区房管系统工作，1986年4月加入中国共产党，2010从上海西部企业集团总监岗位退休。他两次被评为"上海市劳动模范"，三次被评为"全国劳动模范"，1997年作为优秀党员代表出席了党的十五大。在水电修理工的平凡岗位上，自挂"特约服务箱"，开通24小时"徐虎热线"，10余年间，花费7400多小时的业余时间，义务为居民修理2100余处故障，接听各类报修、咨询电话30000次左右，以"辛苦我一人，方便千万家"的精神，谱写了一曲新时代的雷锋之歌。

辛苦我一人，方便千万家。

——徐虎

1985 年，在普陀区中山北路房管所磨炼了十年的徐虎荣获"上海市服务明星"一等奖。单位和家庭都为他骄傲，可徐虎并不高兴，因为白天在单位接到的报修让他心情不能平静：上午一位中年妇女急匆匆地赶来报修，满头大汗，一进门就嚷嚷，昨天晚上六点多钟，她居住的居民楼突然断电，三户居民家里的电扇、冰箱全都不能用，孩子只能点蜡烛复习备考，白天上班没空报修，晚上报修又找不到人，她说今天是特地请事假出来报修的，请无论如何要帮忙修好。徐虎想，对于双职工，为了报修一只水龙头，前前后后也要调休两个半天，太影响工作和生活了。自己要是能在下班后为居民提供服务该多好啊！妻子理解他的心事，便召集家人召开特殊家庭会议。"阿爸、妈，有件事情要同你们商量，"徐虎很正式地说，"我向附近居民发过 500多份意见征询单，后来又走访了不少居民，他们普遍反映夜间上门服务好。我想挂一个类似于警民联系箱一样的报修箱，每天晚上 7 点开箱上门服务。这个想法，段里、所里和局里都很支持，现在就看家里同不同意了？"结果，全家一致同意。"阿虎，你去修好了，如果回来晚了，泵房打水的事儿，我来管。"年近古稀的父亲支持道。"干吧，晚上的老酒也不会少你一口的。"妻子打趣道。"爸爸挂了箱子，是不是你就不能来陪我看电视了？"只有小女儿不大开心，那较真的模样，逗得全家都笑了起来。

1985 年 6 月 23 日这一天，支部书记李阿弟兴高采烈地陪徐虎一起去现场。区房管局宣传科长陈敏抱着冲击钻打洞眼，帮徐虎安上报修箱。从此光新一村居委会、电话间、弄堂口 3 处分别挂出了簇新的小木箱。上面写着："凡本地段公房住户，如夜间有水电急修，请写好纸条投入箱内，本人热情为您服务，中山北路房管所徐虎。"

当晚 7 点刚过，住在光新二村的杨阿姨走过居委会，想到家中当天正好拉线开关坏了无人修，就抱着试试看的心情回家写了张纸条投入箱内，她怎么也没有想到，那张写着"请求修理"的纸条是徐虎信箱的第一张报修单。于是，她也就成为夜间服务的第一位受益者。此后，便有更多的报修纸条出现在报修箱里。

因为每天的报修项目不一样，为了能更好地服务居民，徐虎自己制作了一些修马桶和下水道的工具。这些自制的简单小工具，帮居民解决了很多实际困难。那是临近春节的一个晚上，老李一家正忙着置办年货，卫生间的抽水马桶突然倒灌，粪水漫溢到了厨房地上，满屋臭气熏天，全家人急得团团转。老李赶紧给报修箱里投了纸条。当晚，徐虎如约上门。他用自制的钩子捅来捅去，没多会儿就修好了。见老李心存疑虑，徐虎笑道："放心吧，不会出问题的，有事就叫我，别客气。"徐虎爱干净，他抢修时总会考虑尽量不弄脏场地，不弄坏居民的装修，可他自己却用手掏马桶排污物，弄得自己衣服上满是污垢，每天回家都得换洗，费时费力。但他却乐此不疲，还自掏腰包给老人买水表。

那是一个下雨的星期天，徐虎收到一封信，信纸上歪歪扭扭地写着一行字："徐虎同志，我和爱人都是走动不便的老人，住在常熟路 xx 号。从电台里听到你的事迹后，央人写了这封求助信……"徐虎的徒弟正好也在，他接过信一看，说："师傅，常熟路离这里足足有十多里路，骑车来回就得两个多小时，你去不去？"徐虎毫不思索，脱口说："人家来求助，一定是碰到困难了。不管路多远，我都会去，不能让老人失望。"说完，他披上雨衣，带上雨具，蹬车向常熟路奔去。

踏进那户人家的门，徐虎吃了一惊：这户人家只住了两位耄耋老人。老太太走路哆哆嗦嗦，有 80 多岁，老头是过了 90 岁的人了，瘫痪在床，不时传来猛烈的咳嗽声。徐虎说明了来意，两位老人十分感动，说："我们在广播中听到有徐虎这么个好人，就托人写信，没想到，你还真上门了。"

徐虎说："我在信上看到你们两位都是老人，所以就来了。没想到你俩这么高龄，你们信上说是水表漏水，我来检查一下，看看毛病在哪里。"徐虎说完，让老太太指明安装小水表的地方，便上前检查。检查结果是小水表冻裂，水漏个不停，没法修，得换新的。

徐虎对老太太说："小水表坏了，我到静安寺去买个新的，回来给你们换。"

老太太从内衣袋里掏出几十元钱交给徐虎，徐虎看到老人家境这么困难，便说："不忙，等我把水表买回来装好再说。"说完，便骑车前往静安寺。

不一会儿，徐虎买好小水表换上，水终于不再漏了，躺在床上的陈老伯激动地想撑起身来，眼里流出热泪，嘴里嗫嚅着说："徐虎好人，好人啊！"

徐虎走上前，对他说："小水表换好了，您放心，以后不会再漏了。"老太太非要把买小水表的钱给徐虎。徐虎说："你们年纪大了，这些钱留着自己用吧。这小水表就算我送给你们二老的礼物吧！"

徐虎不但冒着雨骑了那么远的路来义务修理，还倒贴了一个新水表，两位老人感动极了。

陈老太太哽咽地说："小师傅啊，我们俩活了这么大岁数，今天碰到大好人了，没什么好东西能送给你，我给你磕个头吧！"说完两膝一屈，就要往下跪。

徐虎慌了，一把扶住："阿婆，这样折我寿了，我帮你换个水表，挺方便的。我多做点好事，心里踏实，活得充实，你如果过意不去，就把我当您的小辈吧。"

徐虎走了，老太太扶着门框，久久地目送徐虎远去的背影。

在 10 多年的时间里，徐虎每天晚上 7 点准时打开报修箱，义务为居民修理 2100 余处故障，花费 7400 多个小时的业余时间，有 8 个除夕夜，他都是在工作一线度过，被群众亲切地称为"晚上七点的太阳"。

（靳功泽）

★ 王顺友投递时用的"中国人民邮政"投递包

质地：棉麻布料
尺寸：97 厘米 ×36 厘米

★ 王顺友在万国邮联大会上的演讲稿

质地：纸质
时间：2005 年 10 月 19 日
尺寸：29.7 厘米 ×21 厘米

撑起马班邮路上的"流动邮局"
——王顺友

王顺友（1965—2021），1984年参加工作，2004年加入中国共产党，四川省凉山彝族自治州木里藏族自治县马班邮路投递员。他担负着从木里县到白碉乡、三桷垭乡、俸波乡、卡拉乡①的马班乡邮投递工作，一个人，一匹马，过滩涉水，越岭翻山，在这条山高路险、气候恶劣的马班邮路上，"坚持走了32年，共计34万公里，相当于走了27趟二万五千里长征，绕赤道走了8.5圈"。他每年投递报纸8000多份、杂志700多份、函件1500多份、包裹600多件；投递准确率达到100%，被誉为中国邮政"马班邮路"忠诚信使，成为世界邮政史上的传奇。2005年，王顺友被评为"感动中国"年度人物之一。2009年，被评为"100位新中国成立以来感动中国人物"。2019年，荣获"最美奋斗者"个人称号。

人物链接

他朴实的像一块石头，一个人一匹马，一段世界邮政史上的传奇，他过滩涉水，越岭翻山，用一个人的长征传邮万里，用20年的跋涉飞雪传信，路的尽头还有路，山的那边还是山，近邻尚得百里远，世上最亲邮递员。

——王顺友获"感动中国·2005年度人物"时的颁奖词

---

① 马班乡邮路线调整：王顺友早年工作期间，负责木里县城至白碉乡、三桷垭乡、俸波乡，以及木里县城至卡乡往返584公里的邮件投递工作。1999年卡拉乡邮路调整后，王顺友只负责木里县城至白碉乡、三桷垭乡、俸波乡的邮件投递工作。

　　这是王顺友同志工作时使用过的帆布邮包，虽然包身严重破损，但"中国人民邮政"六个金黄色的大字依然清晰可见。在王顺友的心里，邮包比命都重要。

　　王顺友的送邮路线中，从白碉乡（白碉乡，全称白碉苗族乡，地处四川省凉山彝族自治州木里藏族自治县东南部，是王顺友的投递辖区之一）到俾波乡（俾波乡，地处四川省凉山彝族自治州木里藏族自治县东部，是王顺友的投递辖区之一），雅砻江（雅砻江，长江上游金沙江支流，是白碉乡到俾波乡的必经之路，水流湍急，地形险要。）是必经之地。雅砻江流经的两岸，巨岭险峰凭江而起，如刀劈斧凿一般。江面激流湍急，两岸交通只能靠溜索。1988 年 7 月的一天午后，天气闷热，王顺友沿着江边的羊肠小道前往俾波乡送邮件。他还是像往常一样，先把马寄养在江边一户人家，然后将邮包用塑料袋包裹好背在背上，把绳索捆在腰上，搭上滑钩，向雅砻江对面飞越而去。江风呼呼从耳边刮过，脚下是滔滔的雅砻江。王顺友习惯性地眯起双眼，似乎享受着一路辛苦中难得的短暂惬意。就快到岸边了，突然，王顺友感觉有些不对，挂在索道上的绳子好像发出了什么声音。仰头一看，他的心顿时跳到了嗓子眼，绳子裂开了！什么都还来不及想，随着"哧溜"一声，"啊！"王顺友大叫一声，从两米多高的空中狠狠地摔了下去。万幸的是，他落在了沙滩上，但是邮包却被甩进江里，顺着江水漂去。王顺友疯了一般，不会游泳的他顾不得疼痛，抓起一根树枝就跳进了齐腰深的江水中，拼命地打捞邮包。一下，两下，王顺友不要命地在江水中搅动。幸好那天的水不太深、不太急，也幸好那根树枝上有个丫口，卡住了邮包的背带，等手忙脚乱地把邮包拖上岸后，全身湿透的他一下子瘫倒了。岸上有乡民看到这惊险的一幕，连说他傻，如果被江水冲走，多半就会被淹死，为了一个邮包，命都不要了，值得吗？王顺友清理着用塑料布包裹了好几层的邮包，看到所有邮件都干干净净完好无损时，长长地舒了一口气，说："邮包比我的命金贵，因为那里面装的都是政府和乡亲们的事啊！"

回到寄养马的农户家，王顺友开始有些后怕了，他卸下马鞍，抚摸着和他相依为命的"青龙马"，喃喃自语："邮包决不能被冲走……邮包比生命重要。"

王顺友卸下的这副马鞍本身是放在骡马背上供人骑坐的器具，两头高，中间低。可王顺友从未体验过马背上的马鞍是否坐着舒适，因为他只用马鞍驮载邮物和他的必备生活用品。在王顺友眼里，马是在荒山野岭邮路上用来驮运邮物的唯一交通工具，是他工作上的唯一助手、邮路伴侣、生死战友。"青龙"伴着王顺友走了13年邮路，特别有灵气，曾经救过王顺友的命。

2005年1月6日，王顺友在俣波乡送完邮件后往回返，当他牵着马走到雅砻江边的吊桥时，不知为什么，"青龙"四个蹄子蹬地，一动不动地不肯走了。在他们前面十几米远，有一队马帮。九匹马和两个人走上了吊桥。吊桥离江面有30多米，王顺友拉扯着"青龙"上吊桥。可是平时听话走得很快的"青龙"此时怎么也不肯往前迈步，就在人马僵持的时刻，一个景象让王顺友惊呆了：吊桥一侧手臂粗的钢缆突然断裂，桥身瞬间翻成90度。在一阵惊恐的喊叫声和马匹的嘶鸣声中，正走在桥上的一个马夫和九匹马全部坠入江中，瞬间就被打着漩涡的江水吞没了。另一个马夫由于手快，伸手抓住了跟前的一根钢绳，慢慢地爬回了岸边。好半天，王顺友才回过神来，望着滔滔江水，王顺友抱着"青龙"哭了。

30年来，马的陪伴令王顺友拥有了战胜孤独和困难的勇气，而对"马班邮路"的坚守，令王顺友拥有了站在世界舞台的底气。

2005年10月19日，王顺友受邀在瑞士伯尔尼万国邮政联盟大会上发表演讲，题目是《为人民服务不算苦 再苦再累都幸福》。这是万国邮联百余年来首次邀请基层邮递员演讲，王顺友清晰地解读"马班邮路"，并把父亲亲手交递马缰绳的故事讲给全世界听。

女士们、先生们，各国邮政的朋友们：

你们好。我叫王顺友。今年40岁。来自中国四川省凉山彝族自治州木里藏族自治县邮政局，是一名马班邮路乡邮员。我工作和生活的地方，在中国的西南部，那里是世界上最高的青藏高原和云贵高原交界的地方。中国有56个民族，我是其中之一的苗族人，苗族是一个勤劳、勇敢、能歌善舞的民族，我的工作就是牵着骡马徒步为大山中的各族人民送邮件，这种邮路被人们称为"马班邮路"。

说起我做马班邮路乡邮员的经历，就要说到我的父亲。1985年，走了一辈子马班邮路的父亲，把他手中的马缰绳交给了我，对我说，父亲老了，走不动了，这个班今后就交给你，那年我才20岁。从那以后，我沿着这条往返360公里的邮路，一走就是20年，走了26万多公里，相当于绕地球赤道六圈多。我走的路都是高山和峡谷，人烟稀少，气候恶劣。气象学家用"一山有四季，十里不同天"形容我们这里的气候。当我翻越海拔4000多米的察尔瓦雪山时，气温是在零下十几度，寒风刺骨。而下山走到海拔1000多米的雅砻江河谷，气温又高达近40度，热浪袭人。这条邮路上人烟稀少，大多数时候只能野外休息……

王顺友的声音透过麦克风，特别具有感染力，他用朴实无华的语言讲述着自己的故事。十八分钟的演讲结束时，掌声如潮，持续近一分钟。中国马班邮路的故事感动了全世界，并由此触动万国邮联改革，每年邀请各国优秀基层邮递员参会。

"为人民服务不算苦，再苦再累都幸福"是王顺友的发言主题，也是他的人生写照。他朴实得像一块石头，一个人、一匹马，用一个人的长征传邮万里，用三十年的跋涉飞雪传心。三十年来，他只做了一件事，但却真正做好了这件事；他忠诚如铁，责任如山，安贫乐道，亲民如水，在平凡的岗位上创造了一笔宝贵的精神财富。

（靳功泽）

★ 冯印强书写的孔繁森诗作
《咏红柳》

质地：纸质
时间：2017 年
尺寸：365 厘米 × 128 厘米

★ 孔繁森给藏族儿童买的新帽子

扎根高原的生命红柳

——孔繁森

孔繁森（1944—1994），山东省聊城市堂邑镇五里墩村人，1966年9月加入中国共产党，1969—1979年先后任聊城技工学校革委会副主任、共青团聊城地委常委、中共聊城地委宣传部副部长。1979年7月赴西藏自治区任中共岗巴县委副书记。1981年4月回聊城多地任职。1988年再次赴藏，任拉萨市人民政府副市长、党组副书记。1992年11月，调任阿里地委书记、阿里军分区党委第一书记、政协阿里地区委员会主席。1994年11月29日，在工作途中，不幸发生车祸，以身殉职。2009年9月，孔繁森被评为"100位新中国成立以来感动中国人物"。"一尘不染两袖清风，视名利安危淡似狮泉河水；两离桑梓独恋雪域，置民族团结重如冈底斯山。"是他一生最真实的写照。

人物链接

一个人爱的最高境界是爱别人，一个共产党员爱的最高境界是爱人民。

——孔繁森

　　这是一幅大型隶书书法条幅，由国家一级美术师冯印强书写。幅面内容为孔繁森的《咏红柳》全诗："无垠戈壁绿一层，历尽沧桑骨殷红。只因根生大漠下，敢笑翠柏与青松。"这首诗赞颂的是在青藏高原恶劣条件下顽强生长的植物——红柳。孔繁森同志非常喜爱红柳，凡是他走过的雪域高原上的山山水水，都留下了他栽植的红柳。他常说："红柳是青藏高原的生命树！"对于青藏高原的人民来说，孔繁森就是扎根雪域高原，守护藏区人民的"生命红柳"。

　　1994年，一场罕见的特大暴风雪席卷了阿里高原，漫天的大雪吞没了农田、牧场和村庄，深处灾区的人民群众正面临巨大的危险，这对身为阿里地委书记的孔繁森来说同样是一场严峻的考验。"立即行动起来！到灾区去，到群众中去，组织抗灾，恢复生产，重建家园。"孔繁森立即带领同志们展开救援。在灾情最严重的革吉县亚热区曲仓乡，有8人被冻伤。孔繁森冒着风雪，背着他每次下乡都随身携带的小药箱，挨家挨户上门慰问，并给冻伤的群众看病。

　　这不是身为阿里地委书记的孔繁森第一次为老百姓看病了。孔繁森早年在济南军区总医院当兵，略通医术，在了解牧区缺医少药，百姓看病极其困难后，他每次下乡前都要买上几百块钱的药，为牧民们看病、治病。有次下乡，村里一位70多岁的藏族老人肺病发作，浓痰堵塞了咽喉，难以呼吸，危在旦夕。可村子离医院太远，赶过去恐怕来不及，村上又没有医生和专门的医疗器械。正当大家近乎绝望之时，孔繁森赶了过来，将随身携带的听诊器的胶管伸进老人嘴里，又亲自对着胶管将浓痰一口一口吸出来，然后又为老人打针服药，直到转危为安后才离开。

　　为冻伤牧民检查身体的工作仍在继续，但人们不知道的是，长时间的高原反应和高负荷的工作，使孔繁森本来就带病工作的身体严重透支。深夜，突感心跳加速、胸闷气短、天旋地转的孔繁森预感自己的生命即将枯竭，强撑着虚弱的身体在笔记本上给同事留下了自己的"遗言"："万一我发生不幸，千万不能让我母亲和家属、孩子知道。请你每月以我的名义给我家写一封平安信。我在哪里发生不幸，就把我埋在哪里。"当窥见到了生命尽头，孔繁森选择让自己化作一棵红柳，永远留在高原之上。这正如孔繁森在藏历雪顿节那天对几个援藏的同志说的那样："人的一生，不一定非要干出什么惊天动地的事业不可，只要能像高原上的红柳一样，甘于吃苦，乐于奉献，就会得到社会的尊重，生命就会变得充实而有意义。"

孔繁森除了经常下乡为乡亲们看病外，还会给藏族儿童们带些衣服、帽子等礼物。这顶孔繁森给藏族孤儿买的，没来得及送出去的新帽子，见证了孔繁森和 3 个藏族孤儿之间的感人故事。

1992 年的夏天，孔繁森援藏工作的地方发生了地震，墨竹工卡县羊日岗乡受灾严重，房屋倒塌，一片废墟。时任拉萨市副市长的孔繁森第一时间到达受灾地区，深入村落了解灾情，指挥县乡迅速开展救灾工作。在一间倒塌的土屋前，坐着 3 个失去父母的孤儿：12 岁的曲尼、7 岁的曲印和 5 岁的贡桑。他们蓬头垢面，衣服破烂不堪，3 张小脸儿瘦削、蜡黄，神色呆滞。孔繁森将带来的食品交给孩子们后，又接着去看望其他灾民，并和村长商量救灾物品和救济款发放方案，直到黄昏才和县委领导离开村子。回到市里后，孔繁森躺在床上翻来覆去怎么也睡不着，他脑子里回荡着几个孩子悲切的哭声。"我要做他们的阿爸，我要抚养他们！"孔繁森心里暗下决定，"我要给孩子们一个幸福的童年。"

这是一个重大的抉择，孔繁森来不及征求妻子的意见，也担心妻子心理负担太沉重。天刚蒙蒙亮，孔繁森便从小厨房里把仅有的几十斤大米和十几斤面粉提下楼来，叫醒司机。司机问："孔市长，这么早要去哪里？""去墨竹工卡！""昨天不是刚从那里回来？""那几个孤儿我放心不下，要去看看他们！"他把米袋、面袋放进车里，又去商店匆匆挑选了几套衣服，买了两床棉被，一切装点好，车子便向市外奔驰而去。9天之内，孔繁森连续去羊日岗乡3次，又给孩子们送去酥油、茶叶、糖果、鞋袜，还留了300元钱，并嘱咐12岁的曲尼："这些钱你们用来买油、买盐，以后我常来看你们！"不久，孔繁森又在县委书记和县长的陪同下，来到羊日岗乡十四村。他对县委书记和县长说："让这两个最小的孩子到县完小读书吧！"于是两个孩子当天就被接到县城。孔繁森找到县完小校长白玛占堆，说道："白玛校长，这两个孩子是孤儿，我收养了，你先替我抚养，留下这个月的生活费，以后我每个月来送钱。"孔繁森从口袋里掏出来200元钱，交给白玛占堆，"不够，我再捎来！"孔繁森又道："他们从小没有父母，咱们就是他们的父母，不能屈着孩子！……不过你要从严要求，照顾好他们的生活，更要抓好学习。"白玛占堆连连点头，心里很是感激："孔市长，你与我们藏族孩子本来无情无缘，待他们像亲生儿女一样，我们还能说什么呢？"几天之后，孔繁森便到市民政局找到有关同志，按照法律程序填了表格，正式将3个孤儿收养。

1992年底，孔繁森调任阿里地委书记，工作更加繁忙。时任拉萨市市长的洛桑顿珠见孔繁森一个孤身男人抚养3个孤儿，且政务繁忙又经济拮据，便几次找到他："繁森，把曲尼留给我照管吧，你太累了！""我行。"孔繁森笑道，"我能照管了！""不，不。"洛桑市长心疼孔繁森，"你经济上也承受不了，吃、穿、用开销很大呀！再说，你山东老家还有90岁的老母亲，妻子常年有病，家里3个孩子还未独立生活……"孔繁森争执不过，只好"忍痛割爱"，将年龄大点的曲尼"过继"给洛桑市长。以后，孔繁森每个月都按时去墨竹工卡县完小看望孩子，给孩子带去吃的、用的、穿的。

"红柳干部"孔繁森，用生命为高原人民排忧解难，用生命践行了他最爱的座右铭——"一个人爱的最高境界是爱别人，一个共产党员爱的最高境界是爱人民。"

（靳功泽）

★ 周绍友给吴天祥写的托孤遗书

质地：纸质
时间：2008年6月23日
尺寸：26.5厘米×19厘米

★ 浮山村村民请求吴天祥继续帮扶的联名信

质地：纸质
时间：2009年8月21日
尺寸：42厘米×29.5厘米

百姓心中最值得托付的人
——吴天祥

吴天祥，1944年生，湖北省钟祥市人，武汉市武昌区政府原巡视员。1962年应征入伍，1964年加入中国共产党，1969年至2004年，先后任武昌区公安局民警、武昌区干校理论教员、武昌区知青办公室干部、公安分局联防办公室干部、区人大干部、区信访办副主任，区副区长。先后被评为武汉市劳动模范、武汉市特等劳动模范、武汉市优秀共产党员、湖北省优秀共产党员、湖北省学雷锋先进个人，全国学雷锋先进个人、全国优秀共产党员、全国先进工作者、全国道德模范。2009年，吴天祥被评为"100位新中国成立以来感动中国人物"。

对党和国家要忠心，对人民群众有爱心，对学习钻研要专心，对父母长辈有孝心，处理问题有公心，不断进步保初心。

——吴天祥

　　我国历史上有"周武王托孤周公旦""刘备托孤诸葛亮"等著名的托孤事件，受托之人以赤诚忠信、励精图治、鞠躬尽瘁被传为历史佳话。在现实生活中，湖北省武汉市武昌区老百姓心中也有一位最值得托付的人，他就是武汉人耳熟能详的党的好干部、老百姓的贴心人——吴天祥。

　　吴天祥在任武昌区副区长期间，始终坚持"为党分忧、为民解难"的信念，对待人民群众似亲人，与困难群众结"亲戚"，无偿提供住房、医疗等多方面帮助，以至于让素昧平生的穷苦百姓临终前将孩子托付给他，这封托孤遗书已被中国国家博物馆收藏。全文如下：

吴区长：

　　您好！

　　我们全家人给您下跪，感谢您啊！吴区长，您看到这封信时，也许我已不在人世。我在临终前写这封信，对您的感激之心不知如何表达，我下岗后为了生存卖掉了十几平方的住房，只有租住别人的私房。谁知我祸不单行，患了严重的肝癌，而且到了晚期。私房租主怕受传染，把我们赶了出来。我请求了许多出租私房的人，口都说干了，都不想把房子租给我们住。我这个走投无路要死的人只有求您了。我们确实没想到，您把您自己家的这么好的房子让给我们住。而且不要一分钱还为我的重病送钱送物，而且办好政府的各种求助，跑我妻子的户口，您对我比亲人还亲。您对我们全家人的大恩大德，我们终生难忘，谢谢您，万分感谢！

　　我现在唯一不放心的就是我小孩以后的生活成长，我担心我爱人一人承担不了，因为她没有固定的工作，能力有限。我在临终前把小孩托付给您，求您，求您把小孩教育成人，别让他像我一样走弯路，给社会丢脸。我希望您能答应我的请求，让我走得放心，我只相信您，因为您是一位大好人，一个真正的共产党员。我把小孩托付给您，死也能瞑目了。

谢谢您！谢谢政府！

周绍友绝笔

与周绍友临终托孤如出一辙的还有死刑犯张某的拜托："我是一个走错了路，行将被押上法场的罪人，我妻因贩毒在去年被判死刑。我们都是罪有应得，但我最放心不下的是我的一双儿女。因为贩毒，我把家里的亲戚朋友得罪光了。我真不知道，以后我的孩子们怎么生活？这是我现在最大的心病。因为贩毒、吸毒，家里现在是家徒四壁、家产败光。我死后，孩子们该怎么办？我现在是日夜寝食难安，死后也难以闭眼。尊敬的吴区长，我早知道您是个大好人、大善人，是共产党的好干部，我家一双儿女只能拜托给您了。求您把他们抚养成人，让他们千万不要走我们的路，要像您一样做一个对社会有用的人。给您磕头了，这是一个行将就死的人的最后请求，拜托了。"张某最后的愿望就是见吴天祥一面，见面时张某抱着吴天祥痛哭，吴天祥心情十分沉重，但毅然接受了这托孤重任："请你放心，安安心心地走，我会把他们当作自己的亲生孩子对待。"

吴天祥不仅在物质上对姐弟俩关照有加，还很关心他们的心灵健康。2010年，吴天祥得知这姐弟俩中，处于青春期的弟弟有些叛逆心理，对长辈和老师的教育经常有抵触情绪，吴天祥赶紧抽空跟他聊天谈心。在被派到延安革命教育基地学习时，吴天祥还特意自费把他带上去接受教育。头一次坐飞机，头一次去革命圣地参观，所见所闻深深触动了这位少年，回来好像变了个人似的，懂事了很多。在姐弟俩眼里，吴天祥就是自家慈祥的爷爷，他们有什么好消息都会第一个告诉吴天祥，"吴爷爷，我被评为三好学生了，老师表扬了我"。听到这样的喜讯，吴天祥会喜到心坎上。

吴天祥经常鼓励年轻人求学上进、自主创业。何志雄 2006 年毕业于武汉纺织大学，虽然获得电子信息、信息管理双学士学位，但因他患有脑瘫，在半年求职生涯中频频碰壁，父亲早已去世，母亲下岗，家人一点忙帮不上。就在何志雄几乎绝望时，认识了吴天祥。吴天祥像一位慈祥的长辈劝慰他："现在健康的大学生都不好就业，你更要身残志坚，振奋精神。"之后，何志雄参加了武汉市残联举办的创业培训结业式，为了挑战自己，他选择自己当老板。当年八月，何志雄利用专长开了家电脑维修店。起初没有客源，他就印了两千份传单到附近一家报纸发行站，以每张两分钱的价格，叫人家把宣传单夹进报纸里，这招果然吸引了不少客户。

2008 年 1 月 5 日，何志雄写道："我是何家垅社区的残疾大学生何志雄。因为到处找工作，投了 200 多份简历，也没有单位接收，是吴天祥伯伯经常支持我。看见我创业阶段困难，他又大力支持和资助我两万元，我一定以实际行动来报答吴伯伯和回报社会。"这封信虽然简短，但却饱含着吴天祥对何志雄慈父般的爱。

帮助别人是吴天祥的善心善行，"为官一任，造福一方"是吴天祥的为民情怀和英雄本色。

吴天祥任武昌区副区长时，曾分管过扶贫工作。他特别关心定点扶贫单位江夏区湖泗镇浮山村的建设。在这里，他结识了很多的"穷亲戚"。有特困家庭、有孤寡老人、有残疾青年，每年春节，他都要到浮山村给"穷亲戚"们拜年，挨家挨户，这样的习惯一直保持了很多年。吴天祥退休后，浮山村的村民请求吴天祥继续帮扶他们。联名写下了请求信，村民们在信中动情地说："您几十年如一日，时刻心系浮山村，多次坐长途汽车，带领我们村民到外地学习考察，连湖南都去了。帮我们寻找致富项目，开阔我们的眼界，带领我们种香菇、养白鹅，当我们的西瓜卖不出去时，您急村民所急，想村民所想，帮我们村民销售西瓜。我们听说您退休了，心情十分焦急，我们村民都离不开您，所以联名强烈要求您能继续在我们村帮扶，做我们的贴心人，做我们的致富带头人。另外还有一个非分之想，希望您吴区长能到我们村来当扶贫书记，这是我们村全体村民的共同心愿啊！"在这封落款为浮山村全体村民的请求信上，按满了鲜红的手印。

如今，吴天祥已经退休十几年了，但发扬吴天祥的精神并未退潮。在武汉，以吴天祥名字命名的"吴天祥小组"已发展到 4500 多个，全湖北省吴天祥小组已超过 1 万个。40 万名"吴天祥小组"成员常年活跃在各行各业、各条战线，从机关到学校、从工厂到社区、从群众组织到社区团体，他们立足岗位，奉献社会，在政府和百姓之间、干部和群众之间架起了一座"连心桥"，成为老百姓心中最值得托付的人。

（靳功泽）

★ 宋鱼水受赠写有"辨法析理 胜败皆服"的锦旗

质地：锦缎
时间：1999 年 7 月
尺寸：97 厘米 ×66.5 厘米

★ 宋鱼水穿过的法官袍

尺寸：长 130 厘米

人民满意的好法官
——宋鱼水

宋鱼水，1966年3月生，山东蓬莱人，1989年8月参加工作，中国政法大学民商法学专业毕业，法学博士学位。全国妇联副主席（兼），北京知识产权法院党组成员、副院长兼政治部主任。自1993年被任命为助理审判员以来，宋鱼水共审理各类案件1500余件，高质量地审理了500余件重大、疑难、新类型案件，多篇论文在全国法院系统和北京市法院系统论文研讨会上获奖。曾先后荣立一等功两次、二等功两次，获得"全国优秀共产党员"，全国十大杰出青年法官、全国劳动模范、先进工作者，全国十大法治人物，"人民满意的好法官"等荣誉称号。2009年，宋鱼水获评"100位新中国成立以来感动中国人物"。2019年，获"最美奋斗者"个人称号。

法是善良和公正的艺术，是以善的方式去解决问题。

——宋鱼水

这是一面中国电子租赁有限公司赠予北京市海淀区人民法院法官宋鱼水的锦旗，"辨法析理，胜败皆服"八个大字竖立两列显得格外耀眼。这不是一面普通的锦旗，"辨法析理"是对法官专业素养和为民情怀的高度概括，"胜败皆服"是对法官公正判案的最高评价。

中国电子租赁有限公司在海淀区法院打过三场官司，巧合的是，这三场官司都由宋鱼水承办。在第三个案子中，某电视机厂需租赁一套显示器生产设备，告知租赁公司设备型号、款式等要求，由租赁公司出资 30 万美元购买设备。但是，该电视机厂长期拖欠租金，不履行租赁合同。因此，租赁公司起诉该电视机厂，要求该厂偿还 22 万美元的租金、逾期利息及罚息，同时还要求担保公司承担连带责任。在当时，我国融资租赁刚刚兴起，相关案例极少，法律法规中鲜有规定性条文，多为原则性规定。因此，该如何适用法律，如何解释法律是宋鱼水需要解决的棘手问题。在案件审理期间，宋鱼水到处请教，购买专业书籍，查阅判例信息等，最终作出判决：电视机厂偿还租金、逾期利息，驳回租赁公司要求罚息和担保公司承担连带责任的诉求。得知该判决结果，租赁公司表示不能接受。公司的诉讼代理人拿着法律条文、司法解释向宋鱼水发问，不满情绪溢于言表。宋鱼水利用一上午的时间与其沟通，逐条解释，阐明判决的法理和情理依据。在宋鱼水耐心、专业地阐释下，公司的诉讼代理人也明白了为何作出该判决。临走时，该代理人紧紧握住宋鱼水的手，真诚地说："宋法官，真是太感谢了！在你这打官司不是一次两次了，还真是赢得堂堂正正，输得明明白白，这个判决结果，我完全同意！"两天后，这面鲜红的锦旗送到了海淀区人民法院。"辨法析理，胜败皆服"成为宋鱼水工作的座右铭。她始终站在一个公正的角度，站在百姓的角度，站在当事人的角度来做事情、审案件。宋鱼水认为：法律是公正和善良的艺术。唯有如此，才能让当事人接近你，与你沟通，接受你的观点。"能坐下来，能听进去""宽容、理解、耐心和尊重"是宋鱼水在审判实践中练就的职业品格。

"辨法析理"的理念和行动，贯穿于宋鱼水审理的每一个案件中。宋鱼水说，法官不仅仅要将案子审好、审准，更要做好解释说明，把当事人疑惑、关心的问题都说清楚，把公正标准向当事人分析透彻，让当事人从内心认可。

这件宋鱼水曾经穿过的 2000 式法官袍，收藏在中国国家博物馆中。这件普通的法官袍穿在宋鱼水身上，体现出了法官的独特气质和法律的威严。电影《真水无香》和北京曲剧《鱼水情》均是以宋鱼水为原型改编的文艺作品，这件法官袍已成为宋鱼水的精神写照和形象特征，激励鞭策着广大年轻法官，引领带动着审判事业发展，展现出充满"正能量"的时代精神。

身着法官袍的宋鱼水立于审判长席，作出判决如下：1. 被告不得再继续生产与原告相类似产品，已生产产品立刻销毁；2. 被告赔偿原告经济损失 76.5 万元，于本判决宣判后 15 日内付清，诉讼费 3.5 万元由被告负担。

宋鱼水看到被告张先生的神情，希望能和张先生谈谈，消解他对判决败诉的不满，主动走向张先生说道："张先生，我能和您谈谈吗？""有什么可谈的，不是都判了吗？"张先生没好气地回怼道。"但我还是想再听听您的想法，我们再交流交流。"宋鱼水耐心地说道。"我没什么可交流的，也没什么想法，二审开庭见！"张先生说完后怒气冲冲地离开了。宋鱼水本想去追张先生，被身旁的审判员一把拦下说道："不服就让他上诉去吧，到哪儿上诉他都得败诉。"但宋鱼水仍然拨通了张先生的电话，希望能约个时间和张先生谈谈，此时的张先生正在大声抱怨，接通电话后对宋鱼水说道："我没有时间和你谈，也不服气你的判决。"说罢便挂断了电话。宋鱼水仍不气馁地再次拨打电话，张先生不耐烦地说道："二审之前我不想看见你，更不想听见你的声音。"说罢便挂断电话并将手机关机了。即便如此，宋鱼水仍对身旁的工作人员嘱咐，要再尝试联系张先生，希望能约他谈一谈。最终，张先生与宋鱼水当面交流，宋法官向张先生释明法理，张先生也扭转了对判决不满意、不理解的态度，表示服从判决，不再上诉。

　　宋鱼水曾说，我是一个随和的人，从来不能容忍自己对当事人的不宽容，也从来不能容忍我的同事对当事人的不礼貌。因为对一名法官来说，所有的法律播种都有可能通过当事人成为现实，他们亲身感悟的法律知识、法律教导、法律文化以及法律习惯都有可能在中华大地上开花结果。我们还应该把工作做得更细心，不能让老百姓带着对法律不满的印象离开法院，要让来打官司的老百姓都能看到法律是公正的。

（靳功泽）

★ 王继才、王仕花夫妇在开山岛升起的国旗

质地：棉麻
尺寸：178 厘米 ×125 厘米

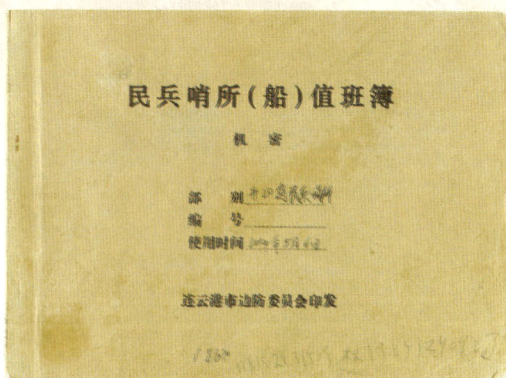

★ 王继才夫妇使用过的海防观察登记簿封面

质地：纸质
时间：2014 年
尺寸：26.5 厘米 ×19 厘米 ×1 厘米

两个人的五星红旗

——王继才、王仕花

人物链接

王继才（1960—2018），王仕花（1962年生）夫妇，江苏连云港灌云人，二人分别任江苏省灌云县开山岛民兵哨所所长和名誉所长。开山岛距离江苏省连云港灌云县燕尾港12海里，岛身呈

王继才（左）、王仕花（右）夫妇

馒头状，面积相当于两个足球场大小，环境恶劣，但却是黄海前哨，地理位置相当重要。夫妻二人自1986年驻守开山岛，32年如一日，坚持每天升旗、巡岛、观天象、护航标、写日志，与走私、偷渡等不法分子做斗争，使开山岛成为全国爱国主义教育基地；在岩缝间栽活了100多株小树苗，把石头岛变成了绿岛。2014年，王继才夫妇被评为"全国时代楷模"。2018年8月17日，王继才同志被评为烈士，当年9月被追授"全国优秀共产党员"称号。2019年，王继才夫妇获得"感动中国2018年度人物"荣誉，王继才被授予"人民楷模"国家荣誉称号。

守岛就是守家，国安才能家安。

——王继才

这是王继才夫妇在开山岛升起的国旗，虽有锈迹折痕，但旗面基本完整。由于岛上经常刮风下雨，空气湿度大，太阳照射强烈，国旗很容易褪色破损。在守岛的 32 年时间里，夫妻俩自己掏钱买了 300 多面国旗，国旗价格从开始的 6 元钱到 1990 年的 10 元钱，再到 2017 年的 45 元钱；其间，县武装部送来一箱国旗，共 50 面。他俩和国旗间有很多感人的故事，这些故事被冠名"两个人的五星红旗"。

妻子王仕花是一名民办教师，学校每周一都会举行较大规模的升旗仪式。她认为，开山岛虽小，但它是祖国的领土，必须插上中华人民共和国国旗。王继才也说："守岛就是守家，国安才能家安。岛再小，也是中国国土的一部分。国旗插在这儿，这儿就是中国。"说干就干，夫妻二人和附近的渔民弟兄在观察哨的哨楼顶上建起了开山岛的第一座旗台。

1986 年 10 月 1 日，夫妻二人郑重地举行了升旗仪式。王继才双手高擎着五星红旗，挥舞手臂，展开国旗，庄严地将旗杆插进底座，仰头响亮地高喊："敬礼！"王仕花激动地举起右手，握紧拳头，面向国旗敬礼！望着迎风招展的五星红旗，夫妇二人强烈的责任感和使命感油然而生。从这一天起，王继才夫妇坚持每天按时且认真庄重地升国旗。

竹旗杆经不起海风的强力侵蚀，用不了多久，就得换一次。2011 年，王继才夫妇在孤岛上升国旗的故事传到了北京。他们被邀参加"五星红旗我为你骄傲——庆祝中华人民共和国成立 62 周年专题文艺晚会"。晚会现场，王继才夫妇认识了天安门国旗护卫队国旗班第一任班长董立敢和他的几位战友。王继才夫妇守岛升旗的故事感动了电视机前的亿万观众，更感动了国旗护卫队的战士们。2011 年年底，一座特别制作的 2 米长、1.5 米宽的全钢移动升旗台和 6 米高的不锈钢旗杆，由北京发往连云港，再由江苏省军区和灌云县政府派人用船运到开山岛。

2012年新年第一天，一场特殊的升旗仪式在开山岛举行。升旗场景被王继才夫妇清楚地记录在海防观察登记簿上："2012年元旦中午12点半，开山岛上举行了特殊的升旗仪式。旗手是王继才同志，护旗手是武警天安门警卫支队副参谋长刘建光、武警天安门国旗护卫队三班班长常超……江苏省委常委、组织部部长、宣传部部长等省委领导，江苏省军区司令、政委、省军区政治部主任等部队首长，连云港市委市政府、灌云县委县政府主要领导参加了升旗仪式……备注说明：升旗仪式原定上午举行，但因遇到大风浪，临时调来挖泥大船才把领导们送上岛来……"

王继才夫妇使用过的海防观察登记簿，每本登记簿厚1厘米，牛皮纸封面，纸质已泛黄。这些海防巡查记录现存手稿只有1999年之后的记录，1999年之前10多年的、堆起来有一人高的观察日记，被不法分子孙某一把火烧光了。

开山岛距海岸不到10公里，是黄海战略要地，但却被不法商人盯上，企图做侵犯国家利益的勾当。1999年，一名孙姓商人假借旅游开发旗号，实则想要在岛上兴建娱乐场所，这一企图迅速被王继才捕捉，立即上报上级部门。孙某知道事情败露，却仍贼心不死，继而威胁王继才说："你已经30多岁了，死了也就死了，可你儿子才……那可就太可惜了！"听到"儿子"这两个字，王继才心里咯噔一下。守岛这么多年来，王继才最放心不下的就是他的孩子。面对不法之徒的威胁，王继才脑海中仅闪过一丝担忧，马上义正词严，面无惧色地厉声道："少来这一套，我明白地告诉你，我是为国家守岛，如果我家人出事了，你休想逃脱！"孙某一看王继才如此强硬，立刻换了一副嘴脸，一边赔笑，一边掏出一沓钞票，说道："只要你以后不向什么上级报告，赚了钱咱们平分。"王继才推开他说："不干净的钱，我不要！违法的事，我坚决不干！"见王继才软硬不吃，孙某气急败坏，带人把王继才拖到码头毒打，又指使几个人把值班室烧掉。王继才被按住无法起身，一回头发现，哨所值班室已经燃起熊熊大火，多年积攒的文件资料、观察记录瞬间化为灰烬。这一刻，王继才的心都碎了。

当地公安机关和武装部门在得知这一情况后，立即组织警力赶到开山岛，最终将孙某等不法分子绳之以法。

此后的守岛日记被王仕花装在大麻袋里专门存放，拿出来，一摞一摞铺满整个桌子，每天的值班日志都清晰地记下当天升旗的时间、地点和升旗手的名字，这些值班簿被称为中国"最动人值班日志"。王继才——这个坚持升旗一万多次的升旗手，也被称为中国"最光荣的升旗手"。

每次升旗时，夫妇俩注视着冉冉升起的五星红旗，便觉得所有的艰难、痛苦都有了意义。

习近平总书记曾对王继才同志先进事迹作出重要指示强调："王继才同志守岛卫国 32 年，用无怨无悔的坚守和付出，在平凡的岗位上书写了不平凡的人生华章。我们要大力倡导这种爱国奉献精神，使之成为新时代奋斗者的价值追求。"

（靳功泽）

★ 河北农业大学教授李保国示范果树剪枝技术时用的锯子、剪子

质地：铁质
尺寸：39 厘米 ×8 厘米 ×1.5 厘米

质地：铁质
尺寸：20.5 厘米 ×5 厘米 ×2 厘米

"科技财神" 的两大法宝

——李保国

李保国（1958—2016），河北武邑人，先后获评全国先进工作者、全国优秀科技特派员、时代楷模等，河北省科学技

李保国（前左）在河北省内丘县岗底村向村民讲解果树修剪知识

人物链接

术突出贡献奖获得者。河北农业大学林学院二级教授、博士生导师。李保国先后完成山区开发研究成果28项，建立了太行山板栗集约栽培、优质无公害苹果栽培、绿色核桃栽培等技术体系，培育出多个全国知名品牌，走出了一条经济社会生态效益同步提升的扶贫新路，被村民誉为"太行山上的新愚公""科技财神"。2016年4月10日，李保国因心脏病突发逝世。2018年12月18日，党中央、国务院授予李保国同志改革先锋称号，颁授改革先锋奖章。2019年9月17日，国家主席习近平签署主席令，授予李保国"人民楷模"国家荣誉称号。

如果我不了解果农，就不理解果农，他们也不会理解我和我的技术。只有和群众心心相印了，话才好说，事才好办，技术传授就没有障碍，科技才会落地开花。

——李保国

河北省邢台市内丘县岗底村有着自己的"科技财神"，不像其他财神手持如意或是元宝，这个财神拿的是剪子和短锯，这两样工具就是这位"科技财神"的重要法宝。每当岗底村漫山遍野的苹果树丰收了，人们就会将那一颗颗像跳动的红色火焰一样的苹果摘下来，供奉在"财神"像前，告慰他、祭奠他。

深处八百里太行的岗底村自然条件恶劣，土壤瘠薄、干旱缺水，全年土壤平均含水量不足12%，二十世纪八十年代时人均收入不足80元。"九龙岗下穷山庄，穷傻愚名传四方；糠菜树叶半年粮，光着脊梁睡土炕；三沟两峪一面坡，八千亩山秃又光；三年五载不断灾，年复一年度时光。"这首岗底村流传的顺口溜，道出了当时岗底村山秃、人穷的现实。农民本来是对土地最亲，感情最深的，但为了养家糊口，大量岗底村的农民丢弃土地，远走他乡卖苦力打工。二十世纪九十年代，虽然全村开始治理荒山，栽种了苹果树，但管理技术落后，严重影响了苹果产量和质量，贫穷的帽子久久摘不掉。

1996年，一场突然袭来的洪灾席卷了全村，耕地变成了乱石滩，村办企业也被冲毁了，直接损失达1190万元。为救灾、救民，河北农业大学和河北省山区经济技术开发办公室专家教授组成了科技救灾团来到了岗底村，查看完灾情，专家成员献计献策提出了救灾的措施和办法。在救灾会议结束后，其中一位专家递给岗底村村支书一个小条，上面写着："需要果树管理技术，我可以帮忙。"条子上还留了电话。这位递条子的专家就是河北农业大学的李保国教授。

出生于河北武邑县农民家庭的李保国勤奋好学，考上了河北林业专科学校，毕业后留校任教。本已经离开农村的李保国却总惦记着山里的百姓，他总说："我是农村长大的，过去家里也很穷，所以我见不得老百姓穷。依靠科技肯定能致富，我希望老百姓能尽快富起来。"

与岗底村结缘也正是因为李保国在考察灾情的同时，始终不忘自己科学助农的责任。

接到条子的岗底村村支书喜出望外，很快请来了李保国给村民们指导果树生产。听说有城里的教授要来村里教学，远山近村的老百姓都来围观了，可与大家伙的想象不一样，眼前这个人头发不多、胡子不少，面庞黑黝黝、衣服皱巴巴，脚踩一双平底布鞋，风尘仆仆，哪里像教授，咋看咋像个50来岁的农民。其实那一年李保国只有38岁，因为常年深入太行山，东奔西跑传播科技星火，风吹日晒让李保国的脸上布满了沧桑。但李保国对自己像农民不像教授的评论很是受用，他说："山区要脱贫，必须要把我变成农民，但更要把农民变成我。"

如何把"农民变成我"？把有条件的农民培养成果树专家？李保国通过将自己奉献给太行山区，打通了科技到田野的最后一公里。初到岗底村时，为了搞清楚岗底村的气候、土壤、山体、水文等自然条件，尽快制订出脱贫致富的具体规划，李保国翻山越岭，每个山头、山坡都要仔细考察。啃一个凉馒头，就着凉白开咽下去，算是午饭。下午接着爬山考察，直到太阳落山才回家。晚上，他又回到临时住处，挑灯夜战，仔细整理一天下来的考察数据。李保国分析岗底村所在的山区昼夜温差大，便于更多糖分的积累，适合栽种果树，但是由于农民缺乏知识，种出来的都是一咬一层皮的"小黑蛋子"。种果树是辛苦活儿，更是技术活儿，给村民普及科学培育果树的知识至关重要。李保国每年行程4万多公里，一年之中，有200多天在山区和农村奔波。来村里教学，他需要从保定坐火车到邢台，再从邢台坐汽车到岗底村，到了村里，他顾不上休息就开始在田间地头教学。李保国的书包中总是装着一把剪子，一把短锯，这是他随身携带的最为重要的两样工具，不管是在大学给学生上课，还是深入农村给老百姓示范，他都离不开这两样得力的法宝，他一边讲解，一边操作，这样老百姓才能听得懂，看得明。李保国生前留下的照片中，几乎都是他手持这两样工具给大家上课。

在给老百姓上课时，李保国还总结出一些经验，那就是用生动活泼、通俗易懂的大白话讲深奥的科学道理，他常说："树跟人一样，吃多少东西长多少劲，有多大劲干多大活儿，果树用心侍弄，就能变成摇钱树。"李保国编了不少顺口溜，让果农听一遍就能记得住。比如，讲果树修剪要达到通风透光时，他说："修通道，开天窗，树里树外都见光。"讲到怎样培养树形时，他这样形容："枝子角（度）小树势旺，不结苹果枝朝上；要想果树能丰产，角度必须要开张。"这样的话对老百姓来说有感染力、吸引力，大家伙愿意听、记得住。

李保国手把手向果农传授苹果管理技术，使苹果的质量和产量显著提高，岗底村的苹果出了名，创出了"富岗"品牌，"富岗"这个寄托着岗底村人脱贫致富梦想的苹果品牌获得了 1999 年昆明世博会银奖，还在 2000 年通过绿色食品认证，获得绿色食品标志的使用权，果农的人均收入达到 1.5 万元。过上了好日子的岗底村人亲切地称李保国是他们的"科技财神"。面对着市场竞争日趋激烈，农产品质量问题越来越突出等问题，李保国认为富岗苹果还需要继续提升品牌优势。2006 年，李保国根据岗底村的自然环境特点，量身定做了《富岗无公害优质苹果生产标准》，他参照国内外最先进的苹果栽培管理技术，结合自己多年来的亲身实践，将生产管理过程各环节纳入标准化生产和标准化管理轨道，从整地到种植，从管理到采摘，从贮藏到销售，一环扣一环，环环紧相连，形成了果农通俗易懂的 128 道生产工序。这也是全国唯一的富士苹果生产和质量标准，创造了苹果种植、管理、生产上的奇迹。根据李保国的建议，岗底村还做出一项规定：

每户果农在七、八月份，从自家果园采摘一些苹果树叶，交到富岗公司生产技术服务部进行检测分析，诊断果树营养状况，缺啥补啥，提前预防。正是这些制度使得富岗苹果富含 18 种氨基酸，其中 15 种高于国家标准。2006 年，在北京举行的"北京奥运推荐果品暨中华名果评选"活动中，富岗苹果获得"北京奥运推荐果品"一等奖，同时获得"中华名果"殊荣。

　　繁重的工作压力使得李保国的生命永远定格在了 58 岁，定格在了帮助山区群众脱贫致富的征程上。如今沿着李保国的足迹，内丘县已形成区域生态经济发展模式，获得全国脱贫攻坚奖。102 个自然村、35 个行政村的 1.5 万村民走生态路，吃生态饭，发生态财，端金饭碗，闯出一条共同富裕新路。李保国去世后，岗底村的村民自发组织将李保国向村民传授苹果树管理技术的照片摆在家中最显眼的地方，这些照片中持锯、握剪的李保国就是岗底人心中最可亲可敬的"科技财神"。

（杨小燕）

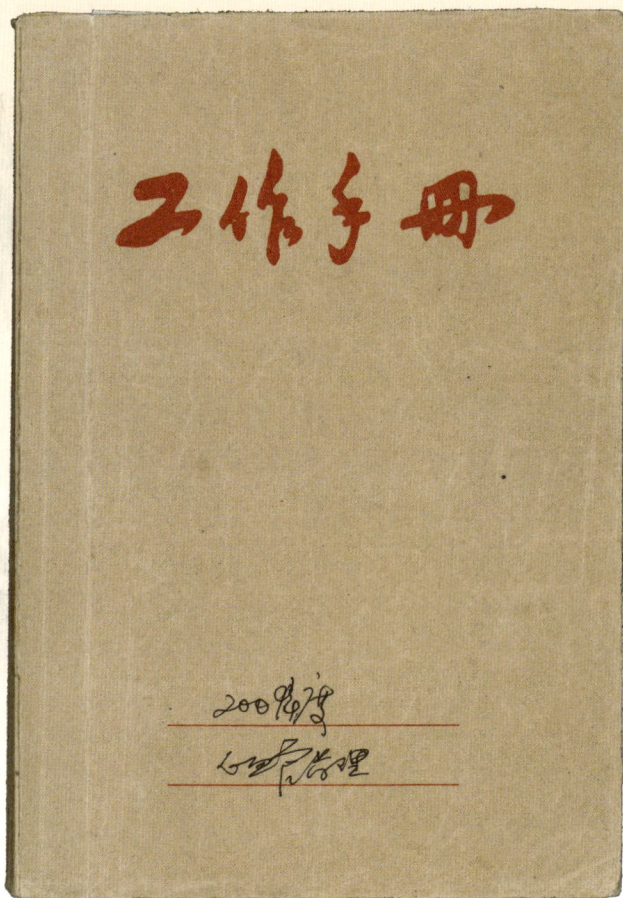

★ 王逸平写的《Crohn's 病程日记》

质地：纸质
尺寸：7.5 厘米 ×13 厘米

一位患者的工作手册
——王逸平

人物链接

王逸平（1963—2018），心血管药理学家，中药现代化的开拓者，长期致力于心血管活性化合物的药理作用、分子机理研究以及心血管药物的研发，为我国新药研究作出了突出贡献。他领衔药理研究的丹参多酚酸盐项目历经 13 年获国家药监局新药证书，是一项拥有自主知识产权的现代中药，在我国中药现代化进程中具有重要意义。曾获得国家技术发明奖二等奖、中国科学院杰出成就奖等。2018 年被追授为"时代楷模"。2019 年荣获"最美奋斗者"称号。

如果一个药，全球医生在开处方时都会在第一时间想到它，那就是我理想中最成功的药。希望此生能做成这样一个药。

——王逸平

这是一本工作手册，扉页上写着："2009 年，对我是个特殊年份。今年初，我的克罗恩病 ① 又严重起来，开始影响工作和生活。"手册的主人冷静而翔实地记录着自己病情发作、用药的情况。在其中的 185 篇日记中，提到疼痛、腹痛这样的词 42 次，便血、尿血 6 次，头晕、腹泻更多。这本手册的主人是一个与病痛纠缠的患者，但同时也是一名心血管病药理学家。面对既无法治愈又反复发作的疾病，他独自承受巨大的痛苦，夜以继日投入工作，以惊人的毅力与时间赛跑，不断为中药现代化事业的开拓忘我奋斗，他就是王逸平。

1980 年，17 岁的王逸平考上上海交通大学医学院，攻读临床专业。实习期间的一次查房中，一个因为无药可用而生命垂危的老大爷紧抓着他的手说："医生，救救我，我不想死！"这苦苦哀求让王逸平痛心而清醒地意识到没有有效的能治愈病人痛楚的药物，再高明的医术也回天无力。王逸平从此决定弃医从药，研发出安全有效的药，治愈病人，造福世界，成为他义无反顾的追求。

新药的研制不是一蹴而就的，投入大，周期长，风险高，从先导化合物的发现到临床试验中的各种因素，从药物的吸收、分布、代谢，到毒理性等各方考虑，都使得药物研究难上加难。在药学界有这样一个公认的公式："1 个新药 = 筛选 10000 个先导化合物 +10 至 15年时间"，也就是说药理学家需要在数万个化合物中才能发现一个候选化合物，这些候选化合物中只有 10% 左右的概率能够进入临床试验，而即使进入试验，也只有 10% 的概率能够上市，整个新药的研

---

① 克罗恩病（Crohn's disease）是一种可影响消化道任何部位及肠外器官的慢性、持续性炎性疾病，目前无法根治，将伴随患者终生。临床可导致消化道肿胀、炎症和深入肠壁黏膜的深部溃疡。

发流程需要十几年的时间。新药研发是一个国家科研水平的重要体现，也是每一个药物研究工作者肩负的重任。王逸平怎能不知新药研发中的"九九八十一难"，但是他不畏难题，知难而进。在给医学院毕业生所作的发言中，他说："药物研发的成功是'可遇不可求'的，即使成功是极小概率会发生的事，也需要将毕生的精力投入其中。"

作为现代中药丹参多酚酸盐主要发明人之一的王逸平就是这样数十年如一日地践行着他的信念。中药是我们的祖先用经验和实践总结留下来的巨大宝库，但是长期以来从中药中提取治疗疾病的有效物质，对于科学家来说一直是一道难题。无法建立现代化的中药质量控制标准，成为阻碍中药发展的瓶颈。丹参，作为一种药材，具有活血祛瘀、通经止痛、清心除烦、凉血消痈的功能，在许多重要中医药学典籍中都有记载。1994 年，时任中科院上海药物所最年轻课题组长的王逸平开始了对丹参水溶性成分的活性筛选的研究，希望通过水溶性活性成分的系统分析，找到能让丹参及其复方制剂稳定发挥临床疗效的途径。

这是一个漫长而枯燥的过程，当时的上海药物研究所条件并不优越，实验条件艰苦，研究经费也少得可怜，王逸平与团队常常需要在下班后借同事的仪器来检测。为了争取实验时间，王逸平早上七点准时来到办公室，常常工作至凌晨。爱人埋怨他，他笑着解释："如果准时下班的话，回来也是堵在路上，再说不是我一个人呢，我们单位的同事都是这样的。你去看一下，实验室的灯光都亮着呢。"几年中，王逸平团队做了上百组的排查与验证，提取到几十种丹参化合物并进行筛选。重复性的工作和反复失败让团队中的很多年轻人产生了厌倦的情绪，王逸平坚定地说："碰到困难和低谷很正常，咱们再战一个回合"，正是抱着"再战一个回合"信念的王逸平在一次次地活性筛查和药理学研究后发现丹参中曾经被忽略的乙酸镁的生物活性特别强，他大胆推测这可能就是丹参中最主要的药用成分。这无疑是研究中的重大突破，基于这个发现，团队创造性地提出以丹参乙酸镁为质量控制标准来研制丹参多酚酸盐粉针剂，并建立专利工艺。

在丹参多酚酸盐的研制过程中，王逸平尝试了许多国家法规没有明确要求的研究，比如第一次开展多成分的动物和人体药物代谢研究等，第一次进行了 IV 期临床试验，不仅打消了人们对新药疗效与安全性的质疑，更为传统中药的临床使用提供了源源不断的证据。怀着为老百姓带来真正有疗效的好药的初心，王逸平埋头苦干，将全部身心都投入到研究中，通过指纹图谱技术，实现了对药材、原料药和制剂质量的全面控制，使总多酚酸盐含量接近 100%。曾有人不解地问他："听说其他药物研发中，单一有效成分做到 40% 就已经开始做临床了，你们为什么不这样做呢？"王逸平说："最重要的是要对患者负责，单一有效成分提高到 80%，总有效成分接近 100% 才能开始做临床。"2004 年 10 月，为了获得临床数据，王逸平撸起袖子以身试药，他说："一个好药、一个安全可靠的药，就是你敢用到自己身上！"

2005 年，用于治疗冠心病、心绞痛的现代中药丹参多酚酸盐粉针剂研制成功。王逸平团队采用专利工艺技术，充分富集有效部位，确保了丹参多酚酸盐粉针剂产品高效安全、稳定可控、不良反应率极低，在临床应用上具有重要的意义和价值。丹参多酚酸盐粉针剂获得国家技术发明二等奖，并在全国 5000 多家医院临床应用，累计让 2000 多万名患者受益，是我国中药现代化研究的典范。从 1994 年启动研究项目，众里寻他千百度，到蓦然回首，丹参多酚酸盐及其粉针剂研发共用了整整 13 年。

　　"2018年3月26日，今年以来上腹部间歇性疼痛时有出现，中午餐后经常会出现痉挛性疼痛。"这是工作手册中王逸平关于自己疾病的最后记录。从1993年被查出患有克罗恩病，王逸平已经是一个病龄25年的患者了。在最后的日子里，激素类药物已经无法控制病情，同事劝他改用生物制剂来缓解疼痛，而医学专业出身的王逸平比谁都更加明白，生物制剂是最后一道屏障，一旦产生耐药性，就没有其他办法了，为了争取更多时间来完成他正在研发的另外两个新药，他选择了加倍服用激素类药物。王逸平曾答应夫人这一年的5月两人一起参加女儿的大学毕业典礼，因为工作繁忙，王逸平从未去过女儿的学校，如今他又失约了。那个总在研究所、出差路上、会议室中忙碌的身影倒下了，倒在了他奋斗了一辈子的办公室里。

　　"如果一个药，全球医生在开处方时都会在第一时间想到它，那就是我理想中最成功的药。希望此生能做成这样一个药。"这是王逸平的心愿，也是他毕生的追求，直到生命的最后一刻。他用无私奉献的一生，坚守创新科技、服务国家、造福人民的初心。他是无数奋斗的科技工作者的代表，更是灯塔，是社会真正的脊梁，是我们学习的榜样！

（杨小燕）

★ 袁隆平做水稻试验用的放大镜、镊子

质地：玻璃
尺寸：直径 8.1 厘米，长 15.7 厘米

质地：铁质
尺寸：长 11.3 厘米，宽 1 厘米

育嘉禾的得力工具

——袁隆平

人物链接

袁隆平（1930—2021），江西九江人。农业科学家，中国杂交水稻事业的开创者和领导者。1953年毕业于西南农学院，致力于杂交水稻技术的研究、应用与推广，发明"三系法"籼型杂交水稻，成功研究出"两系法"杂交水稻，创建了超级杂交稻技术体系，被誉为"杂交水稻之父"。1995年当选为中国工程院院士，2000年获得国家最高科学技术奖。2018年12月18日，党中央、国务院授予袁隆平"改革先锋"称号，颁授"改革先锋"奖章。2019年9月17日，国家主席习近平签署主席令，授予袁隆平"共和国勋章"。

我一直有两个梦想，一个是禾下乘凉梦，一个是杂交水稻覆盖世界梦。

——袁隆平

风吹稻田，稻浪飘香。田野上的金光，米谷中的芬芳，还有映在农人脸上的笑漾，又是一个充满喜悦的丰收季。如今中国超级稻的亩产量突破 1000 公斤，这并不是独属于中国人的喜悦，在中方科学家的帮助下，一大批高产、多抗的超级稻新品种已遍及 60 多个国家、地区，海外种植面积超过 700 万公顷，"禾下乘凉""杂交水稻覆盖全球"的梦想已成为现实，乘凉梦中的稻穗之馨，跨越千万里，久久飘香。这是谁的梦想？正是我国"杂交水稻之父"袁隆平院士的。

放大镜是用来观察物体微小细节的目视光学器件，一个再平常不过的多倍放大镜是袁隆平日常最重要的工具之一。年复一年、无冬无夏，袁隆平一手拿着镊子，一手举着放大镜，工作在田间地头，这把放大镜可以说是"阅稻无数"，放大镜的握把已经被摸得光滑，浸满了汗水与心血。

这位被称为"泥腿子院士"的农业科学家于 1930 年出生在大户人家，从西南农学院（现西南大学）毕业后到湖南省安江农校任教，研究红薯、西红柿的育种栽培。二十世纪六十年代初，中国面临着全国粮食大规模减产，人人都吃不饱饭的困难局面，这让在农校里教农作物育种的袁隆平深感责任重大，他决心培育出水稻新品种，让老百姓吃得饱、吃得好。通过观察、实践，袁隆平认为孟德尔的遗传学理论[①]对作物育种有重要的意义，纯种的水稻有着相同的遗传因子，会把性状稳定地传给后代，如果通过杂交来获得双方的优良特性，不就培育出了新的水稻品种，增产的问题不就迎刃而解了吗？无籽的西瓜、

[①] 孟德尔遗传学理论是孟德尔根据豌豆杂交实验的结果提出的遗传学中最基本的定律，包括分离定律和独立分配定律。孟德尔的研究合理地解释了生物性状遗传方式，以及性状的隔代遗传现象。

高产的玉米都是通过基因分离、自由组合等杂交规律培育的新品种，这种杂种优势规律是否能运用在水稻上呢？遗憾的是，这个问题的答案在当年是被否定的。科学家认为易于进行杂交的物种都有一个共同特点，那就是异花授粉，由于水稻是雌雄同花，这种自花授粉的特征导致人类很难将两个不同品种的水稻进行杂交，所以水稻在当时被贴上无法进行杂交育种的标签。但对于一心想找到优良水稻品种的袁隆平来说，什么都不如亲自实践来得准确。

1961 年 7 月的一天，袁隆平如常来到农村的试验田选种。每株水稻上有几穗乃至十几穗，每穗上又有几十甚至上百粒种子，每一颗都逃不过袁隆平的放大镜。正午的太阳光直射在放大镜上，又反射在他的脸上，阵阵火烧火燎的灼痛，但袁隆平根本不在乎这些，他仔细观测、检查。突然在一丘稻田里，袁隆平发现了一株穗子大、籽粒饱满的稻株，他仔细数了数籽粒，竟有 230 粒，是普通稻穗的两倍那么多。"高级呀，高级！"这是袁隆平用惯了的方言，意思是好得很，袁隆平还给这株稻子取了个响亮的名字"鹤立鸡群"，他小心翼翼地将"鹤立鸡群"的稻子与其他稻子分开，作为来年试验的种子播种观察。然而第二年春天，期待着增产宏景的袁隆平被深深打击，"鹤立鸡群"的后代结出的稻穗高的高、低的低，参差不齐。没能培育出优质稻苗的袁隆平虽然失望，但没有放弃思考，后代没能继承优势的原因是什么呢？他将一千多株"鹤立鸡群"的后代进行分类，发现高矮不齐的分离比例是三比一，有着优良品质的稻子正好占四分之一。这个比例让袁隆平灵光乍现，这与孟德尔通过培育杂交豌豆发现遗传因子的实验结果完全一致，也就是说"鹤立鸡群"不是一株纯种水稻，而是带有不同遗传因子的天然杂交稻。"鹤立鸡群"的存在不仅证明了水稻有杂种优势的存在，也让袁隆平进一步看到了利用天然杂交稻的自然规律培育出"人工杂交稻"的希望。

认定了培育杂交稻是提高水稻产量的途径，袁隆平仿佛是找到了迷宫的起始点，但是要从众多选择中挑出可以通往终点的正确路径并非轻而易举，袁隆平推测一定存在着天生雄花无法给雌花授粉的植株才会出现天然杂交稻，而找到天然雄性不育水稻进行人工栽培是培育杂交稻的关键。每年的六、七月是水稻开始抽穗扬花的时节，也是湖南最为炎热的夏季，袁隆平抓紧时机寻找雄性不育株，一壶水、两个馒头，就是袁隆平一天食物的标配，头顶着似火骄阳，腿踩着湿泞的泥巴，袁隆平手拿放大镜在茫茫稻海中"大海捞针"，一行行、一株株、一穗穗地观察。嘴唇干裂出血了，他顾不得擦一擦，胃痛得直不起腰了，他就用一只手压迫止痛。铁打的身子也禁不住如此的消耗，有一次，袁隆平身子一歪，昏倒在了稻田里，幸好这天妻子邓哲因为放心不下丈夫的身体，骑着自行车来送饭。邓哲骑到稻田边，看到晕倒的袁隆平，赶忙放倒车，跳下稻田，将昏倒的丈夫扶到田边的树荫下。邓哲要用自行车推着他去看医生，可是袁隆平却连连摇头，说："时间来不及了，如果不抓紧时间，想要寻找水稻不育株，只能等到明年这个时候了！"体力稍微恢复后，袁隆平又一头扎进稻田。正是这样坚持不懈地努力，袁隆平最终在摸排了 14 万株稻穗后，发现了第一株雄性不育株，迈出了杂交稻育种探索之路上的关键第一步。

到 1965 年，袁隆平共找到了 6 株天然雄性不育株，1966 年他写出了那篇引起国内外高度重视的文章——《水稻的雄性不孕性》，被人们评价为"足以改变中国人命运的重量级论文"。袁隆平规划的用雄性不育系、雄性不育保持系、雄性不育恢复系这"三系"配套法进行杂交稻培育的技术路线图愈发清晰。所有杂交技术都需要多代的繁殖、选育，才能最终育成新的品种。从发现雄性不育稻株，到以此为材料培育出 100% 的雄性不育系，袁隆又用了 5 年的时间，最终在 1971 年雄性不育系被成功培育。在袁隆平的带动和对成果无私公布后，"全国杂交水稻科研协作攻关小组"成立了，袁隆平任技术顾问，三系中的另外两系"不育保持系"和"不育恢复系"在全国育种人员的共同努力下，纷纷攻关，中国杂交水稻的三系配套终于完成。

在一万四千年前的浙江省上山县，我们的祖先最先培育了人工水稻，从此人类迈进了稻作文明的崭新篇章。还是在水稻的故乡，在袁隆平院士等研究人员的不断耕耘中，中国水稻的亩产量从 600 公斤，提到 1000 公斤以上。作为全国 70% 以上居民的主食，水稻的生产事关国家的粮食安全。作为世界上第一大粮食作物，水稻的增产多养活了世界上近 2 亿人口。正是以袁隆平为代表的中国农业科学家们持之以恒、孜孜不倦，用一生奉献、实践，才有了"禾下乘凉""杂交水稻覆盖全球"这样伟大梦想的实现。

（杨小燕）

★ 记录黄大年关于无人机设计构想的笔记本

时间：2013 年 8 月 2 日——2015 年 5 月 14 日

尺寸：26 厘米 ×18 厘米

由手稿幻化出的无人机
——黄大年

人物链接

黄大年（1958—2017），广西南宁人。战略科学家、地球物理学家。吉林大学新兴交叉学科学部首任部长，地球探测科学与技术学院教授、博士生导师。黄大年带领团队为中国"巡天探地潜海"填补多项技术空白，为深地资源探测和国防安全建设作出了突出贡献。2017 年 1 月 8 日，黄大年因病医治无效，在长春逝世，享年 58 岁。2017 年 1 月 10 日，吉林省委常委会根据中共中央关于党员管理的有关规定，结合黄大年的表现和意愿，正式追认黄大年同志为中国共产党党员。2017 年 5 月，中共中央总书记、国家主席、中央军委主席习近平作出指示，号召向黄大年学习。2019 年 9 月，黄大年获"最美奋斗者"个人称号。

多数人选择落叶时归根，但作为高科技人员应该在果实累累的时候回来更好，而我现在正是最有价值的时候，应该带着经验、技术、想法和追求回来，实现报国梦想。

——黄大年

在吉林大学地球探测科学与技术学院教授黄大年用于记录工作内容的笔记本中，有一页密密麻麻地勾画了从无人直升机到地面控制车的草图，以及从传感器到软件系统的构架。如今无人机已从手稿幻化为现实，中国在以无人机为移动平台之一的深地探测技术方面取得举世瞩目的成绩，中国的地球深部探测技术从"小米加步枪"变身为"导弹部队"。

2008年末，吉林大学地球探测科学与技术学院院长刘财在得知我国海外高层次人才引进计划后，试探性地给吉林大学的校友、国际著名航空地球物理学家黄大年发了一封邮件，邀请他回国。邮件发出后，很多人对结果并不抱什么希望。作为首屈一指的地球物理专家，黄大年在英国剑桥航空地球物理公司担任研发部主任，带领着一支包括外国院士在内的300人"高配"团队，主要从事海洋和航空移动平台探测方法和装备的研发，在油气和矿产资源勘探方面有广泛的实践。而当时的中国在这方面的研究还主要停留在理论阶段，没有研发整套装备的能力，再加上国外对该技术的封锁，让国内对地穿透式精确探测技术的发展难以形成气候。让人们意想不到的是，面对着国内外极不均衡的研发条件，接到邀请的黄大年当即决定用最短的时间辞职，放弃海外的一切，回到母校吉林大学。黄大年生前在接受媒体采访时说："对我来说很简单，简单的根源就是情结问题，就是惦记养育我成长的这片土地。""是祖国帮我实现了大学梦、出国梦，是时候为她实现中国梦了。"

作为世界各国科技竞争乃至战略部署的制高点，对地穿透式精确探测技术是强国展示实力的重要标志。早些年在中国搞地球物理探测，科研人员还需徒步翻山越岭，背着数十斤的探测设备，效率较低，费时费力。但在该技术成熟的国家，工作人员喝着咖啡就可以进行无人机航空重力探测，这是差距也是动力。归国之后的黄大年没有一刻松懈，他创造性地提出在吉林大学成立新兴交叉学科学部，进行陆海空对地立体探测技术规模化、体系化的科学研究。为提高我国在地球深探重型装备方面的自主研发能力，黄大年亲自推动无人机航磁探测系统工程样机研制，用飞行器替代人力，载着探测器巡天探地。

在无人机的研发过程中，黄大年有了两个外号，"科学疯子"和"科学民工"。"科学疯子"的得名是源于他守护无人机仓库的故事。由于手续问题，为无人机搭建的机库曾被认为是违章建筑，黄大年面对着前来拆除的卡车，闪身向前，直挺挺往隆隆作响的车前一躺，此刻的他只有一个念头：除非从我身上压过去，无人机的设施绝不能被破坏！无人机库保住了，人们偷偷背地里称他为"科学疯子"。重载荷智能化物探专用无人直升机的研制是航空物探领域的基础一环，也是国内该领域的"短板"。无人机搭载探测仪器，并不是简单地把机器放置在无人机上，要考虑载荷、连接、平衡、减震、飞行距离、数据监控等一系列复杂因素。为了完善技术参数，黄大年常常连夜查阅资料，然后实地对测试工作提出指导建议。在无人机测试现场，累得实在挺不住的黄大年蜷着腿睡着的样子像极了大街上席地而卧的农民工，于是他又得名"科学民工"。知道自己被冠以这两个外号，黄大年说："在中国做科学，像我这样的人挺多的，玩命去干。为什么这么干？其实很简单。国家的事都是大事啊！……能让中国立足于世界民族之林，有一帮人在拼命，不是我一个人，这是一个群体。"

如疯子般执着、像民工般肯干的黄大年在多个部门和机构间奔走，推动吉林省建成"无人机产学研用基地"。在"吉林大学留学人员助推吉林省无人机产业发展行动计划"的启动仪式上，连续熬夜准备的黄大年用一根牙签挑破了右眼角因发炎而形成的肿块，由于严重感染而眼角覆着厚厚纱布的他依然精神昂扬地主持论坛、发表演讲，到生产企业进行指导。黄大年组织研发集成智能化无人机搭载平台和相关减震稳定平台，攻关低磁低静电特殊材料组合、垂直安全起降、快速稳定平移等关键核心技术，他带领团队用 5 年时间完成了西方发达国家 20 多年走过的路程，如今中国也已建立起海陆空三维立体移动探测平台，西方媒体无比震惊地感叹"中国已进入深地时代"。

从原本笔记本中的设计手稿到如今高翔在空中的无人机，梦想成真的道路艰苦漫长，饱含了黄大年和研究团队太多的心血。望着在天空飞行的无人机，黄大年冷静地说："这仅仅是开始……对无人机行业来说，我们可能是一名新兵，对前沿大数据系统来说，我们还需要深耕。"

无人机的技术日臻成熟，而黄大年的身体却日益衰弱。2016 年12 月黄大年被医生要求强制住院。就在生命最后的时间里，已是癌症晚期的他依然坚持在病床上为学生答疑解惑。往日的操劳最终让黄大年没能走出病房。虽然黄老师走了，但他的学生都决心要完成老师未竟的事业。有的根据黄老师的规划，赴外攻读国家需要的专业方向；有的进入全国各大科研机构，继续相关项目的研究开拓；还有的接过黄老师的教鞭，放弃优厚的工作机会，留在吉林大学任教。

如黄大年一样，将自身的生命与国家、民族、人民利益紧紧联系在一起的科学家很多很多。回溯历史，多少海外留学生先后返回祖国参加建设，钱学森、邓稼先、王淦昌……这些令人敬仰的名字熠熠闪光，不仅因为他们为国家作出的重大贡献，更因为他们的胸中始终亮着一盏名为报国的心灯。他们的率先垂范，将激励和感召一批又一批的科技工作者为强国梦想奉献赤胆忠心。

（杨小燕）

★ 四川抗震救灾中成都军区某陆航团飞行员邱光华执行运送伤员任务遇难时佩戴的特级飞行胸章

尺寸：3.2厘米×9厘米

胸章上的战鹰

——邱光华

人物链接

邱光华（1957—2008），四川茂县人，1974年4月入伍，原陆航某团副师职特级飞行员，四种气象飞行指挥员，是我军1974年经周恩来总理亲自批准挑选的第一批少数民族飞行员之一。从事飞行工作33年，多次执行军事演习、卫星回收和抢险救灾等重大任务，总飞行时间5800多小时。"5·12"汶川大地震后，他不顾家中严重受灾主动请战飞赴重灾区，在执行任务返航途中不幸失事遇难，被中央军委追记一等功。2009年，邱光华当选"100位新中国成立以来感动中国人物"。

我们心中最大的安慰，就是多救一点人。

——邱光华

2008 年 5 月 12 日 14 时 28 分，四川汶川发生里氏 8.0 级地震。顷刻间，天摇地动，满目疮痍。这是新中国成立以来破坏性最强、波及范围最广、救灾难度最大的强震。由于通讯瘫痪，交通全部被毁，位于震中的映秀成为一座孤岛。5 月 13 日，原第十三集团军时任军长许勇带领小分队乘冲锋舟进入映秀，指挥部队昼夜展开救援。虽然已经发出救援信号，但有相关经验的许勇明白此时通航太危险了，雨刚刚停，地震之后升腾起的烟尘雨雾仍然在峡谷中缭绕，直升机能及时赶来的可能性几乎为零。让人意想不到的是，在救援信号发出仅一个多小时后，在两山之间的峡谷当中，直升机飞来了。这群从死亡航线飞来的直升机，正是来自原成都军区某陆航团①——邱光华生前所在部队。他们使旋翼轰鸣，带来希望，他们在云中穿梭，拯救生命。

1957 年 4 月出生的邱光华原本不在救灾人员名单上，51 岁的他还有 11 个月就到停飞年龄了。然而这位有着 5800 小时飞行经历，先后荣立二等功 2 次、三等功 4 次的我国第一代少数民族飞行员主动请缨说："灾区地形十分复杂，我飞了 33 年，经验丰富，应该到一线去。"邱光华坚定的话语鼓舞着大家的士气，在陆航团年轻飞行员眼中，作为四种气象飞行指挥员的邱光华不仅是全大队最年长者，也是经验最丰富、技术超一流的飞行员。邱光华生前佩戴的飞行胸章上，上方的五角星代表共产党领导的人民军队，盾牌寓意保卫力量，其中的"T"表示最高飞行等级——"特级"，鹰翅则象征飞行，雄鹰展翅为祖国，盾牌坚硬护人民。这枚胸章是邱光华

---

① 陆航团是以直升机为主要装备的陆军航空兵部队，是陆军争夺低空及超低空控制权、实施非线式非接触全域作战的骨干力量，是现代陆战场的重要机动突击力量，是衡量陆军现代化水平的重要标志。

所获荣誉的体现，也是他一生航迹和责任担当的最佳注脚。每一次飞行，邱光华都会把它端正地佩戴在军装资历章上方 5 毫米居中的位置，告诫自己不辜负党和人民的厚望，不畏艰险、不怕牺牲，崇尚荣誉、英勇作战。

地震第六天，一位记者登上了邱光华前去灾区救援的军用直升机，脚下的灾区满目疮痍，迎面的大山擦肩而过，螺旋桨发出的啪啪巨响和机身剧烈的起伏，让记者感受到与死神擦肩的紧张。下了飞机后，记者问邱光华，"每天这样飞行不害怕吗？"邱光华说："怕，都是血肉之躯，哪个不怕死，但我们更怕物资运不进来，伤员送不出去啊。"说完邱光华转身组织伤员登机，只留下一个匆忙的身影。机长邱光华的话语和背影给了记者无比坚定的信心。

由于地震触发了大面积的滑坡、崩塌，对地质环境的破坏性和摧毁性极大，且灾区多降暴雨，陆航团救援的困难程度陡然增加。突然袭来的强气流，变形凸出的山体，都有可能给飞行中的直升机猝不及防的致命一击。5 月 26 日，邱光华驾机经汶川抢运伤员，预定降落的峡谷有 5 条跨江的高压线，原本的河滩成了一片沼泽，找不到一处可供降落的地方。在空中盘旋了 30 多分钟，悬停下降了 11 次之后，邱光华穿过保险网强行降了下去。事后他对前来采访的记者说："我们冒死一定要下去，这是一场战争，对我们陆航团来说是一次战争的考验。"

邱光华不仅是救灾人员，同时也是受灾的群众。邱光华的家乡茂县是地震的重灾区，尽管在执行任务时，他 6 次从家乡的上空飞过，却没能落地回家看看。直到地震发生 3 天后，邱光华才得知父母平安的消息。一次执行投送帐篷的任务刚好在他老家附近，他第一次清楚地看见了家中倒塌的房屋和断壁残垣。投送结束后，他立即返航执行

下一次任务。之后他接到弟弟的电话，说是直升机已经给家里投送了
帐篷，他默默听着，却不敢告诉弟弟那架投放帐篷的直升机就是他驾
驶的。怀着对家人的愧疚，邱光华一次又一次投入救援中，忠诚履行
着自己作为一名军人的使命。

由于直升机承载重量有限，为了能多救些人，邱光华只能增加
飞行次数，每天高强度飞行的时间达十几个小时。凭借高超的驾驶
技术和果敢的判断力，邱光华机组把死亡航线变成生命通道，救援
期间累计飞行 50 多个小时，转送受灾群众和救援人员共计 300 多
人次，运送救灾物资共 25.8 吨。5 月 31 日 12 时，邱光华再一次
接到命令——运送 10 名防疫专家前往理县，这是这一天邱光华执
行的第 3 次起飞任务，也是 19 天来的第 64 次飞行。机长邱光华和
副驾驶李月敏捷地钻入驾驶舱，刚刚写下机务工作日记的机械师陈
林立即做好飞行准备，得知机上还缺一名空勤机械师，正在午休的
王怀远一跃而起。快要起飞时，这些天来一直在帮各机组装卸物资
的士官张鹏也上了直升机。同此前的 63 次飞行一样，团队迅速集结，
再次飞向地震灾区。人们安静地等待着，等待他们带回伤员和替灾
区群众报平安的纸条。然而，这一次邱光华机组失约了，在执行完
任务的返航途中，直升机突遭浓雾和强烈气流，同时执行任务的 4
架直升机有 2 架迫降在映秀，1 架飞回了成都，由邱光华驾驶的尾
号为 734 的直升机与指挥部失去了联系。"天气变化太快，恐怕不行，
不要动，看下航向！"这是邱光华机组失联前，与另一名特级飞行
员的通话，也是邱光华留给这个世界的最后一句话。经过 11 天的
搜索，2008 年 6 月 10 日，在汶川鹰九镇西北的高山密林中，直升
机的残骸被地面搜救部队找到。雄鹰一样的 5 位勇士，永远地融入
川西北的青山之中。

胸章的主人用生命实践了自己为人民赴汤蹈火，万死不辞的诺言，诠释了人民子弟兵的责任和使命。英雄已逝，精神永存。"734 机组是我们永远的骄傲。"邱光华的战友们说，战鹰虽折翅，但更多的战鹰擦干泪水，沿着他们的生命航迹，坚守他们的军人信仰，将自己的最赤诚的心、最清澈的爱献给祖国和人民！

（杨小燕）